王灿明　著

儿童创造教育论纲

上海教育出版社
SHANGHAI EDUCATIONAL
PUBLISHING HOUSE

序

　　培养创新人才，是当前教育的热点问题。但为什么创新人才总是涌现不出来？不能不说我们的教育观念、教学方法、评价制度出了问题。前不久，一位朋友告诉我，她的孩子在北京市某所小有名气的小学上学，但是发现老师对孩子管得太多，这也不让做，那也不许干，觉得这样下去孩子无法发展，只好转校。

　　其实，创新是人的天性，人类就是不断创新，才有今天这个时代。创新更是儿童的天性，儿童到三四岁时就对周围的世界充满好奇，问这问那。如果父母和老师都能保护儿童的好奇心，儿童长大了就会有创新意识和创新能力。兴趣是创新最大的动力。所有科学家、发明家都是从小对某一项知识深感兴趣，不断钻研并取得成功的。所以，创新教育其实也是很简单的事，只要遵循儿童发展规律，尊重儿童对世界、对事物的好奇和兴趣，就能激发儿童的创造力。可惜我们现在的教育，由于应试的竞争、统一的评价、分数第一，从而人为地扼杀了儿童的好奇心和学习兴趣，也就抑制了他们的创造力。现在不少学校口头上高喊培养创新精神，做的一套却适得其反：这也不能做，那也不许干，何来创新精神？

　　学生成长在活动中。活动是培养学生创造力的主要途径。杜威、陶行知都提倡"做中学"。所谓做中学，就是在活动中学。在活动中，学生会想方设法完成所承担的任务。活动不仅能培养创造能力，而且能养成责任心，与同伴良好沟通，尊重他人等品质。但我们现在的教育为了应试，把学生关在教室里，绑在练习中，成为做题的机器，何来创造力？

要培养学生的创新精神和实践能力，很简单，教育工作者把头脑转个弯，解放学生，把学习权还给学生。我想的就是那么简单。

当然，关于创造教育，应该有理论的支撑、实践的检验。王灿明老师在这方面做了大量工作。《儿童创造教育论纲》确实很有新意，不是枯燥地讨论什么叫创造教育，而是从实际出发来论述什么叫创造教育，怎么进行创造教育。书中有许多生动的案例，有正面的案例，也有反面的案例。读者可以一目了然地明白什么样的教育态度和方法可以激发儿童的创造力，什么样的教育态度和方法抑制了儿童的创造力。我非常欣赏他收集的这些故事和案例。当然，这部著作还系统地论述了儿童创造教育的方方面面，包括儿童的创造意向、创造性思维、创造性行为、创造性人格的培养等。我想读者会从中得到许多教益。

中国教育学会名誉会长
国家教育咨询委员会委员
北京师范大学资深教授

目录

第一章

创造教育的现实困境与理性选择

目前的基础教育状况是不利于创新人才培养的,创新能力和创新热情在儿童时期已经被消磨殆尽,到大学阶段,许多学生已经失去了学习和研究的热情,这是很可怕的。只有能力特别强的、"压不垮"的极少数人可以脱颖而出。这样下去,创新型国家如何能建成?

——韦 钰(中国工程院院士,教育部原副部长)

56 年前,美国内华达州发生了一桩奇特的诉讼案。

伊迪丝是一名 3 岁女孩,她告诉妈妈,自己认识礼品盒上"OPEN"的第一个字母"O"。对此,妈妈非常吃惊,伊迪丝说是薇拉小姐教的。

这位妈妈表扬了女儿之后,一纸诉状把薇拉小姐所在的劳拉三世幼儿园告上了法庭。因为她的女儿在认识"O"之前,能把"O"说成苹果、太阳、足球、鸟蛋等许多物品,自从幼儿园教她认识了 26 个字母以后,伊迪丝便失去了这种能力,她要求该幼儿园为此负责,赔偿伊迪丝的精神伤残费。

三个月以后,法院的判决结果出人意料,劳拉三世幼儿园败诉,因为陪审团的 23 名成员被她讲的一个故事感动了。

她说,我曾到东方某个国家旅行,在一家公园见过这么两只天鹅:一只被剪去了左边的翅膀,另一只完好无损,前者被收养在一片较大的水塘里,后者被放养在一片较小的水塘里。管理人员说,这样可以防止它们逃跑,因为剪去一侧翅膀的天鹅无法保持身体平衡,起飞后就会掉下来;而在小水塘里的天鹅,尽管没有被剪去翅膀,却因为起飞时没有足够的滑翔路程,只能老实地待在水里。我震惊于东方人的智慧,也感到非常悲哀。今天我为女儿来打这场官司,就是因为我感到伊迪丝变成了劳拉三世幼儿园的一只天鹅,他们剪掉了伊迪丝幻想的翅膀,过早地把她投进了那片只有 ABC 的小水塘。

这段辩护后来成了内华达州修改《公民教育保护法》的依据。现在美国《公民权法》规定,幼儿在学校拥有两项权利:一是玩的权利,二是问为什么的权利。[①] 这一规定使美国的科技创新走在世界前列,比其他国家多出了许多诺贝尔奖获得者。

---

① 刘奎林.人的想象力不可丧失[J].成才之路,2012(3):7.

近年来,上述案例在网络上广为流传,一些家长、教师和学者自发组织了许多讨论,赞成者有之,反对者有之,嗤之以鼻者有之。在不少中国人看来,这位妈妈向幼儿园索赔巨额精神伤残费,是不可思议的疯狂举动,因为老师教幼儿学拼音、英文单词或者数学计算是幼儿园的分内之事,是天经地义的。当前,有些幼儿园开设了好几门基础课程,要求幼儿认汉字、学加减法、背诵英语单词,还美其名曰"不让孩子输在起跑线上"。这种严重违背学前教育规律的现象,人为限制了儿童的天性,妨碍了儿童想象力和创造力的开发,给儿童今后的学习、生活带来许多负面影响,应当引起高度重视。

超前教育无异于洪水猛兽,它扼杀了孩子的想象力,折断了孩子想象的翅膀。显然,案例中的妈妈和陪审团成员将想象力的发展放到了神圣不容侵犯的重要位置。爱因斯坦就曾经说过:"想象力比知识更重要,因为知识是有限的,而想象力概括着世界的一切,推动着进步,并且是知识进化的源泉。"[①]而这些,恰恰是当下中国基础教育亟待解决的问题。儿童创造教育论的提出,就是要确立这样的教育愿景,即少一些只有 ABC 的小水塘,多给儿童一些自由想象的空间;少一些拔苗助长的超前教育,多一些对儿童成长的等待;少一些剪掉翅膀的"智慧",多一些保卫童年的"梦想"。

一、三个"非常现象"的深层透视

为什么中国基础教育很少培养出才华横溢的创造性人才?儿童创造教育何以在中小学缺席?这几乎是每位教育工作者关心的问题。近年来,报纸杂志针对这些问题发表了不少文章探讨,可谓各抒己见,很快就成了教育界的热点问题。我们透过三个不同寻常的现象来分析一下存在的问题。

(一) 第十名现象

据《北京晚报》报道,浙江省杭州市天长小学的周武老师根据一份跟踪调查发现了一个发人深思的"第十名现象"。这篇报道引发了国人持续多年的激烈讨论,有关争论至今依然时有耳闻。

---

① 爱因斯坦.论科学[M]//爱因斯坦文集(第一卷).许良英,等,编译.北京:商务印书馆,2009:284.

　　周武老师担任语文教师和班主任近 20 年。他有意识地对毕业的 150 名小学生做了跟踪调查,结果发现,在这些如今已上大学或工作的学生中间,当年学习成绩在班里居前 3 名的学生还是"尖子",曾经学习成绩处于第 10 名前后的学生,在后来的学习和工作中出乎意料地表现出色,成长为栋梁人才。相反,有些当年成绩名列前茅的学生,长大后却淡出优秀行列,甚至在其后的升学和就业方面屡屡受挫。周老师称之为"第十名现象"。

　　我们可以用多元智能理论来解读"第十名现象"。美国哈佛大学教授霍华德·加德纳(Howard Gardner)认为,个体的智能不是单一的,而是多元的,各人的智能结构存在很大差异。加德纳认为,人类至少有七种不同类型的智能,即音乐智能、身体运动智能、数学逻辑智能、语言智能、空间智能、人际关系智能、自我认识智能等,人类的智能是多姿多彩的。当下的中小学课程将学生的学习重点集中于语言智能和数学逻辑智能,实际上这些课程只适宜于语言智能及数学逻辑智能占优势的孩子,而绝大多数儿童可能拥有其他类型的智能优势。"如果你的语言和数学很好,你的智商测试和 SAT 的成绩一定很高,从而可以进入一所名牌大学就读。但当你一旦离开学校,是否仍然能有良好的表现,往往在很大程度上取决于你是否拥有和能否运用除此之外的一些智能。"①对教育工作者而言,我们应该深入分析学生的智能优势到底在哪里? 是一个,还是两个或多个优势? 通过分析,制订有针对性的培养方案,进行差异化教育,而不是采取统一的、标准化的教育模式。

　　另一名美国心理学家斯滕伯格(Robert J. Sternberg)的成功智力理论对我们也颇有启示。所谓成功智力,是用以达成人生目标的智力,它对儿童的现实生活起到举足轻重的作用。斯滕伯格认为,成功智力包括分析性智力(analytical intelligence)、创造性智力(creative intelligence)和实践性智力(practical intelligence)。② 长期以来,我们深受传统智力理论影响,认为学习就是读书,教师和家长往往单纯地用语文、数学成绩来给孩子排队,搞得优秀学生压力很大,也使他们在培养兴趣爱好、拓宽知识面和发展个性方面受到了很大局限,束缚了他们创造性智力和实践性智力的发展。倒是一些学得轻松的孩子,在打好基础、学有余力的情况下,充分发挥创造潜能、个性与特长,提高了成才概率,形成了"尖子学生未必成才、中游学生后劲十足"的独特现象。其实,分

---

① 霍华德·加德纳.多元智能[M].沈致隆,译.北京:新华出版社,1999:9.
② R. J. 斯滕伯格.成功智力[M].吴国宏,钱文,译.上海:华东师范大学出版社,1999:111—145.

析性智力不过是内容宽广、结构复杂的成功智力的"极小一部分",也是"非常不重要"的一部分,斯滕伯格称之为"呆滞的智力"(inert intelligence),它只能对学生在学业上的成绩作部分预测,而较少与现实生活发生联系。到底怎样做才能使孩子取得未来的成功?关键要在他们智力的创造性、分析性和实践性上找到一种恰当的平衡。这就是"第十名现象"为基础教育推进素质教育给出的启示,落后的教育理论和教育理念是儿童创造教育缺失的重要原因。

(二)计算能力与创造力倒挂现象

教育进展国际评估(International Assessment of Educational Progress)对21个国家的调查发现,中国学生的计算能力是世界上最强的,但他们的创造力在所有参加调查的国家中排名倒数第五,中国学生认为自己有好奇心和想象力的只占4.7%。[1] 我们需要的不是计算器,而是具有创造性的人才,可是我们的教育却在扼杀学生的好奇心和想象力。

新中国成立以后,基础教育始终重视学生的"双基训练",这往往是西方一些国家所缺乏的。有位教授的孩子在国内上到小学四年级,到了国外以后,竟然发现凭借国内所掌握的小学知识(语言关除外),能基本适应国外中学的教学进度了;在国内,他的孩子成绩一般,而到了国外,却能在同年级中算得上"佼佼者"。或许从这里我们能够得出这样的结论:中国的基础教育搞得好!事实却并非如此,中国陶行知研究会原会长朱小蔓教授曾一针见血地指出:仅有传统上的"双基"是不够的。今天我们还要保持、激发儿童积极的学习情感、态度,使他们终生保有对学习的热爱。从某种意义上来说,这种起动力作用的情意态度比"双基"更为重要。要有批判、创造的优良个性,如果把"基础""全面"理解为大家接受雷同的、有定论的东西,用不着批判和创造,那就是一种误解。

毋庸置疑,历经多次改革,现行的考试制度不断完善,对人才选拔做出了重要贡献,但是弊端仍然不少。将考试成绩与素质能力画等号,"一考定终生"的倾向迫使学生为考试而考试。为了考出好成绩,他们不得不反复演练考题,唯题是攻,死记硬背,进而走入学习歧途。尤其是日益标准化、模式化的考试形式,使考生的知识结构、思维方式都被框定在一个既定范围内,追求统一的标准答案更是束缚了学生的思维,从而把他们驯化成了循规蹈矩、缺乏活力、

---

① 孙云晓,赵霞.仰望星空才会充满希望——中国儿童想象力危机报告[N].科学时报(科普版),2009-08-14.

没有开拓精神、缺乏创造力的人。从这个意义上讲,他们是考场上的成功者,却不是满足社会需要的人才,实际上已经严重背离了以考试选拔人才的初衷。为此,中国心理学会原理事长、北京师范大学资深教授林崇德大声疾呼:"实行创新教育或教育创新,培养创造性人才,这是解决问题的关键,将关系到我们民族的命运。"①

(三) 拒录"偏才"现象

2007 年 3 月 25 日,江苏省第十八届青少年科技创新大赛展评活动在南京科学会堂举行,南京市三中刘峰同学发明的"娱乐型语言控制机器人"十分可爱,只要发出口令,它就能迅速地做出反应,不仅能向前向后走,还能向左向右拐,吸引了许多人的目光。刘峰上小学时,就因为设计了一款电子摆变色球获得江苏省青少年创新大赛一等奖,并获得国家专利。读初二的时候,他凭借发明的"红外传感器"再次获得江苏省青少年创新大赛一等奖,并获得国家专利。高中毕业时,他已拿下 5 项国家专利、5 个江苏省青少年创新大赛一等奖,成为闻名遐迩的"小发明家"。在江苏省首届青少年发明家评选活动中,他荣获"江苏省青少年发明家"称号(全省仅 10 名)。然而,站在领奖台上的这个阳光男孩的心情并不轻松,投档分 266 分＋2C 的成绩将他挡在众多高校的门外,希望能被有关高校破格录取。

尽管在发明创造上大放光彩,但他的学习成绩却不理想。"刘峰这样一个'偏才'算不算好学生,该不该被破格录取"成为社会争议的焦点,引发了一场招生改革大争论。鉴于他在发明创造方面的突出表现,刘峰先后被南京航空航天大学、中国矿业大学、南京信息工程大学列入破格录取名单,但很多家长认为他不符合教育部破格录取的相关规定,最终被有关部门出面叫停,他也与这些高校失之交臂。

刘峰这样的青少年发明家要求破格录取被拒的情况已不是个案,近年来屡屡见诸报端。毋庸讳言,以高考为导向已经成为基础教育的主流,偏离主流导向的人才往往被称为"偏才"。客观地说,以总分的高低来录取大学新生的制度鼓励的是在应试学科内的各科齐头并进,这类学生即使是各学科能力平平且发展潜力有限,也容易闯过高考大关。如果一名学生只擅长其中一门或几门学科,而且擅长的学科不在应试范围之内,即使在所擅长的专业领域有很大发

---

① 林崇德.创造性人才特征与教育模式再构[J].中国教育学刊,2010(6):1—4.

潜力甚至已经崭露头角,也极有可能被现行高考招生制度淘汰。尽管刘峰的科技创新事迹可圈可点,但他的高考成绩不尽如人意,他恰恰就属于在所擅长的专业领域有很大的发展潜力甚至已经崭露头角的一类人。一向关注青少年成长的金一虹教授认为:"高校考虑均衡发展,对分数有一定要求,这对特长生不利,如果不给特长生设固定的框框,破格录取将是对按分录取方式的很好的补充。至于是否要设定破格录取的底线,这涉及教育体制,各高校可以自己掌握,如果这类人才跟该高校的培养方向一致的话,是可以破格录取的。"①因而,可以肯定的一点是,中国在创新人才选拔上还存在严重的问题,还缺乏适合创新人才成长的土壤,没有形成系统有效的创新人才培养运行机制。

二、基础教育的偏差遏制创新人才的早期成长

理想的教育应该有利于激发儿童的创造动力,促进其创造心理的成长,使他们变得更善于思考,更具有幻想,更富有理想。而一系列的研究表明,中国儿童创造力的发展却存在着令人担忧的"递减现象"。

在思考和推行中小学创造教育的过程中,还出现了这样一个奇怪现象,即学生年级越高,创意越少;年级越低,创意越多。2010 年,在上海举办的世界头脑奥林匹克(OM)中国选拔赛中,有一道题是让选手随机抽取 30 张卡片,每张卡片上都印一个数字,要求选手 5 人一组,4 分钟内按卡片上的数字编一个完整的故事。令人失望的是,高年级学生几乎全部联想到考试,年级越高,想象力越差。相反,倒是小学生的想象力丰富得多,比如联想到外星人降临、动物王国历险,有不少奇思妙想。这也从一个侧面反映出,中小学教育不但没有培养出学生的创造力,反而抑制了学生的创造力。儿童心理发展之所以出现创造力"递减现象",与基础教育存在的严重偏差有着密切联系。

(一) 教育理念的偏差

从创造教育来说,教育理念上存在各种偏差,这里着重分析其中两个大的偏差。首先是过于强调智力而忽略创造力。1949 年秋,吉尔福特(Joy Paul

---

① 张琳,戚庆燕,石小磊.四高校向南京一偏才伸橄榄枝,该不该录取起争议[N].扬子晚报,2008 - 07 - 31(3).

Guilford)当选美国心理学会会长,翌年发表就职演讲《论创造力》,公开指责当时的美国教育过分重视智力而忽略创造力,美国创造力研究由此进入迅猛发展时期。对那时的中国来说,创造力还是一个奢侈的名词。半个多世纪过去了,中国教育取得了突飞猛进的进步,教育条件今非昔比,但我们在人才选拔上依然以学业成绩作为主要标准。还有相当多的教师把创造理解为少数人的专利。在心理学史上,历来存在创造的"非凡论"和"平凡论"之争。前者认为创造只属于那些伟大的科学家、文学家、艺术家,与普通人和儿童毫不相干。其实,创造力人人皆有。当一个人自己想出、做出或发明了一件他从来没有经历过的新东西,他就完成了一次创造。如果一个儿童没有学过勾股定理,通过探索自己发现了在直角三角形里,勾边、股边平方之和等于弦边的平方,那么他就完成了一次跟毕达哥拉斯一样的创造性活动。尽管这个发现的结果对于数学发展毫无意义,但对这个孩子而言却意义非凡,因为他通过勾股定理的"再创造"体验到了数学探究的过程和乐趣,他的分析、解决问题能力也得到了相应提升。普通的创造力是每个精神健全的人都具有的,它能使人获得满足感,消除受挫感,养成一种积极的生活态度。已故华东师范大学校长刘佛年教授早就指出:"创造可以从低级到高级。知识少、能力不足的幼儿和少年也可以创造,当然那是低级的。很多科学、技术、文化、艺术的创造,需要很多的知识,很多的能力,那是高级的。没有低级的创造本领,也就不能发展高级的创造。"①我们不能因为那些"高级的创造力"而否定"低级的创造力",经过培养和教育,儿童的低级创造力完全可以发展为高级创造力。在历史上,这种事例不胜枚举。

(二) 课程设置的偏差

深化课程改革已成为当前教育改革的重要内容,实施创造教育必须打破现行课程体系的束缚。长期以来,我们把课程理解为"学校各门学科的总和",实际上,它是学生所获得的"一切经验的总和"。在传统的课程观念中,课程似乎只是传递知识的载体和工具,是师生授受知识的媒介,造成了课程概念的狭窄。我国中小学课程结构几乎一直是单一的学科本位课程,普遍存在着重视学科课程,忽视活动课程,重视必修课程,忽视选修课程,重视分科课程,忽视综合课程的现象。虽几经调整,但效果不尽如人意。这种失之偏颇的认识和做法在很大程度上压制了师生在课程编制和实施过程中的创造性,限制了课程的创生。

---

① 田友谊.创造教育应树立什么样的创造观[J].思想理论教育,2009(18):15—18.

（三）教育行为的偏差

创造心理是可以通过学习、训练而被激发出来并逐步得到提高的。美国创造学家帕内斯（Sidney J. Parnes）等人曾在布法罗大学（University at Buffalo）对 330 名大学生进行观察和研究，发现受过创造教育的学生在产生有效的创见方面与没有受过这种教育的学生相比，平均可提高 94%。[①] 可见创造教育有利于开发学生的创造潜能，提高学生的创造力。然而由于教育行为的偏差，学校教育对儿童创造潜能的开发所起的作用是微乎其微的。我们将这些有偏差的教育行为概括为以下几方面：

1. 以教师为中心

课堂教学以教师为中心，以系统讲授为主，学生首先被看作是教育影响的客体，不被看作是活动的主体。即使是提问，学生的答案也是以教师的意图和意见为唯一标准。这就限制了儿童思维能力的拓展，使其养成了依赖他人的习惯，长期处于这种权威专制的环境中容易使人从众，失去独立性、自主性和主动性。

2. 教育方式落后

权威式的教育方式阻碍学生的创造力发展。目前的教育表现出规则过多，如上课双手放背后、发言先举手、作业按规定格式写等，这在某种程度上，只是训练儿童的盲目依从性，降低了他们对生活的敏感性、自信心。在这种氛围中长大的儿童，可能不是越来越健康、活跃，而是越来越颓废，他们所理解的责任就是听话，结果造就的是人云亦云、墨守成规的小成人。

3. 忽视学法指导

"学会学习"是一股强劲的国际教育思潮，能否掌握学习方法已成为衡量人才的一个重要标准。然而，现在的教育重视教师的讲授，忽视学生的学习；重视学生的学习态度，忽视学习方法的指导。这样培养出来的学生不会自己获得信息，不会探索未知，他们在考场上或许春风得意，一旦踏入社会，便茫然不知所从。

4. 关注少数学生，冷落大多数学生

在每个学生面前，甚至是最平庸的、在智力发展上最有困难的学生面前，教师要善于打开他的精神发展领域，使他能在这个领域里达到顶点，宣告"大写的我"的存在。然而，目前的教学却过于追求"分数的成功"，注重少数学习成绩优

---

① 庄寿强.普通创造学［M］.徐州：中国矿业大学出版社,1997：50.

秀的学生,而忽视大多数学生的成长,使这部分学生的创造潜能得不到开发。

(四) 教育评价的偏差

据中国台湾政治大学吴静吉教授观察,中国大陆、香港和台湾的测验方式还是以纸笔测验为主,忽略真实评价方式,这就很难让学生有机会发挥多元表现。纸笔测验被诟病的另一个原因是讲求记忆与背诵,忽略包括创造性思维在内的高阶思维,在这样的考试制度当中生存和长大的学生,在众多的学习策略中,以演练复习的方式为最多。反复的考试操练,盲目追求标准答案,考场上的成功者往往只是善于考试,而不能自由地进行创造性思维,这就淘汰了真正为社会所需要的创造性人才。

(五) 教师功能的偏差

当下中小学教师的普遍表现是创造动机不强,创新意识弱,创造能力差,多唯书、唯权威,照本宣科,能对教材进行深入探究、产生怀疑并发现其中问题的不多。在对待学生时,教师多采用划一、求同、规范、服从、谨慎的态度,不允许学生冒险、越轨、标新立异,形成了儿童创造心理发展的师源性障碍。在创造心理培养方面,教师不应是自我权威的维护者和教材的代言人,而应成为儿童创造力的激发者、培养者和欣赏者。

(六) 教育管理的偏差

师生创造心理的发展需要一个支持并奖励创造性的环境。"一个人可能具备了所有进行创造性思维所需要的内在资源,但如果没有环境的支持,那么,他或她内部的创造力将可能永远不会展示出来。"①现在不少学校的管理带有很强的同一性和家长作风,很少允许教师和学生有自己的见解,这就容易造成统一的思维和行为方式,磨平被管理者的个性。频繁的检查、督促等刚性化的管理措施,使学校管理者成了校园"警察"和"监工",尤其是过细过滥的量化管理常常使师生感到精力和精神的"双重压力",既影响心理健康,又影响教学效率。

通过以上初步分析,我们不难发现,学校教育的种种偏差已经严重削弱了儿童创造的动力,遏制了儿童创造心理的发展。如果我们从孩子的童年开始实

---

① 斯滕伯格.智慧 智力 创造力[M].王利群,译.北京:北京工业大学出版社,2007:109.

施创造教育,在他们幼小的心灵中早早地播下创造的种子,在他们成长的过程中呵护他们创造的幼芽,我们还会像现在这样担心"赢在起点而输在终点"吗?

三、创造教育的探索历程、多重困境与突破路径

创造教育以创新人才培养为最终目的,它的主要功能是在各级各类教育培养合格人才的基础上,促使他们进一步成长为创新人才。创造教育有广义和狭义之分,狭义的创造教育是指创造学知识体系本身的传授;广义的创造教育泛指一切开发受教育者创造力的教育活动。因而,狭义的创造教育仅局限于创造学范畴,它包括创造知识的教学、创造性思维的培养、创造技法的训练和创造发明活动的开展等;而广义的创造教育涉及教育的所有领域,主张将创造学的原理与方法应用到各门课程的教学和学生的课外校外活动中去,本书论述的创造教育是广义的创造教育。改革开放以后,我国的创造教育取得了令人瞩目的成就,但与经济快速升级、科技自主创新的迫切需求相比,还显得相当滞后。回顾当代创造教育的探索历程,应该直面现实困境,勇于破解难题,切实培养拔尖创新人才,以更好地担当起"为世界科技强国奠基"的历史使命。

(一) 创造教育的探索历程

创造教育思想古已有之,"五四"前后也曾形成创造教育研究的"小高潮"。陶行知先生在 20 世纪三四十年代更是大力倡导和实践过创造教育,但因战事连绵而未能产生预期的效果。新中国成立后,又因全面学习苏联教育理论和各种政治运动的冲击,创造教育趋于沉寂。改革开放后,创造教育得以复苏,并迅速活跃起来,很快就进入了发展的黄金期,成为素质教育的风向标。

1. 复苏阶段(1978—1984 年)

创造教育的复苏,首先要归功于党的十一届三中全会奏响了解放思想和改革开放的序曲。随着人才学研究的深入,如何评价和培养创造性人才问题很快走入了人们的视界。曾留学早稻田大学的许立言教授,在 1980 年前后把创造学从日本引进到中国,成了创造教育重返中国历史舞台的契机。1983 年 6 月28 日至 7 月 4 日,具有里程碑意义的全国第一届创造学学术讨论会在广西召开,会上成立了中国创造学研究会筹委会,对创造学的研究和应用进行全面部署,并提出了探讨"具有中国特色的创造学理论体系"的鲜明主张。此后,一些

教育理论研究人员和教师开始了创造教育研究的艰辛跋涉,成为新时期创造教育的开路先锋。尽管人数不多,且分散于各地,但他们是我国创造教育的播种者和第一代学者。

2. 拓展阶段(1985—1998 年)

创造教育经历短暂的复苏后,很快就进入了活跃阶段,一些先行学校的经验在全国产生了较大影响。1985 年,《中共中央关于教育体制改革的决定》正式颁布,明确提出要培养"有理想、有道德、有文化、有纪律,热爱社会主义祖国和社会主义事业,具有为国家富强和人民富裕而艰苦奋斗的献身精神,应不断追求新知,具有实事求是、勇于创造的科学精神的新型人才。"这是新中国成立后首次将"勇于创造"纳入党的教育方针,使全国中小学创造教育空前活跃起来。在这一时期,中国发明协会和中国创造学会相继成立,一大批学者和大、中、小学教师聚集到学会的麾下,第二代学者群迅速形成,成为创造教育研究的中坚力量。

3. 攀升阶段(1999 年至今)

受国家宏观政策的强势推动,我国创造教育迎来了发展的黄金期。1999 年颁布的《中共中央国务院关于深化教育改革全面推进素质教育的决定》鲜明地提出了素质教育的核心是"培养学生的创新精神和实践能力",创造教育在随后的新课改中全面实施,基础教育在奋力走出应试教育的困局中焕发出新的生机。中共二十大提出以中国式现代化全面推进中华民族伟大复兴,深入实施科教兴国战略、人才强国战略和创新驱动战略,着力造就拔尖创新人才。培养一大批创新型青年人才,是国家创新活力之所在,也是科技发展希望之所在。这一时代命题正导引着创造教育向纵深发展,也推动了创造教育研究的第三代学者群的形成。

(二)创造教育的主要进展

漫步在全国青少年科技创新大赛现场,看着众多参赛作品和全国各地的参赛选手,我们简直无法相信四十多年前许多人居然连"创造"的概念是什么、发散思维与辐合思维有什么区别都搞不明白。改革开放以后,我国的创造教育在理论研究、组织建设、活动形式、课程开发、学术交流、学科建设等方面开展了行之有效的艰苦探索,取得的进展是举世瞩目的。

1. 立项课题持续增加,产生了一批高质量的研究成果

很难想象如果没有理论研究的引领,我国的创造教育会怎样。创造教育从

复苏开始,有关创造教育的课题研究逐步拓展,不断深入,其中不乏影响较大的课题,如原中央教科所牵头、二十多个省市参与的"创新教育研究与实验",在全国各地做了大量研究与实践,取得了很多经验。[①] 2003 年,北京师范大学林崇德教授主持的"创新人才与教育创新研究"被评为教育部哲学社会科学研究首批重大攻关项目;2008 年,北京师范大学邹泓教授主持的"青少年创新能力的认知神经基础及其培养"被评为国家社科基金重点课题;2010 年,厦门大学林金辉教授主持的"高素质创新人才培养模式研究"入选国家社科基金重点课题;2021 年,西南大学邱江教授主持的"基于脑科学的青少年创新素养评价与提升路径研究"入选国家社科基金重大项目。随着课题研究的不断深入,一批高质量的研究成果相继诞生。

2. 组织化程度不断提高,涌现了一批示范性教育基地

创造教育的顺利开展,必须有组织保障。各级创造发明学会的成立,使得创造教育的组织化程度不断提高,中国发明协会把"普及创造学知识,促进创造力开发和研究活动"写进协会章程,分别成立了中小学创造教育分会和学前创新教育分会。中国创造学会下设创造教育专业委员会和创新创业创造教育专业委员会,开展从胎儿至老年人之间不同年龄段人群的创造力开发系统研究,建立了团体会员单位、实验基地、创造工程研究所、培训中心,举办不同层次的研讨活动,有力促进了创造教育发展。值得一提的是,2014 年 6 月 22 日,中国创造力研究协作组成立大会暨第一届学术研讨会在中国科学院心理研究所召开,来自中国科学院、陕西师范大学、华东师范大学、华中师范大学、首都师范大学、南京师范大学、山东师范大学、西南大学、南通大学、北京教育学院等多所院校从事创造力研究的专家学者汇聚一堂,展示了心理、神经和教育领域关于创造力研究的主要成果。为了加强多学科聚合交叉,加强基础与应用研究有机整合,促进国内外学术交流,提高我国创造力研究的整体水平,协作组决定每年召开一次学术研讨会,截至 2023 年,已举办九届研讨会。创造教育研究的组织化程度不断提高,无论是对加强理论研究,还是对加强实践创新都起到了很好的推动作用。

全国各地涌现出一大批具有示范性的基地。其中,科技部、中宣部、教育部和中国科协四部委先后联合命名的两批共 200 多家"全国青少年科技教育基地";中国宋庆龄基金会、中国发明协会、中国教育学会、全国少工委联合命名了

---

① 华国栋.推进创新教育　培养创新人才[J].教育研究,2007(9):16—22.

500余家"宋庆龄少年儿童科技发明示范基地";中国教育学会劳动与技术教育专业委员会联合命名了一批"全国青少年创新教育示范学校",在创造教育的广泛开展中产生了较强的示范与辐射作用。

3. 创新大赛巧搭平台,多样化的教育模式迅速崛起

从早期对国外创造教育的机械移植到当下对自主创新的自觉追求,创造教育的本土化走过了四十多年的历程,多样化的教育模式正在崛起。

一是课程模式:主要通过一些专门课程(如创造学、创造教育、学会发明等)开展创造教育,实施这种模式的学校尽管有限,但效果较好,是目前最受推崇的模式。

二是渗透模式:将创造教育渗透于各门学科的教学中,从理论上讲这是一种最理想的模式,但真正取得成功的学校为数很少,主要是因为绝大多数教师对创造教育的规律与方法缺乏了解。

三是社团模式:主要是指通过学生社团展开团队创新活动,它能够充分发挥学生的自主创新精神,但如果缺乏指导,极易放任自流。

四是营地模式:通过开展科技夏(冬)令营实施创造教育,这种模式主要面对少数优秀学生,受众面较小。

五是节庆模式:主要是开展创造教育专题节日(如科技节、创新月、科普周)活动,往往气氛烘托得很好,但有些学校的形式主义比较严重。

六是嫁接模式:即科研院校与中小学合作开展创新人才培养的研究与实验,如近年来的北京"翱翔计划"、上海"普通高中学生创新素养培育实验项目"、天津"特色普通高中建设工程"、陕西"春笋计划"都取得了良好成效,问题在于为数不多,与制度化、常态化的要求仍有一定距离。

七是社区模式:通过校外教育机构(如少年宫)或教育基地进行创造教育活动,较好地利用了社区资源,但由于这些机构普遍缺乏相应的师资,常常显得"心有余而力不足"。

总之,这些模式各具特色,既有优点,也有弱点,不少学校为了扬长避短,往往将多种模式融合起来,取得了比较理想的效果。而各种创新大赛则集中展示了形式多样的创造教育成果,如中小学的青少年科技创新大赛、"明天小小科学家"评选、中国青少年机器人竞赛、全国青少年人工智能创新挑战赛、全国青少年无人机大赛、宋庆龄少年儿童发明奖等,在英特尔国际科学与工程大赛、头脑奥林匹克竞赛、国际发明展览会等国际赛事上,我国青少年也取得了骄人成绩。其中全国青少年科技创新大赛是由中国科协、教育部等联合主办

的具有示范性和导向性的科技创新竞赛,一大批科技创新后备人才在大赛中脱颖而出。

4. 大力推进创造教育的"课程化",催生了一批特色学校

因为起步晚,又没有足够的研究,早期的创造教育常常是"处处开花",处于弥散状态,随着实践不断深入,人们才意识到实施创造教育的重点应该是它的"课程化"。一些中小学校依托校本课程开发平台,对创造教育课程资源进行了有针对性的开发。值得注意的一个趋势是,创造教育的一些先锋学校已经从早期的一两门课程发展为若干课程群,如中国人民大学附中已由最早的"发明创造"1门课程扩展到现在的 150 门课程,上海市和田路小学也从最早的"创造发明"1门课程扩展到目前的 58 门课程。

5. 国内外学术交流日渐频繁,创造教育学者群初具规模

中国创造学会、中国发明协会及其下属的创造教育专业委员会召开的学术年会、专题研讨会连年不断,各省市级创造发明学会召开的专题研讨会精彩纷呈。至 2023 年,中国发明协会中小学创造教育分会已召开 29 届学术年会。近年来,中国创造学会先后举办创造创新与未来发展论坛、中小学创新创业创造教育论坛、创造创新与跨越发展论坛等。中国学者不仅参加了美国创造性解决问题年会、欧洲创造力与创新年会、日本创造学会年会,而且承办了国际创造学和创造教育相关会议,国际国内学术交流的日趋频繁,加速了以北京、上海为核心的学者群的形成。在这个初具规模的学者群中,既有蜚声海内外的资深专家,也有雄心勃勃的青年才俊,既有学科建设的领军人物,也有一线耕耘的草根学者,呈现出"江山代有才人出"的虎虎生气。

6. 学科发展不断彰显高层次人才培养需求,初步形成多元化的培养格局

相当长的一段时间内,创造学无缘国家的学科分类目录,致使人才培养缺乏依据,学科建设后继无人。令人欣慰的是,越来越多的高校在硕博士培养中设立了创造学和创造教育研究方向,主要有四类:一是从科学技术哲学中增列创造学研究方向,如北京大学、中国科技大学、东北大学、大连理工大学、广西大学;二是在管理学中增列创造学和创造教育研究方向,如中国矿业大学;三是从高等教育学、教育学原理、课程与教学论或现代教育技术中增列创造教育研究方向,如东南大学、南通大学、华中师范大学、陕西师范大学;四是从发展与教育心理学中增列认知发展与创造力研究方向,如中国科学院心理研究所、西南大学、华东师范大学等。尽管创造学硕博士培养的数量有限,但规模逐步扩大,正在努力摆脱因传统学科体制制约而长期边缘化的困境。

(三) 创造教育的多重困境

当许多人陶醉于创造教育所取得的辉煌成就时,为"两弹一星"研究做出杰出贡献的科学家钱学森教授却给了我们当头棒喝:"为什么我们的学校总是培养不出杰出人才?"[①]"钱学森之问"不仅引起了公众和媒体的强烈关注,而且震动了政府高层领导。中国梦的实现需要大批创新型人才,其中包括钱学森所希望的"杰出人才"。创造教育面临的挑战是前所未有的,只有充分意识和着力解决好这些问题,创造教育才能向着健康高效的方向发展。

1. 教育政策与政策执行之间的"习惯性错位"

我们无意否定政府出台的实施创新驱动发展、加快建设国家创新体系、加强创新人才培养的一系列政策,但政出多门、监控不力常常导致政策变形,使这些政策执行起来"雷声大,雨点小",创造教育往往成为学校"说起来重要,做起来次要,忙起来不要"的事情。有的学校开设了创造教育课程,也搞了一些科技创新活动,表面上轰轰烈烈,热热闹闹,其实不过是某些领导好大喜功、装点门面,既没有科学规划,也没有系统执行,很难达到培养创造性人才的目的。究其根本原因,是在不少人的心目中,创造力不过是一种"软实力",中高考很少也很难考核学生的创造力。正是对创造教育的认知误区和信任危机,常常导致教育政策与执行之间的"习惯性错位"。如果说30多年前这还是一个局部性甚至是个别学校的问题,那么,今天已经成为事关全局的瓶颈问题,必须引起我们的高度重视。

2. 创造教育实施的"区域性失衡"

"均衡发展"是推行素质教育的关键词,而作为素质教育核心的创造教育却体现出发展的严重失衡,这可能是最令人匪夷所思的。仅以第20—24届全国青少年科技创新大赛获奖作品来分析,至少就能发现三方面的不均衡。首先是东西部发展不均衡。获奖作品排在前十名的省市依次为北京、上海、福建、广东、河南、湖南、河北、山东、四川、湖北,其中6个省市处于东部沿海地区,3个省份处于中部内陆地区,而西部边远地区只有四川省,东部沿海地区遥遥领先于中西部。其次是城乡发展不均衡。在所有参赛的2048件作品中只有180件来自农村学校,仅占总数的8.79%,城乡差距悬殊。最后是职高和普高发展的不

---

① 钱学森.钱学森最后一次系统谈话:大学要有创新精神[N].人民日报,2009 - 11 - 05(11).

均衡。职业高中的在校人数是普通高中的 1.46 倍,而在大赛中获奖的学生却只占普通高中获奖数的 0.86%,职高与普高学生科技创新的巨大悬殊令人震惊。①这些问题的存在,不仅使创造教育背离了素质教育的宗旨,更使相当一部分学生接受公平教育的权利受到了侵害。这里有经济发展的原因,但更重要的是教育资源的配置失衡问题,因而,当务之急是要搞好创造教育的宏观调控工作。

3. 青少年创造力发展的"师源性屏障"

"你想让你的雇员、学生或孩子发展创造性智力的唯一最有效的办法,就是将你自己树立成一个具有创造力的角色榜样。只有当你展示给他们而不是告诉他们该如何做时,人们才会发展并提高其创造性智力。"②不仅教师的创造力对学生有影响,而且教师的教学风格、人格特征等都会对学生的创造力发展产生影响。轰轰烈烈的新课改在很大范围内更新了教师的教育理念,提高了教师的综合能力,但长期以来形成的唯理性教育模式和功利主义"考试文化"的阴魂不散,无论是教师队伍的"质"还是"量"均令人担忧,绝大多数教师不懂创造学的基本原理和技法,创造动机不强,创造能力差,对新思想、新技术、新方法视而不见,漠不关心甚至麻木不仁,照本宣科,"勤能补拙"的观念、"死揪蛮干"的战术、"题海操练"的招数、急功近利的策略仍然是实施创造教育的羁绊。在对待学生时,这些教师多采用划一、求同、规范、服从的态度,不允许学生冒险、越轨、标新立异,形成了创造力发展的一道道屏障。

4. 创造教育的"体制性障碍"

既然创新是科技的本质,人们就有理由将创造教育的希望寄托于科技教育。由于创新大赛的强劲推动,近年来我国中小学的科技创新教育取得了长足的进步,但也日益暴露出"体制性障碍"。捉襟见肘的经费投入使实验设备和材料严重匮乏,加之活动场所太少,几乎无法支撑起日常性的青少年科技创新活动。在全国青少年科技创新大赛现场,笔者曾接触过一名来自西部的选手,发现他的差旅费竟然是通过全校同学的捐款而凑齐的。即使一些中小学设置了科技辅导员岗位,也一直归属于课外辅导,长期以来没有编制,致使辅导员队伍青黄不接,加之教学任务重,缺乏研修机会,他们无法掌握必要的创新理论和方法,更无从接触和了解科学发展的前沿。最让人心酸的是,科技辅导员始终缺乏职业准入制度,既没有制订任职标准,也没有职称评定的制度保障,一些优秀

---

① 张海燕.中国青少年科技创新的现状、问题与对策——基于第 20—24 届全国青少年科技创新大赛的研究[D].南通:南通大学,2010.

② 斯滕伯格.成功智力[M].吴国宏,等,译.上海:华东师范大学出版社,1999:195.

科技辅导员甚至被误解为"不务正业"。因而,要确保创造教育的永续发展,就必须改革这些与推进创造教育不相适应的体制和制度。

(四)创造教育的突破路径

中华民族伟大复兴的战略全局和世界百年未有之大变局,对创新人才培养提出了新要求。展望未来,儿童创造教育任重而道远,只有勇于检视现实困境,主动破解发展难题,才能造就出更多的符合时代需要的拔尖创新人才。

1. 全面整合创造教育的相关政策,尽快制定创造教育实施纲要

创造教育是建设世界科技强国战略的有机组成部分,培养创新人才固然需要学校教育的不懈努力,但首要责任在政府,只有政府不断完善和落实相关的公共教育政策,才能逐步克服创造教育实施中的重重阻力,保障创造教育的均衡发展。我们不妨借鉴我国台湾地区教育主管部门推出的创造力教育实施纲要,他们在分析国际创造教育发展趋势后,检讨了台湾地区教育存在的问题,整合相关政策,提出了创造教育的"五大愿景""十大原则"和"六大行动方案",并从生态文化、行政法制、学校经营、课程与教学四个层面提出了一系列的推动策略。海峡两岸文化同源,教育问题也有不少共同性,建议教育部、科技部和中国科协审时度势,尽快制定出体现国家意志和政府立场的"创造教育实施纲要",从而将创造教育推进到一个全新阶段。

2. 大力推进创造教育的整体改革,切实推进"课程化"进程

人的创造精神、创造性思维和创造能力不可能一蹴而就,必须通过系统的教育、鼓励和激发才能逐渐培养起来。实施创造教育必须对教育从培养目标、实践过程到课程设置、方法手段等各方面进行整体性改革,而改革能否取得成功的关键还是课程建设,教育部有关部门可以借力于中国创造学会和中国发明协会,尽快研究和解决好以下问题:首先,要系统总结有关中小学和幼儿园的成熟经验,以"大国能够办大事"的气魄尽快编写出能够真正代表国家水平的课程标准和教材;其次,针对课程资源匮乏的现状,调动各方面的力量协同开发课程资源,为创造教育课程源源不断地输入源头活水;最后,应变革课程管理机制,变终结性管理为过程性管理,变物性化管理为人性化管理,变刚性化管理为柔性化管理,这就需要发现和扶持一些真正懂得创新人才早期成长规律的校长和园长。

3. 实施"中小学创新教育骨干教师示范性培训项目",强化创新能力建设

早在 2003 年,劳动和社会保障部就推出了创新能力培训与认证体系,颁发

全国通用的创新能力 OSTA 等级证书和创新能力培训合格证书。遗憾的是,创新能力培训在学校的推广却遭遇"滑铁卢",究其原因主要在于落后的培训理念和粗犷的培训方式,不少领导错误地以为培训就是请老师讲讲课,既不重视培训课程的开发,也不重视培训老师和培训方式的选择,结果培训成了"走过场",学员课都不想听了,哪里还敢奢谈"学以致用"呢? 为此,笔者主张以教育部推出的"国培计划"为依托,在各个学科和班主任培训项目中增加创新教育专项,重点设计"中小学创新教育骨干教师示范性培训项目",针对中小学从事"科学""通用技术""综合实践活动"课程教学的骨干教师及优秀科技辅导员进行示范性训练,具体可分国家和省两级进行,如果国家级培训规模能够达到 1 万人,省级培训规模达到 10 万人,就能造就一大批教育理念新、创新能力强,在教育教学工作中起示范作用的创新型教师乃至高水平的创造教育专家。从长远着眼,全国所有的师范院校都应该尽快开出"创造教育学""师范生创新能力训练"等课程,让越来越多的毕业生获取创新能力证书;同时鼓励有条件的高校继续扩大创造学或创造教育方向研究生的培养规模,兼顾现实与未来、普及与提高,从根本上提升创造教育质量。

4. 立足于"有限理性"的渐进改革,用心营造创新文化

针对教改步伐迟缓问题,有人主张将我国教育推倒重建,试图通过这种"毕其功于一役"的方式促成创造教育的一步到位。看起来好像合乎情理,其实这不过是一种不切实际的幻想。日本教育学会原会长、东京大学佐藤学教授一直主张在学校推进"静悄悄的革命",这场革命的目标是根本性和结构性的变化,决不要求一蹴而就,"因为教育实践是一种文化,而文化变革越是缓慢,才越能得到确实的成果"①。因而,要以更大规模、在更高层次上推进我国的创造教育,应该借鉴佐藤学提出的"革命性的思考,渐进性的变革"策略,暴风骤雨式的教育改革模式不仅收不到立竿见影的效果,反而会由于操作仓促而带来难以弥补的负面影响。"有限理性"的渐进改革得益最大的莫过于创新文化的生成,之所以我们感到教育改革总是走不出传统教育的怪圈,创造教育的阻力总是大于推力,之所以创造教育总是局限于某一个(或几个)学校、某一门(或几门)课程、某一个(或几个)老师,是因为我们的创新文化还很稀薄,在与沿袭一千多年的科举文化博弈中还没有占上风,这或许是我们遭遇的最严峻的挑战。为此,各级教育行政部门要充分发挥对创造教育的主导作用,出台一系列富有力度、导向

---

① 佐藤学.静悄悄的革命[M].李季湄,译.长春:长春出版社,2003:8.

鲜明的政策措施,不断加大表彰力度,深化创新文化建设。如果没有教育工作者的文化自觉,就没有传统文化与创新文化的此消彼长,也就没有创造教育的稳健推进。唯此,用心营造创新文化才显得比历史上的任何时期来得更重要。

诺贝尔物理学奖得主杨振宁教授谈到他的回国观感时说过:"近七八年的变化使我感受到一个新的时代就要来临,中国经济的发展也必然会带来教育方式上的一系列变革,总有一天,中国也会出现自己的爱因斯坦。"①我们坚信,只要齐心协力,扎扎实实地推进创造教育,就一定会培养出无愧于祖国、无愧于时代的拔尖创新人才!

拓展阅读导航

［1］ 林崇德,胡卫平.创造性人才的成长规律和培养模式[J].北京师范大学学报(社会科学版),2015(1).

［2］ 陆小兵,钱小龙,王灿明.国际视野下教育促进创造力发展的分析:理论观点与现实经验 [J].外国教育研究,2015(1).

［3］ 王灿明,许映建.我国小学创造教育 40 年:模式、经验与展望[J].现代基础教育研究,2019(1).

［4］ 娜塔莉·尼克松.创造力觉醒[M].张凌燕,译.北京:中国人民大学出版社,2022.

［5］ 安娜·赫伯特.创造力教育学[M].陈峥,译.北京:社会科学文献出版社,2014.

［6］ 林崇德.拔尖创新人才成长规律与培养模式研究[M].北京:经济科学出版社,2018.

［7］ 胡卫平,辛兵.科技创新后备人才成长规律研究[M].上海:上海科技教育出版社,2023.

［8］ 杨莉君.儿童创造教育障碍论[M].长沙:湖南师范大学出版社,2008.

［9］ 齐宪代.扬起创造教育的风帆——北京市中小学幼儿园创造教育研究论文集[M].北京:首都师范大学出版社,2023.

［10］ 程淮.新时代中国学前创新教育研究[M].北京:研究出版社,2023.

---

① 杨振宁.杨振宁文集[M].上海:华东师范大学出版社,1998:448.

第二章

指向儿童创造心理发展的创造教育

几乎所有的儿童，在受到鼓舞的时候，在没有规划和预先意图的情况下，都能创作一支歌、一首诗、一个舞蹈、一幅画、一种游戏或比赛。

——马斯洛(美国人本主义心理学家，曾任美国心理学会主席)

在中国现当代史上,有两个天才,他们在童年时代都酷爱文学,却走上了两条完全不同的人生道路。

一个人出生在浙江温州,尽管家境贫寒,却读了许多优秀的古典名著,其中许多篇章都能背诵出来。他喜欢语文(那时称"国文"),语文老师却不信任他。一次,他被语文老师叫去谈话,老师指着手里的一篇作文问他:"这篇作文是你做的?"他拿过来一看,作出了肯定的回答。语文老师却以怀疑的口吻问他:"你是怎么做的?"他感到莫名其妙,因为念了太多的文学名篇,他写作文时常常有意无意地进行模仿,就说:"就这么做的,怎么想就怎么写。"这下可惹怒了老师:"你还能做出这样的文章?抄来的文章再好,也只能骗自己而已,想骗我?哼!"老师的话犹如当头一棒,他对语文的兴趣几乎降至冰点。从此,语文成为他最反感的课,非但不好好学,还常常无故旷课。

另一个人出生在山东高密,小时候母亲让他放羊,他却躲到草垛里读书,因而没少挨过母亲的揍。由于家里过穷,他甚至用帮人推磨的方式换书看,每推 10 圈才能换 1 页书看,即使这样,他也看得津津有味。他就以这样的方式读遍了周边 10 多个村庄的书籍。小学三年级的时候,老师布置写一篇题为《五一抒怀》的作文,他写的是一场篮球比赛。因为每逢"五一"劳动节,他们学校就举行运动会,有乒乓球、标枪、跳高、赛跑等各种比赛。其他同学都是走马观花,像记流水账一样把各种运动项目写一遍。他却另辟蹊径,把大部分笔墨用来写篮球比赛,写怎样抢球,怎样运球,怎样投篮,文中虚构的情节引起了老师的注意。作文课后,语文老师板着脸问他:"你这文章是从哪儿抄来的?"他辩白说是自己写的,老师不信,就要求他当场以《抗旱》为题写一篇文章。结果,他以诗一般的语言一口气写完了

《抗旱》，老师看完后十分高兴，第二天就拿到中学里宣读，给中学生当范文。从此，他天天盼望上语文课，因为那是他"最出风头"的时候。

两个文学天赋极高的孩子，同样因为作文写得"太好"而引起猜疑，但老师的处理方式却有天壤之别。一位老师不问青红皂白，认为学生是"抄袭"，彻底摧毁了他对语文的兴趣；另一位老师为了搞清事实，让学生另写一篇，却让学生从中领悟到文学虚构的技巧。前一个孩子离开了心爱的文学，高中毕业以后又东渡日本留学，后来成为著名数学家，当选了首届中国科学院院士；后一个孩子一头闯进了文学殿堂，写出了《红高粱》《生死疲劳》和《檀香刑》等旷世之作，成为当代中国杰出的作家，荣获2012年度诺贝尔文学奖。

尽管两人都取得了杰出成就，但回忆自己的童年生活，前者对语文老师耿耿于怀，成为数学家之后，他的记忆深处依然收藏着"文学的梦想"；巧合的是，后者在获诺贝尔奖后的第一时间接受中央电视台记者的采访，也旧事重提，说他最难忘的是语文老师当年对他的肯定，"我对文学的开窍比别人多了一份觉悟，就是对'虚构'的重视"。他们的名字，或许读者已经明白，前者是苏步青，后者是莫言。从他们成长的故事中，我们可以非常清晰地意识到教育的两重性，即使是同样一个事件，处理得好，或许就培养了儿童的创造意识和创造能力；处理得不好，也许就扼杀了儿童的创造意识和创造能力。所以，我们只有将教育目标指向儿童创造心理发展，才能培养出才华横溢的创造性人才。

一、儿童创造心理发展的研究进展

为了让读者更好地了解儿童创造心理发展的研究进展，我们首先从什么是创造和创造心理说起，着重了解儿童的创造和创造心理的特征。

(一)"创造"词义的研究进展

无论在创造学还是创造教育上，"创造"一词至今尚未产生一个公认的权威性概念。笔者查阅了国内外的大量文献，尝试进行整理、归纳，将这些争论锁定到三个方面：

一是创造的"过程论"和"产品论"。"过程论"强调创造过程与众不同，具有不同于前人或超越自我的独特途径和方法,并不过分强调创造产品的社会价值。"产品论"强调创造就是提供新颖的、有社会意义的产品的活动,强调产品同先前产品相比具有本质不同和实质性进步。这里的"产品",是指以某种形式存在的思维成果,它既可以是一个新概念、新思想和新理论,也可以是一种新技术、新工艺和新作品。从理论上讲,有什么样的创造过程,就应该有什么样的创造产品,过程与结果应该是统一的。但是,实际情况未必如此,有时好的过程会产生好的结果,有时再好的过程也未必会产生创造性结果。其中一个主要的机制是创造的不确定性,即创造过程中所存在的各种风险,如果事先能够预测到这些风险,产生创造性成果的可能性就大些。如果这些风险是不可预测的,那么产生创造性成果可能就要靠运气了。这些风险包括技术的不确定性、市场的不确定性、信息的不对称性、投资的强度、人才的技能以及政策制度环境等。美国心理学家吉尔福特在《创造性才能》一书中就明确表示:"大部分创造性思维是在自己头脑中进行的,不生产出任何引人注目的产品。也有可能这种创造性思维根本不生产任何有形的产品。"①成人尚且如此,何况儿童?如果我们无视儿童的年龄特征和创造过程的不确定性,仅仅依靠产品的社会价值来判断儿童的创造,可能是不切实际的,应更多地鼓励他们创造过程的独特性。

二是创造的"广义论"和"狭义论"。人类一直存在着对超常人物的崇拜,创造被认为是天才的专利,近代自然科学取得迅猛发展以后,创造几乎成为思想家、科学家和发明家的同义词。实际上,创造有狭义、广义之分。狭义的创造,是从全社会范围来考察的,指能诞生前所未有的新颖、独特、有突破性、具有社会意义的产品的活动。比如,科学创造就是创造新的知识,发现新的规律,或者形成认识世界和改造世界的新思想、新方法。从这一点上讲,创造显然是少数人的活动。广义的创造是从个人的活动来考察的,是指个人从事的活动,只要相对于自己的过去来说是新颖、独特的和具有突破性的就是创造,即使相对于全社会来说并不具有创造性。吉尔福特曾经一针见血地指出,认为创造性人物有特别天赋,具有普通人所没有的某种品质,这仅仅是"外行人的看法",我们完全可以对此"不屑一顾",因为"几乎所有人都会有创造性行为,不管这种创造性行为是多么微妙或罕见……被公认具有创造性的人,只是拥有比我们所有人所拥有的更多一些而已"②。既然创造性是每个人都具备的,它就不再高不可攀。

---

① J. P. 吉尔福特.创造性才能——它们的性质、用途与培养[M].施良方,沈剑平,唐晓杰,译.北京:人民教育出版社,2006:109.

② 同上:11.

在学校里培养儿童的创造性,并不要求所有学生都要做出惊天动地的创造发明,而是使受教育者在其本身已有发展水平上有所发展,在其可能发展范围内充分发展。所谓"处处是创造之地,天天是创造之时,人人是创造之人",每个儿童都具有创造潜能,作为教师,应善于根据他们的身心特点,营造宽松的创造环境,激发、诱导儿童用新眼光观察问题,从新角度提出问题,用新思路分析问题和解决问题。

三是"创造论"与"创新论"。创新是近年来使用最频繁的词汇之一,但创新的概念和内涵究竟是什么,在国内外有关书籍中,论述和解释却是非常混乱的。有人认为,这是两个根本不同的概念,不能混为一谈。但有人认为创新就是创造,把创新和创造视为同一概念。其实,创新与创造在英文中也是不同的,"创造"为 creation,"创新"为 innovation。"创新"一词是哈佛大学教授、曾任美国经济学会会长的熊彼特(Joseph A.Schumpeter)在《经济发展理论》一书中率先提出的,并将之定义为"生产函数的变动"。在熊彼特看来,创新不仅要接受市场的检验,而且是一种质的变化,是产业突变,通常又被叫作"破坏性创新"。创新具体包括以下五种情况:一是采用一种新产品,即消费者还不熟悉的产品;二是采用一种新方法,也就是在有关的创造部门中尚未通过检验鉴定的方法;三是开辟一个新市场,不管这个市场以前是否存在过;四是掠夺或控制原材料或成品的一种新的供应来源,也不问这种来源是否已经存在,还是第一次创造出来的;五是创造出一种新的企业组织形式。① 熊彼特认为,创新是一个经济学范畴而非技术范畴,认为发明(invention)是新工具或新方法的发现(discovery),创新(innovation)则是这些新工具或新方法的实施(implementaion)。在他看来,发明是创新的一个环节,创新并不一定需要发明,发明只有用于经济之中,并带来利润才算是创新。熊彼特的理论对西方学术界产生了深刻影响。创新领域的权威工具书《牛津创新手册》开宗明义地说:"通常认为,发明和创新之间存在着重大区别。发明是指首次提出一种新产品或新工艺的想法;而创新则是首次尝试将这个想法付诸实施。有时,发明和创新是紧密联系的,难以对两者进行区分(例如生物技术)。但在多数情况下,两者之间有着明显的时间差。"② 因而,只有将创造成果(如发明)引入应用阶段,产生经济效益或其他某种价值,才是

① 李义平.创新与经济发展——重读熊彼特的《经济发展理论》[J].读书,2013(2):20—28.
② 詹·法格博格,戴·莫利,理查德·纳尔逊.牛津创新手册[M].柳卸林,郑刚,蔺雷,等,译.北京:知识产权出版社,2009:5.

创新。过去,我们过多地强调创造而不强调创新,以致割断了科学—技术—生产—市场之间的有机联系,一方面是大量科研成果束之高阁,另一方面是大量企业缺乏先进适用技术的支撑,知识分子长年累月的脑力劳动成果被白白浪费。如果我们从儿童时代开始就强化其成果转化意识、市场竞争意识、市场需求意识、市场营销意识,或许有助于改变这种困境。应该说,没有创造,就不可能有创新,创新总是以创造为前提的。反之,没有创新,也不可能有创造成果的转化,创造的价值就不能实现。因此,我们既要教会儿童创造,又要引导他们创新,年级越高,越需要强调创新,从而将两者紧密结合起来。

(二)创造心理的研究进展

创造心理是异常复杂的,尽管人类对此研究了一百多年,至今尚未形成一个公认的理论框架。

一般公认,创造心理研究始于英国生理学家高尔顿(Francis Galton)。他于1869年出版的《遗传的天才》被认为是国际上最早的关于创造力研究的科学文献,标志着用科学方法研究创造力的开始。高尔顿还开创了自由联想实验的研究,被视为"最原始的发散思维测验"。这种方式被后人广为采用,在现行创造性测验中,仍包含着与此相似的项目。

20世纪初,以奥地利心理学家弗洛伊德(Sigmund Freud)为代表的精神分析学派对人的创造力进行了个性心理分析与研究。弗洛伊德在《诗人与白昼梦的关系》中比较了儿童游戏与白昼梦的特点,介绍了他对富有想象力的诗人、作家所做的研究,认为"富有想象的创造,正如白昼梦一样,是童年游戏的继续与替代"。[①] 以后他又陆续发表了《原始词汇的对偶意义》《三个匣子的主题思想》和《来自于童话的梦的素材》《米开朗基罗的摩西》,认为创造性才能是人的潜意识本能的升华。弗洛伊德关于创造性和无意识的理论观点将创造心理学研究带入了一个新的时期。

从20世纪30年代起,心理学家及哲学家开始研究创造力的认知结构和思维方法,认为知识就像神经网络一样互相联结,创造就意味着以前没有联结的两个点接通。认知心理学的观点推动了心理学对创造心理的研究。自20世纪30年代起,以德国心理学家韦特海默(Max Wertheimer)为代表的格式塔学派对人的创造性才能进行了系统研究。1945年,他出版了《创造性思维》一书,深

---

① 弗洛伊德.论创造力与无意识[M].孙凯祥,译.北京:中国展望出版社,1986:49.

入论述了创造性思维的过程,认为思维不仅是解决情境的要求(问题情境)与目标一致的问题,更多时候是解决问题情境要求与目标不一致的问题,因而必须改变目标本身(问题),这就要求思维具有一定的创造性。而形式逻辑思维过于追求三段论形式而显得机械,同样,联想主义把思维看成观念的联系或一系列刺激的反应,即思维的主要因素是习惯、过去经验和相近项目的重复。如果解决问题只靠回忆、简单的机械重复或盲目尝试中纯机遇的发现,就很难把这一过程叫作有意义的思维,对创造性思维没有多大帮助。格式塔理论立足于知觉研究,认为创造性才能是问题引起的人的心理动力紧张系统的解除,是对问题情境的顿悟。他还指出,创造过程是一种摸索过程,需要克服过去经验的障碍,重视对未知情境的观察。格式塔学派的研究使创造力研究转向了认知方面的探索,但很少考虑到创造主体本身的知识和经验,并且对顿悟的机制未加以重视,这是他们的欠缺之处。

随着人本主义心理学的兴起和发展,人类日益重视人的潜能开发,开始广泛地对创造力进行研究,创造力理论研究取得了飞速发展。这个时期的研究对象已扩展到普通人。对此,美国心理学家马斯洛(Abraham H. Maslow)功不可没。他说,人们假设画家、诗人、作曲家或者理论家、艺术家、科学家、发明家和作家都过着创造性生活,也就是说,创造性是某些专业人员的"特权"。按照这一假设,一名家庭主妇所做的那些平凡工作没有一件是创造性的,然而她却是奇妙的厨师、母亲、妻子和主妇,她做的膳食是盛宴,她在台布、餐具、玻璃器皿和家具上的情趣很高,都是独到的、新颖的、精巧的和出乎意料的,富有创造力。马斯洛认为"应该称她是有创造性的",而且断言"第一流的汤比第二流的画更有创造性;一般说来,做饭、做父母以及主持家务,可能具有创造性,而诗也未必具有创造性,它也可能不具有创造性"。① 所以,他把创造性区分为"特殊天才的创造性"和"自我实现的创造性",自我实现的本质特征是人的潜力和创造力的发挥,自我实现的创造力与具有特殊天赋的创造力是不同的,它似乎是普遍人性的一个基本特点,"所有人与生俱来都有创造潜力,从这个意义上看,可以有富有创造力的鞋匠、木匠和职员"。②

这一时期创造心理学的研究突飞猛进,取得了许多突破性成果,成了心理学研究的一个热门领域。1950 年吉尔福特在就任美国心理学会会长的就职演

① 马斯洛.人的潜能和价值[M].林方,译.北京:华夏出版社,1987:244.
② 马斯洛.自我实现的人[M].孙凯祥,译.北京:三联书店,1987:38—39.

说时,呼吁人们注意:直到那时为止《心理学摘要》的 121000 条词条中,涉及创造性的仅有 186 条,他提醒人们关注创造力研究不足及其产生的严重后果,号召人们加强创造力研究。在这次演说之后十年,每年出现了数百种出版物涉及创造性,而且以几何级数继续增长。1967 年,吉尔福特提出了"智力三维结构"理论,将人类智力分为运演、内容和产品三个维度,共 16 个类别,组成了 150 多种能力,认为创造性思维的实质是发散思维,衡量的四项指标是流畅性、灵活性、独创性和精致性。后来,布鲁纳(Jerome Bruner)提出的左手思维、德·波诺(Edward de Bono)提出的横向思维、布赞(Barry Buzan)提出的辐射思维都深受吉尔福特的影响。

随着创造心理研究的不断深入,近些年来理论界发展出创造力"汇合理论"(confluence approaches),包括艾曼贝尔(T.M.Amabile,也译为阿玛拜尔)提出的"创造力组成成分理论"、奇凯岑特米哈伊(Csikszentmihalyi)提出的创造力"系统模型"、耶鲁大学斯滕伯格(Robert J. Sternberg)提出的创造力"三侧面模型"理论、斯滕伯格等(Sternberg & Lubart)提出的"创造力投资理论"。汇合理论实现了创造力研究从"元素论"到"结构论"的根本转变,日益重视创造的内部动机、人格特质以及社会环境的作用。

如果我们关注主流心理学和创造教育学文献,就会发现人们使用得最多的核心词汇是"创造力"和"创造性"。从西方创造心理学的历史沿革看,这是必然的,因为这两个概念在近一个世纪已被人们广为接受。creativity 一词在《英汉心理词汇》中翻译为"创造力",①而在《英汉教育词典》中译为"创造性,创造能力"。② 显然,人们对 creativity 的理解还有一定歧义。仔细对照各种译本,可以发现它有时被译为创造性,有时被译为创造力,有时交叉使用。之所以存在这种状况,是因为对 creativity 的认识是随着理论研究的深入而不断发展的。很长时间以来人们的认识是一元的。创造心理学起源于天才研究,最早认为"想象"是天才成才的关键,后来又认为"具有高水平创造者必具有高水平的能力""智力与创造性有很高的相关"。但后来的研究发现,智力仅在一定程度上能预测创造力,智力高者未必就具有高创造力。进入人格学研究阶段后人们才发现,个体所具有的人格特征在创造中也起了很大作用,所谓创造性实际是指创造者的人格特性,研究重心开始转移。后来,格式塔学派又将注意力引导到非

---

① 英汉心理学词汇[M].北京:科学出版社,1981:36.
② 英汉教育词汇[M].武汉:湖北教育出版社,1993:77.

逻辑思维中的顿悟、灵感上；20 世纪 50 年代后，吉尔福特又将创造性思维窄化到发散思维上，这都反映了对 creativity 认识的一元性，忽视创造心理的整体性以及多种影响因素，因而很难全面把握创造心理的结构。回顾百年研究历程，我们不难看出，没有一元论者，很难想象创造心理学在今天会处于一个什么样的水平，其不可抹杀的历史贡献在于引导众多的学者在迷人的创造世界探寻创造的本质特征和关键属性，为建立系统的多元论奠定了良好基础。问题的关键是，我们必须设法跳出原有的思考路线，creativity 一词目前无论是译为"创造力"还是"创造性"似乎都不太恰当，都反映不了创造心理学当前的研究水平，迫切需要扩大外延、缩小内涵，直译为"创造心理"不仅很简洁，而且可以避免"能力"与"人格"之争，既包括"创造力"（creative ability），又包括创造性人格（creative personality）等其他心理因素。从创造心理的"一元论"到"多元论"，从"元素论"到"结构论"，反映了创造心理学日趋成熟的态势，随着研究范围的拓展，人们正逐步揭示出创造心理的神秘面纱。创造心理是个体在创造过程中所特有的较为稳定的心理品质，主要包括创造意向、创造性思维、创造性人格和创造性行为等心理要素。其中，创造意向是前提，创造性思维是核心，创造性行为是表现，创造性人格是动力。它们互相联系，互相制约，从而构成一个完整的心理结构。

（三）儿童创造心理发展的研究进展

研究者对儿童创造心理的阐释存在不同理解，直接影响了儿童创造心理发展的研究，在创造心理的指标确定上各不相同。有的把动机、个性特点作为指标，有的把发散思维作为指标，有的把儿童创造性想象、幻想作为指标，还有的把儿童的某些作品作为指标。在研究过程中，研究者采用了测验法、评定法、作品分析法等众多方法，从各个层面综合地对儿童创造心理的发展及有关因素进行分析研究。

研究者从不同层面研究了儿童创造心理发展的年龄特征，得出了较为一致的结果。在婴儿期，儿童的创造心理有了自发的表现，直接与先天反射、直接的操作动作和初步的感知活动有关，其特点是直接的和自发的。在幼儿期，随着幼儿年龄的增长，其创造性想象的成分随之增多，有着强烈而广泛的好奇心，精细性不断提高。小学期儿童的创造心理是学者们研究较多的一个课题，其特点是想象的创造性有了很大提高，且以独创性为特色的创造性想象日益发展，其思维的独创性比其他思维的品质要晚，存在着思维的独创性与依赖性、深刻性与肤浅性、流畅性与呆滞性、发散性与聚合性的矛盾。中学生的创造心理一直以来被研究者忽视,还没有取得较为一致的结论。但就其创造性想象和思维的发展来看,呈现出如下的特点:想象中的创造性成分日益增多,想象日趋现实化、主动化,思维能力也得到发展,抽象思维处于优势地位且由经验型向理论型过渡。

儿童创造心理发展在总体上有着一般的、共同的趋势和规律。儿童的创造心理随着年龄增长而不断发展,但并非直线上升,而呈犬齿形曲线。这方面最有代表性的研究是美国心理学家托兰斯(Ellis Paul Torrance),他得出了儿童创造心理发展的动态过程的结论:小学一至三年级呈直线上升状态;小学四年级下跌;小学五年级又回复上升;小学六年级至初中一年级第二次下降;以后直至成人基本保持上升趋势。他的研究进一步指出,人的创造心理的发展过程中总共有四次突然下降或停滞的创造力"低潮",为 5 岁、9 岁、13 岁和 17 岁。[①]

儿童创造心理发展是一个受各种因素制约的复杂的动态过程,其发展呈现出多样性和差异性。首先,儿童具有多种特殊才能,如特殊的语言才能、数学才能、音乐才能和绘画才能。其次,儿童创造心理发展存在性别差异。一般认为在学前期,女孩的创造心理发展处于领先地位,到小学阶段男女儿童创造心理均有发展,但女孩优于男孩;在中学阶段,男女发展仍不平衡,但是男孩的创造心理水平逐渐赶上了女孩。最后,不同年龄阶段儿童的创造心理发展随着年龄增长呈现不断成熟的特点。学前儿童的创造力往往体现于日常生活情境,常常以一些不经意的动作、语言形式出现,具有较强的情境性和偶然性。小学生的创造心理带有幻想的、超脱现实的色彩,中学生的创造心理带有更多的主动性和有意性,在深度、科学性上高于小学生。

在国际上,20 世纪 70 年代以后,儿童创造心理发展的研究才从天才儿童的研究中分离出来。由于研究立场不同,产生了很多分歧,有些研究者重视创造性思维,有些研究者重视创造性人格,揭示儿童创造心理发展的规律,尚需要广泛和深入的科学研究。由于涉及创造心理的本质和发展,不同研究者的意见几乎都不一致,定义不同,理论不同,研究方法和结果不同,评价方式也不同。但概括起来,创造心理学研究始终存在着一些基本问题。这些问题也是主要的争论点,正是这些争论推动了学科的不断发展。这些争论包括:

---

① Torrance, E.P. Guiding Creative Talent. Englewood Cliffs, NJ: Prentice-Hall, 1962, 84-103.

1. 先天—后天论

在创造心理学的发轫期,高尔顿、伦布罗卓都肯定创造力的遗传特性,对"先天"与"后天"问题进行过最早的辩论;后来,精神分析派则强调早期经验和人格特征的影响。进入认识论时期之后,人们更广泛地研究了创造过程和创造性思维,人本主义心理学认为"所有人与生俱来都有创造潜力",先天论才逐渐淡出。20 世纪 90 年代提出的"温室儿童"概念重新引起了人们的思考。这个概念源自简·沃姆斯利(Jane Walmsley)和乔纳森·马尔戈利斯(Jonathan Margolis)的著作《温室人》(Hothouse People),认为父母在孩子很小时就给予深入细致的基本技能训练,孩子就能表现出比正常儿童优异的早熟能力。此概念容易造成一种印象,以为任何一个儿童,只要得到类似经验,都能获得这些才能。那么,是否任何一个儿童都能成为天才呢?对此有两种截然不同的观点:一种观点以夸大的"温室"派为代表,认为智商和其他能力都有极大可塑性,可以从很小年龄开始培养并获得惊人成就;另一种观点则认为天才总是天生的,训练只能在一定程度上有所帮助。研究表明,父母花费大量时间、精力致力于儿童早期基本技能的获得,确实加快了儿童发展,且这种发展是长期的,但这绝不是说所有儿童都能获得异乎寻常的才能。英国心理学家迈克尔·豪(Mickael Howe)指出,人们通常错误地认为,天才人物的创造性活动无需经过有意识的努力就发生了;他们无需学习高难度技能,而是自有捷径;他们的天才益发明显,因为他们通常来自毫不出众的极其普通的家庭。实际上,杰出的创造性成果绝非不经有意识努力和艰苦工作就能获得,杰出的创造者在有所作为之前总是通过广泛训练才得以掌握能力;这些天才人物通常出自那些提供丰富的早期发展机会的家庭,"总而言之,在某一个领域内努力获取优异成就,既需要天生才能,也需要丰富的刺激环境"①。

2. 单一—复合论

现代社会对人的期望提高了,加之人类自身几千年来对于超常人物的崇拜,这 100 多年比任何历史年代都更重视天才研究。而在天才研究中又集中于关于智力与创造力的长期争论。早期人们天真地认为两者是统一的,甚至是同一个问题,后来发现智力天才可能是,也可能不是创造性天才,问题就变得越来越复杂了。

① 米莉亚·贝里曼等.发展心理学与你[M].陈萍,译.北京:北京大学出版社,2001:160—161.

托兰斯以未经选择的小学儿童为对象,分析研究创造性与智力的相关性。结果发现,这两种能力的相关系数一般都在 0.30 以下。他进一步按照创造力与智力的高低分组,然后计算其相关性,结果发现"高智力"与"高创造力"的相关系数更低(约 0.10),高创造力者中的多数只具有中上等的智力。有些智力最高者,其创造力却很低。据此,托兰斯指出:"假若我们用智力测验的结果来甄别天赋优异的儿童,很可能有 70% 具有高创造力的儿童落选。"①

麦克金农(D. W. Mackinon)的研究表明,高创造力者毫无疑问比一般人在智力测验中的表现要好,然而,智力与创造性之间的相关度很低。他所研究的 60 名著名建筑师的创造力得分与其在成人智力测量中的成绩的相关性是 0.08。因而,他提出了"域限"概念,根据这种观点,在很宽的智力幅度内(从愚钝到天才),两者之间存在着正相关。聪明的儿童与成人更倾向于从事创造性工作,在创造力测验中得分较高。当智商高于 120 以上时,这种关系就降到无足轻重的程度。由于有智商测量所提供的更大精确性,推孟(Lewis M. Terman)的研究也表明,"四分之一智商在 170 或更高的有天赋的儿童,只不过取得贫乏或一般的成就"②。

了解创造力的方法之一,是把普通人和在艺术、科学研究领域中成功的人进行比较。在成年时作出重大贡献的人,是不是智商和学业分数也很高呢?海尔森(R. Helson)和克鲁奇菲尔德(R. S. Crutchfield)做了一项关于数学家的研究,他将有卓越创造性的学者,与其他年龄相当的、从同等地位的大学获得博士学位的人进行比较。这些数学家的同行们一致认为这两组人在工作上用的时间大体相等,而成果质量却有显著差异。令人惊异的是,这两组人在智商方面完全相似,因而认为在一定能力范围之内,智力和创造力是无关的。③

一定水平的智力是创造力的必要条件,但高智力者未必是高创造力者,这是被广泛认同的观点。对此做出决定性贡献的是吉尔福特,他对智商为 70—140 的学生进行创造力测验,结果表明:从整体上看,创造力与智力之间有正相关趋势,高创造力者都具有中等水平以上的智力,低智商者极少是高创造力者。智商在 130 以上者,其创造力分数极为分散,智力愈高,其与创造力的相关程度愈低,智力水平高的人,其创造力水平不一定高,智力和创造力之间没

① 段继扬.创造性教学通论[M].长春:吉林人民出版社,1999:32—33.
② 简明国际教育百科全书(人的发展)[M].中央教育科学研究所比较教育研究室,编译.北京:教育科学出版社,1989:284.
③ R. M. 利伯特等.发展心理学[M].刘范,译.北京:人民教育出版社,1983:469.

有必然的相关。不过，对中等水平智商的数值，现在仍存在争议，美国的盖泽尔斯（J. W. Getzels）和杰克逊（P. W. Jackson）提出至少为127，吉尔福特认为要在110以上，他说："如果智商低于110，那这个人看来就几乎没有可能成为创造性才能高的人。"①当然，这些争议主要是针对高创造力者而言的。

斯滕伯格提出的成功智力理论摆脱了创造力与智力关系的长期论战。在他看来，传统的智力测验测量的只是内容宽广、结构复杂的智力的极小一部分，也是很不重要的一部分，斯滕伯格称之为"呆滞的智力"，它只能对学生的学业成就作部分预测，而较少与现实生活发生联系。成功智力包括分析性智力、创造性智力和实践性智力三个方面，创造性智力是成功智力中极为重要的方面。获得成功有许多因素，创造力是其中至关重要的一个成分。要想培养学生的创造力，就必须在智力的创造性、分析性和实践性上找到一种平衡。② 这里所说的平衡，并不是每个人在分析性智力、创造性智力和实践性智力上都是相同的，而是指每个富有创造力的人都应具备以上三种智力，同时还会思考在什么时候、以何种方式来有效地使用这些能力。可见，智力与创造力有高度的正相关，创造力是智力品质的集中表现。

这是一段值得回味的历史，人们一开始认为智力与创造力是统一的，但随之发现事实并非如此，最后又通过修正智力概念使两者统一起来，这种观点有益于诠释创造性人才的成长规律，引导学校教育改革，正在为人们所接受。

3. 内部—外部论

创造心理学研究较多地集中于创造主体的内部素质研究，包括认识、人格、动机等，但越来越多的学者开始重视环境激发创造力的作用，例如艾曼贝尔（Teresam Amabile）的"创造力组成成分理论"、奇凯岑特米哈伊（M. Csikszentmihalyi）的创造力"系统模型"、斯滕伯格的"创造力投资理论"。美国心理学家阿瑞提（S. Arieti）提出，人在很大程度上"是他所隶属的文化的产物"，"某种文化要比其他文化更能促进创造力的发生"。③

日本学者汤浅光朝关于世界科学中心转移的研究，证实了一个国家的科技战略和人的创造活动有着密切的关系。他将科技成果超过当时世界科技成果总数25%的国家称为"科学中心"。这样从16世纪至今，科学中心已发生了五次转移，第一次是意大利（1540—1610年），产生了伽利略、达·芬奇、拉斐尔和

---

① 吉尔福特.创造性才能[M].施良方，等，译.北京：人民教育出版社，1991：41.
② 斯腾伯格.成功智力[M].吴国宏，钱文，译.上海：华东师范大学出版社，1999：116.
③ 阿瑞提.创造的秘密[M].钱岗南，译.沈阳：辽宁人民出版社，1987：388.

米开朗琪罗。第二次是英国(1600—1730 年),产生了牛顿、波义耳和哈雷。第三次是法国(1770—1830 年),产生了拉瓦锡、库仑、安培、拉马克和居维叶。第四次是德国(1810—1920 年),产生了凯库勒、赫尔姆霍茨、普朗克和希尔伯特。第五次是美国(1920 年至今),产生了费米、李政道、杨振宁、哈勒和维纳等大批人才。在环境对个人创造力的影响方面,绝大多数研究集中于家庭影响和儿童培养实践。盖泽尔斯(J. W. Getzels)和狄龙(J. W. Dillon)研究证实,出生顺序影响很大,先出生的男孩比晚出生的兄弟(或姐妹)更富有创造力。子女拥有更多创造力的母亲往往会更自信,喜欢变化,重视自治,较少谨慎和约束,较少关心是否给他人留下好印象,这意味着有创造性儿童的母亲比一般人更富有创造力,她们的非陈规行为能够促进孩子的创造力发展。许多研究确实表明,杰出科学家大多数是长子或长女。但奥尔波特(Gordon Willard Allport)认为,不是出生顺序而是在家庭中的"特殊位置"影响了个体后来的创造力发展,独子、长子或长女病逝而成为老大的次子或次女、早年丧父或丧母的孩子也可以产生同样效应。迪温(Dewing)在澳大利亚的研究中发现,创造力高的儿童,其父母兴趣爱好广泛,母亲更能平等待人,少专断,允许孩子与外界发生联系,更多样化而少教条。

学校教育在个体创造潜能开发中,比家庭教育具有更重要的意义。大量的关于课堂气氛与创造力关系的研究集中于开放课堂与传统课堂的差异上。开放课堂是一种教学模式,包括空间上的灵活性、学生对活动的选择性、学习材料的丰富性和课程内容的综合性,更多的个人或小组教学而不是大班教学,它与传统课堂中司空见惯的考试、评分、大班教学、课程呆板、集体教学完全不同,"它有助于促进进行批判性的探究、好奇心、冒险精神和自我指导的学习,而不是分等级的或权威的教学"。① 许多研究表明,开放课堂比传统课堂更有助于促进儿童创造心理发展。追踪调查显示,从开放课堂出来的儿童,在他们离开小学四年之后,发散性思维的成绩仍然较好。我国学者田友谊主持的教育部人文社会科学研究青年基金项目"环境的现代发展与创造性人才成长研究"课题研究,其成果《环境营造与儿童创造》中,主要探讨文化—心理环境、物质—制度环境、媒介—虚拟环境对创造力发展的影响,在国内产生了较为广泛的影响。

从创造性人才的素质研究逐渐注意到人才成长环境的研究,是创造心理学

① 艾曼贝尔.创造性社会心理学[M].方展画,文新华,胡文斌,译.上海:上海社会科学院出版社,1987:203.

研究领域的新拓宽,有利于更全面地认识创造规律。

4.心理—生理论

早期的创造心理学研究对此进行过较多讨论,但行为主义心理学坚持把大脑比作"黑箱"(black box),认为用不着对头脑中的东西进行研究,因而与创造心理相关的神经生理基础和脑科学研究一直是学术盲点。直至 20 世纪 60 年代,美国加州理工学院教授斯佩利(Roger Sperry)与他的学生伽赞尼伽(M. S. Gazzaniga)和列文(J. Levy)开始裂脑实验时,真正的突破开始了。他们建立了左、右脑的二分模型,认为左脑具有抽象思维、数学运算及逻辑、语言等重要机能,而右脑具有复杂关系的理解能力、整体综合能力、直觉能力、想象能力、艺术和空间知觉能力。这项成果荣获了 1981 年诺贝尔奖,使人们认识到右脑开发的巨大意义,进而掀起了风靡全球的"右脑革命"。70 年代中期,美国国家健康学会的麦克连(Paul Mclean)还提出了"脑部三分模型",70 年代末期,奈德·赫曼(Ned Herrmann)提出了"全脑概念"和"全脑(四象限)模型",引起了世界各国的普遍关注。80 年代后,脑的研究又取得了一些新进展,有研究者指出,尽管正常人左、右脑半球呈现出功能差异,但这些差异并不见得比脑的前部与后部之间的差异更明显。90 年代,日本医学博士春山茂雄提出左脑乃"自身脑",右脑为"祖先脑",认为左脑具有主要的认知功能,却只储存了一个人出生以后获取的全部信息,而右脑则潜藏着人类祖先通过遗传基因世代传承下来的全部信息。从时间上推测右脑储存的信息量(约 500 万年)应该是左脑储存的信息量(约 50 年)的 10 万倍,由此可以推测出右脑的效率是左脑的 10 万倍。这些与生俱来而信息量很大的无意识功能,却往往不为人所知,所以尤有必要开发。我国学者何克抗在《创造性思维理论》一书也用专门章节讨论"左右脑机能特异化"问题,引用伽赞尼伽、钟尼兹(J. Jonides)、伐拉(M. J. Farah)等人的研究成果论证"特异化"理论中关于左右脑的简单分工不符合大脑实际,实际上左右两半球的分工是比较复杂的,"应当为左脑'平反'"。[①] 这些研究告诉人们,对"裂脑实验"的结论不要生搬硬套。现在,对大脑的研究焦点已转移到了被称为"大脑中的大脑"的边缘系统,随着先进的脑检测技术的采用,脑功能一侧化问题不再是基本命题,'右脑开发'的口号也在迅速衰落。近 30 年来人类对脑功能的探索突飞猛进,新发现、新成果接踵而至,20 世纪 90 年代曾被命名为"脑的 10

---

① 何克抗.创造性思维理论——DC 模型的建构与论证[M].北京:北京师范大学出版社,2000:65—78.

年",21世纪更是被称为"脑的世纪"。在这种形势下,探索如何将脑科学的最新成果运用于创造教育研究中,寻找开发创造潜能的规律,促进学生创造力的提高,具有很强的学术意义,也是社会各界的迫切要求。尽管人们就创造的身心统一观已基本达成共识,但在如何统一问题上还需进行大量卓有成效的研究。

二、儿童创造心理发展的动力模型

研究儿童创造心理的发展问题,必然涉及"创造动力"这一根本问题。在回答了"什么是创造"之后,必须回答"为什么有些儿童会不断地创造?"或者反过来问:"为什么当前不少孩子的创造力会衰减,而不是逐步提高?"只有回答"创造动力是什么"这一根本问题,儿童创造心理发展与教育问题才有了坚实基础。

分析国内外文献资料,关于创造动力学的系统阐述,主要有弗洛伊德的"升华说"、阿德勒(Alfred Adler)的"补偿说"、荣格(Carl Gustav Jung)的"集体潜意识说"和马斯洛的"自我实现说"。在分析借鉴这些理论的基础上,笔者尝试提出儿童创造心理发展的动力模型。

(一) 升华说

奥地利心理学家弗洛伊德是精神分析学说的创始人,由于对人类心灵的深刻洞察和精辟阐述,他曾被爱因斯坦称为"我们这一代人的导师"。弗洛伊德认为人身上存在着两种本能,即爱恋本能和死亡本能。爱恋本能主要是性本能,但他所说的"性"是广义的,是泛指一切与人的生存生殖有关的要求和冲动。他将性本能所能达到的总能量称作"力比多"(Libdo),认为力比多被压抑之后,就得到了升华,主要有两个去向:一是对事物本质的好奇和探究,以及对财富的过度追求;二是艺术创造,包括绘画、雕塑、音乐、文学和诗歌等。换句话说,创造是人的性本能的升华。因而,高创造性的人总有一种神经症的焦虑。

在弗洛伊德以前,人们把创造归结于某种外部的超自然力量。潜意识理论为我们打开了自身的黑暗之门,把创造动因指向于人格阴影的深处。反对这种理论的人说,作为诗人的歌德和雨果一生爱过许多女人,拜伦从来就不是个禁欲主义者,他们却创作出了许多经典作品,他们似乎不是力比多的压抑产生了创作冲动,而是情欲的放纵激发了创作热情。不过,有一点可以肯定,即弗洛伊德首先把创造归结为人的本能,这本身就是一个伟大贡献。到底是否就是性本能，后来的研究者相继提出了新的主张。

（二）补偿说

阿德勒是出生于维也纳的心理学家，一度成为弗洛伊德的学生，并坚决捍卫弗洛伊德的思想。后来，由于存在学术观点的严重分歧，他们分道扬镳了。阿德勒把他的学术体系命名为"个体心理学"，认为人的生命和精神活动都具有一定目标性，人是未来定向的，其理论落脚点是人的优越和完善。阿德勒认为："人类的所有行为，都是出自'成就感'以及对'自卑感'的克服和超越。"自卑和超越是人类固有的两种动机。其中自卑感分为生物性自卑感（源于生理缺陷）和主观自卑感（源于相对他人的无能），它使人产生对优越的渴望，越是自卑的时候，自我意识越强，对优越和完美越渴望，个体的"向上意志"就会暗中不断驱使其发展自己的才能，努力去做一个成功的人。阿德勒认为，人人都有自卑感，只是程度不同而已，所以我们都希望改进自己的地位，这种改进的欲望是无止境的，创造就是在向上意志驱动下产生的行为。

弗洛伊德把创造归结为早期心理阴影的作用，而在"补偿说"理论中，阿德勒则把创造指向于未来的人生目标，尽管他认为自卑感是行为的原始决定力量，但自卑感本身并不是变态的，它是一个人在追求优越过程中的一种正常心理现象，而优越感是每个人在一种内驱力的策动下力求达到的最终目标，它因每个人赋予生活的意义而不同。阿德勒受尼采的思想影响，提倡追求权力和超越他人，但他强调通过教育、环境和改变生活方式来克服自卑达到目标的主张是积极的。"补偿说"举了一些很有说服力的例子，比如拜伦是个跛子，济慈是个侏儒，弥尔顿是个盲人等。如果我们想反驳这类论点，也可以不费气力地从诗人和艺术家中找出一些俊男和美女来，证明它也只是发现了部分真理。

（三）集体潜意识说

瑞士心理学家荣格和弗洛伊德同属精神分析学派，两人都重视潜意识的作用。荣格深信"潜意识"是巨大的能量库，它大大超过意识的能量。他将意识比作冰山的尖顶，而潜意识则代表着表面之下 95％的部分。荣格认为潜意识的范围较广，除弗洛伊德所强调的婴儿根源外，荣格还强调人格的种族根源。荣格认为有些埋藏在人的心灵深处的形象是普遍形象，他称之为"集体潜意识"，是人类在种族进化过程中遗留下来的心理现象。它并不是个人的，而且是普遍的。人类多多少少都具有同样的集体潜意识。它是人与生俱来的一种特质，这种特质使我们对各种事物的反应都有了特定形式。比如,人之所以怕蛇,怕黑暗,乃是原始人类在黑暗中遭遇危险和受毒蛇之害所致。弗洛伊德过分强调生命中的病理部分和人的缺陷,而荣格则喜欢从一个人的健全方面着手研究,认为人都有创造的需求和追求完美的渴望。他反对弗洛伊德的泛性论,认为力比多并非创造的来源,人类的创造潜能蕴藏在集体潜意识中。显然,荣格继承了精神分析的深层心理学方法,进一步修正了创造潜能理论,使人们认识到创造潜能的普遍性,至今仍为人们津津乐道。

(四)自我实现说

以上三种理论都属于精神分析,它们把创造看成一种满足无意识需要或解决心理冲突的方法,给我们分析创造动力提供了一些视角,遗憾的是它们都不能通过实证证明其科学性,直到人本主义在 20 世纪五六十年代在美国兴起以后,人们才找到了分析问题的另一个视角。马斯洛反对把人视为受本能驱使的精神分析学派,认为仅仅以病态人作为研究对象并不适合正常人,也反对把人视为物理的、化学的客体的行为主义学派,认为人类本性是善的,而且人类本性中原本就蕴藏着无限潜力。马斯洛认为人类行为的心理驱力不是性本能,而是人的需要,他提出了需要层次论,将其分为七个层次,由下而上依次是生理需要、安全需要、归属与爱的需要、尊重的需要、认识需要、审美需要和自我实现需要。奥尔德弗(Clayton Alderfer)后来在《人类需要新理论的经验测试》一文中修正了马斯洛的论点,认为人的需要分为三种:第一,生存的需要(existence),包括心理与安全的需要。第二,相互关系和谐的需要(relatedness),包括有意义的社会人际关系。第三,成长的需要(growth),包括人类潜能的发展、自尊和自我实现。第一类需要属于缺失需要,可激起匮乏性动机,为人与动物所共有,一旦得到满足,紧张消除,兴奋降低,便失去动机。第二类需要属于生长需要,可产生成长性动机,为人类所特有,是一种超越了生存满足之后,发自内心的渴求发展和实现自身潜能的需要。只有满足了这种需要,个体才能进入心理的自由状态,体现人的本质和价值,并产生深刻的幸福感,马斯洛称之为"巅峰体验"(peak experience)。正是自我实现的需要和发挥潜能的驱动力激发了个体的创造性,个体在缺乏外部评价、能够充分自主的环境中更能发挥创造性。很明显,人本主义把个体的自我实现作为人类创造的根本动力,坚持积极的人性观。现在看来,它也没能准确地看到人类本能和社会需要对创造的驱动作用。

（五）三维动力说

梳理心理学家关于创造动力的认识,有助于我们全面把握理论研究的进展情况。上述四种理论在某种程度上都能对儿童创造问题作出合理的有说服力的解释,但每一种学说都存在着明显缺陷,无论是弗洛伊德的"升华说"、阿德勒的"补偿说",还是荣格的"集体潜意识说"和马斯洛的"自我实现说",都需要进一步完善。为此,我们做了一个初步的综合,提出儿童创造的"三维动力模型"(three-dimensional motivation model),认为驱使儿童创造的动力主要包括三个维度,即儿童的本能冲动、自我实现的需要和社会责任感。

第一个维度是儿童的本能冲动(instinctive impulse)。这是促使一个人投入创造活动的最基本和最原始的动因,也是一切其他创造动因的源泉所在。在许多伟大科学家、艺术家的身上,我们都不难看到这种本能冲动的存在。事实上,凡是具有高度创造力的人,他们身上都较好地保留了这种本能。他们研究自然,并非因为它有用处,而是因为喜欢它,这就使得他们所从事的科学研究较少带有功利色彩。如果我们冷静反思自己的童年,也会发现,每一个人都有一种天生的好奇心和好胜心,喜欢面临挑战。如果不是因为教育和社会环境的偏差,这种本能冲动很可能会转化为成年人的创造力。

第二个维度是儿童自我实现的需要(self-actualization need),或者说,是实现个人理想抱负和发挥个人聪明才智的需要。一个孩子一旦有了远大理想,就会产生对人生价值的执着追求,就会极大地激发创造热情。很明显,它已经超越了本能,成为一种有意识的行为。如果儿童的这一需要得到满足,他就会富有创造力,精力充沛,充满好奇,易于接受新的事物。

第三个维度是儿童的社会责任感(social responsibility)。它比自我实现更高一层次,是最强有力的创造动因。我们不妨来看一个典型案例,来自福建省福州市第八中学的胡铃心因为拥有 20 多项发明创造而被誉为"中国的小爱迪生",高二时就独立完成"21 世纪空天飞机展望"创新设计方案,荣获首届福建省创新设计大赛一等奖第一名。大学期间,他又潜心研制出我国首架可遥控的"微型扑翼机",荣获"挑战杯"全国大学生课外学术科技作品竞赛特等奖。回首自己的心路历程,胡铃心说:1999 年,他正在上高中时,美国轰炸我国驻南斯拉夫使馆的野蛮行径给了他很大的冲击,让他体会到了一个国家如果没有强大的航空科技,就不能为人民撑起一片和平的天空。从那时起,他便暗下决心:要设计出世界上最好、最先进的飞机,让祖国不再受到欺负。胸怀拳拳赤子之心,具有"以天下为己任"的担当精神,胡铃心把自己的职业选择、前途和命运与中华民族的伟大复兴紧密联系在一起,希望以自己的智慧为祖国现代化建设服务。因此,意识到创造对于国家富强和民族复兴的重大价值,认识到实现中国梦对于自主创新的需要有多么迫切,无疑可以最大限度地激发青少年的社会责任感。

显然,人的本能冲动、自我实现的需要和强烈的社会责任感中的任何一个都可能开启创造的大门,因而三者之间不存在孰轻孰重的问题,但是那种以相互交替或良好融合的方式,自如而完美地启动三维动力的人,将最有可能产生那种令人震撼的创造成果。

三、儿童创造教育的基本内涵和核心理念

(一) 儿童创造教育的基本内涵

儿童创造教育是素质教育的一种价值追求与存在形态,它以创新人才的早期培养为根本宗旨,贯穿于中小学和学前教育的所有教育内容之中。具体来讲,儿童创造教育是指在实施素质教育的过程中,教育者根据创造学的基本原理和儿童创造心理的发展规律,唤醒他们的创造潜能,激发他们的创造意向,培养他们的创造性思维,训练他们的创造性行为,养成他们的创造性人格,为创新人才成长奠定良好基础。

"儿童创造教育"不是"儿童"和"创造教育"的简单相加,理解儿童创造教育的内涵,应准确把握好以下三点:一是属于儿童,二是基于儿童,三是为了儿童。

1. 属于儿童

儿童创造教育应该守持"儿童立场"。立场是处于某一位置看一个问题的态度与看法,尽管是同一个问题,由于不同的人持有不同的立场,就会产生不同的态度与看法。所谓教育立场,就是我们认识和处理教育问题时所守持的相对稳定的态度与看法。每一位教师的教育行为都与他们的教育立场密切联系,这种立场可能是自觉的,也可能是不自觉的。我们可以将创造教育立场分为"成人立场"和"儿童立场"两种:在教育愿景上,"成人立场"强调儿童的科技创新获奖可以享受升学加分的优惠,提升学校的社会影响力,甚至有助于教师晋职提薪,功利性很强,"儿童立场"关注儿童的创造发明必须因人而异,从儿童的志

趣、特长和爱好出发,强调顺应儿童天性;在教育方法上,"成人立场"偏重掌握性教学和创造技法训练,教学是单向的知识灌输和技能训练,"儿童立场"偏重创造性教学和创造性问题解决,教学是师生之间的双向互动和动态生成;在教育评价上,"成人立场"强调目标评价和总结性评价,"只能成功,不能失败"的苛求带来了儿童不择手段的作假和欺骗,"儿童立场"提倡条件评价和形成性评价,"崇尚成功,宽容失败"的良好氛围有助于放飞儿童的梦想,让创造远离浮躁。无疑,"成人立场"根本无视儿童的主体性,一厢情愿地用成人的意愿推动儿童的创造,用成人的思想理解儿童的创造,用成人的标准评价儿童的创造。反之,"儿童立场"关注儿童创造的年龄特征和发展规律,尊重儿童的主体作用,倡导以儿童的眼睛去观察,以儿童的心智去探索,以儿童的语言去表达。只有把创造的权利还给儿童,他们才会全力以赴、勇往直前,创造教育才能取得事半功倍的成效。显然,儿童创造教育的"儿童立场"鲜明地揭示了教育的本质,直抵教育的真谛。

2. 基于儿童

儿童创造教育应该回归"儿童本位"。纵观我国创造教育的研究思路,大致可以归纳为两条:一条是从教育与社会发展的关系入手,另一条是着眼于教育与儿童身心发展的规律性联系。前者的研究人数较多、研究水平也相对较高,相比而言,后者还相当薄弱,如果我们能够及时探讨儿童创造心理发展问题,不仅可以弥补儿童发展心理学中关于创造心理研究之不足,为创造教育提供心理学的可靠依据,还有助于提高儿童创造教育的科学性和实效性。更为重要的是,倘若我们只注重从社会发展来研究创造教育的话,还不足以认识创造教育的全部内涵,也不足以把握创造教育的规律,因为创造教育的对象是人,它直接作用于儿童的身心发展,其价值与功能最终是通过儿童身心发展变化来实现的。华东师范大学终身教授叶澜说过,如若不研究教育与受教育者个体发展的关系,不按这种关系中存在的客观规律组织与开展教育活动,那么,再美好的教育设想也不可能变成现实。可以说,创造教育研究如果离开了对儿童创造心理发展的研究,就不可能成为完整意义上的创造教育理论,创造教育与儿童创造心理发展的关系将成为创造教育研究的一个永恒主题。"儿童创造教育"是儿童本位的创造教育,它强调把儿童创造心理的发展作为创造教育的逻辑起点,集中探讨儿童创造心理发展与创造教育的规律性联系。因此,我们不应将"儿童创造教育"与"创造教育"对立起来,儿童创造教育既是创造教育的一种研究取向,又是创造教育的一种实践形态。

3. 为了儿童

儿童创造教育应该推进"融合取向"。教育的价值取向反映了教师共同奉行的价值标准、目标追求和基本信念,它决定和支配了教师的价值选择,直接影响着教师的教学态度和行为。中国哲学家梁漱溟曾将创造教育大致分为"成物"和"成己"两种价值取向。① 在他看来,"成物"就是对于社会或文化上的贡献,例如发明一种产品、成就一种功业等;"成己"就是在个体生命上的成就,例如学会一种才艺、养成一种美德等。美国是西方创造教育的发源地,以创造技法的训练为重点,向来注重创造成果,体现出较为明显的"成物"取向。中国一些学者在引进西方创造教育时,对创造工程学也情有独钟。但四十多年的实践证明,单一的"成物"教育有利于开发学生的创造力,能够促进新产品、新技术和新工艺的开发,但如果仅仅以"成物"作为创造教育的价值取向,而忽视创造的理想信念、道德情操和健全人格的发展,就会导致整个社会的信仰缺失、道德沦丧、人情冷漠和世风日下,使创造教育逐步背离教育的本质和宗旨。近年来,中国科技大学刘仲林教授一直致力于东西方创造教育的特质研究,探索东西方创造教育会通的道路和方法。他说:"追求'成物'既是西方创造教育的优势也是其缺陷,对物质成果的过分侧重,会造成'见物不见人'的扭曲。东方创造教育注重人的创造性自觉和人格的提升,针对的正是西方创造教育的缺陷。当然,如果单纯强调'成己',缺乏'成物'的实践,知行不合一,创造教育也不能深化。因此,'成物'与'成己'的有机融合是十分必要的。"② 因而,只有将东西方创造教育融会贯通,将"成物"与"成己"取向兼收并蓄,儿童创造教育才能肩负起创新人才早期培养之大任。

(二) 儿童创造教育的核心理念

儿童创造教育自觉肩负"为建设世界科技强国而奠基"的时代使命,必须深刻剖析当下基础教育的偏差对创新人才早期成长的制约作用,科学揭示儿童创造意向、创造性思维、创造性行为及创造性人格的发展特征,全面建构包括创造性教学、创造性活动、创新性学习、创造型班集体、创造型教师以及创造教育评价在内的儿童创造教育理论体系和实践路径,为创新人才早期培养体系建设提供一个理论框架。

---

① 梁漱溟.朝话[M].合肥:安徽文艺出版社,1997:89.
② 刘仲林,江瑶.东西方创造教育的比较与前瞻[J].天津师范大学学报,2011(3):56—60.

作为素质教育的一种价值追求与存在形态,儿童创造教育逐步明晰并确定了以下核心理念。

1. 儿童创造教育是唤醒潜能的教育

我国中小学创造教育存在"三重境界":第一境界以"唤醒"为主要职责,强调儿童的主体自觉,教育的主要任务是呵护、唤醒和发展儿童的创造潜能;第二境界以"激发"为主要职责,强调压力情境中的主体自觉,教育的主要任务是创设有益于儿童创新的压力情境,使之在一定的外在压力下能够创新,因而适时给儿童提出发明创造的要求是十分重要的;第三境界以"培养"为主要职责,强调教育训练后的主体发展,教育的主要任务是提供系统的创造性思维和创造技法的教育训练,以此达到发展儿童创造力的目标。创造教育的三重境界反映了不同的儿童观,第一境界对应儿童发展的"内发论",认为儿童的创造力是他们先天的禀赋,只要我们想方设法地去唤醒,每个儿童都有可能成为创造性人才。第三境界对应儿童发展的"外铄论",认为儿童的创造力并非他们的先天禀赋,而是后天培养的结果,因而我们不能消极地等待儿童创造力的"觉醒",而应该予以积极的干预和培养。而第二境界则是儿童发展的"内发论"和"外铄论"的折中调和,认为前两种儿童观都有偏颇之处,既承认创造力是儿童先天的禀赋,也强调后天的培养和训练。

我们不能否认儿童创造力的"外铄论",因为心理学的研究已经表明,适当的训练确实可以培养学生的创造力。美国曾经出现过若干种创造力训练计划,其中包括"奥斯本—帕内斯创造性问题解决计划"(Osborn-Parnes Creative Problem Solving Process)、"柏杜创造性思维计划"(Purdue Creative Thinking Program)、"科文顿创造性思维计划"(Covington's Productive Thinking Program),还有少量研究运用了诸如演戏、冥想和动觉练习之类的方法,其中 90％的研究都表明这些训练计划产生了积极成效。① 可见,人的创造力是可以从小培养的。但这并不意味着,创造教育的"第三境界"就是最高的境,因为第一境界关注儿童的创造潜能,只要呵护这些潜能,唤醒这些潜能,每个儿童都有可能成为创造性人才。换句话说,我们要做的仅仅是"不压抑",是最经济也是最有效的。如果我们一边压抑着儿童的创造能力,一边训练着儿童的创造能力,儿童创造教育的成效肯定是有限的,也不可能持续发展下去,更不可能成为他们人生的

---

① 吉尔福特.创造性才能——它们的性质、用途与培养[M].施良方.等,译.北京:人民教育出版社,2006:149.

财富。因而,以唤醒创造潜能为主要职责的第一境界才是儿童创造教育的最高境界。诚如德国文化教育家斯普朗格(Eduard Spranger)所说:"教育的最终目的不是传授已有的东西,而是把人的创造力量诱导出来,将生命感、价值感'唤醒','一直到精神生活运动的根'。"①美国人本主义心理学家马斯洛也告诫我们:"几乎所有的儿童,在受到鼓舞的时候,在没有规划和预先意图的情况下,都能创作出一支歌、一首诗、一个舞蹈、一幅画、一种游戏或比赛。"②儿童的内心充满了幻想和憧憬,儿童时期是他们创造心理发展的最佳时期,即使是那些不太听话、不守规矩、学习成绩较差的学生,创造潜能也是不可估量的,应不失时机地抓好创造心理的早期开发。因而,儿童创造教育并非面向少数天才或特长生的"精英教育",而是面向全体儿童的"普适教育"。

2. 儿童创造教育是培养真创造力的教育

创造力是一个多层次的概念,德国心理学家戈特弗里德·海纳特(Gottfhed Heinelt)将创造力分为类创造力、潜创造力和真创造力。所谓类创造力,也称为"前创造力",是创造力的雏形,如幼儿的幻想、青少年的憧憬。由于类创造力不会产生创造性的结果,它常常被看成是创造力的一种准备阶段。潜创造力是一种广义的创造力,它可以产生一种对本人来说是新颖、独特的,但已为人类发现或发明过的成果。真创造力是一种狭义的创造力,指提供具有独特性、新颖性和社会价值的创造成果。③ 很明显,前两个层次的创造力仅仅具有个人价值,但对于整个社会而言并无实用价值,只有第三层次的创造力才具有社会意义和实用价值。

弄清创造力的层次之后,许多学者认为创造教育的任务就是培养学生的类创造力和潜创造力。这种认识是可以理解的,培养儿童第一、第二层次创造力确实十分必要,也符合儿童的身心发展特征和知识经验的水平,但这并不意味着应该放弃第三层次创造力的开发。首先,儿童的创造潜能是巨大的,而潜能开发必须遵循"最大限度原则"。开发潜能的全部努力,在于最大限度地找到已经存在的能量,这种努力本身就是释放能量。如果我们总是强调第一、第二层次的创造,尽管也能开发儿童的潜能,但儿童所释放的能量是有限的,这既不利于他们的成长,也是一种潜能的浪费。其次,在第一、第二层次创造一定量的积累基础上,可能会引起第三层次质的飞跃,这种飞跃可能并非人人都能做到,但

---

① 邹进.现代德国文化教育学[M].太原:山西教育出版社,1992:68.
② 马斯洛.人的潜能与价值[M].林方,译.北京:华夏出版社,1987:247.
③ 海纳特.创造力[M].陈钢林,译.北京:工人出版社,1986:14—16.

应该考虑到少数儿童飞跃的可能性。中国人民大学附中的 12 名同学曾与中国科学院的科学家一起参与 20 世纪自然科学三大工程之一"人类基因组计划"的研究工作,撰写的科研论文不仅获得了全国青少年科技创新大赛一等奖,而且发表到世界权威杂志 Nature 上,这也是中国中学生的名字首度出现在 Nature 杂志上。事实证明,低估儿童的创造能力,既不利于他们成才,对国家的科技发展而言也是一种损失。最后,重视第三层次的创造,可以为第一、第二层次的创造提供示范,激励他们发愤努力,从而形成"你追我赶"的竞争局面。所以,儿童创造教育应有远大的教育抱负,唯有这样,才能不断地扩大儿童创造教育的影响力。

3. 儿童创造教育是主体张扬的教育

儿童创造教育要回归"儿童本位",就必须关注儿童的实践活动。因为个体的实践活动既是个体内在需要与潜能的表现,又是在一定的外部环境刺激下发生并作用于外部环境的过程,开展各种实践活动是推动儿童创造力发展的根本力量。我们应该将儿童投入的实践活动,看成是内因与外因对个体身心发展综合作用的汇合点,是推动他身心发展的直接的、现实的力量。

我们不妨一起分析一个真实案例。

> 曾以"牛顿三大定律"而闻名于世的科学巨匠牛顿,上小学时功课一般,但他喜欢手工制作,经常把外祖母给他的零用钱攒下来买斧子、凿子、钳子等木工工具。当时,镇上建了一座高大的风车,人们利用风力磨面。牛顿看了风车回来后,精心制作了一个小风车,也能像大风车那样磨出面粉。但他很快就发现了一个问题:没有风,风车就不能转动了。于是,他用铁丝做了一个圆轮,将老鼠绑在一架有圆轮的踏车上,然后在圆轮的前面放上一粒玉米,刚好那地方是老鼠可望而不可即的位置。老鼠想吃玉米,就不断地跑动,带动了圆轮转动,风车里的磨子就飞快地转动起来,还能磨出面粉。

看完这个案例,我们不禁要问,牛顿关于"老鼠磨面粉"的创意是家长的要求吗?是老师布置的作业吗?是科学家辅导出来的吗?都不是,这纯粹是他的个体行为,是他的自发探究,是他自己的生命冲动,是他在模仿基础上的自主创新。苏联教育家苏霍姆林斯基说过:"在人的心灵深处,都有一种根深蒂固的需要,这就是希望感到自己是一个发现者、研究者、探索者。而在儿童的精神世界中,这种需要则特别强烈。"①教师只有真正改变传统教育中所形成的专制性,把儿童看成活生生的具有丰富个性的人,才能充分相信、承认和尊重他们的"生命冲动"。只有把儿童看作创造教育中的最具有能动性的实践主体,才不会把创造教育当成消极地塑造和改造中小学生的过程,从而创设宽松和谐的创造氛围,让他们主动去追求、探究、发现和建构自己的创造心理结构。

4. 儿童创造教育是不拘一格的教育

创造教育培养创造性人才,这些人富有个性和开拓性,不墨守成规,思维独创,灵活性强。如果一个儿童总是人云亦云,四平八稳,那他只能成长为一个碌碌无为的"庸人"。这可以从以下案例中得到验证。

> 钱锺书当年考清华时,虽然作文得了满分,但数学只得了 15 分。清华大学在录取中没有"只注重总分,不看重考生的单科成绩",而是打破惯例,予以破格录取。假如钱锺书今天考清华,那就可能被摒在门外,中国将会因此而少了一位大师。
>
> 1930 年,臧克家参加国立青岛大学入学考试时,数学得 0 分,作文也只写了三句杂感:"人生永远追逐着幻光,但谁把幻光看成幻光,谁便沉入了无底的苦海。"按说,他铁定无法被录取,但他碰上了一位不寻常的主考人——文学院院长闻一多。闻一多从这三句杂感中发现了这位青年身上的才气,一锤定音破格录取了他。果不其然,臧克家没有辜负闻一多的期望,很快就发表了一首又一首新诗,并于 1933 年出版了轰动一时的诗集《烙印》,成为中国新诗的奠基者和开拓者之一。

钱锺书、臧克家的成长故事启示我们,对创造性人才的培养必须打破常规、追求卓越,倘若以常人的标准来要求他们,势必会导致削足适履,创造性人才就很难脱颖而出。中小学教育无论是课程改革、课堂教学、课外活动、班队管理、师资队伍、学校管理改革、教育评价乃至校园文化建设,都必须按照儿童创造教育的要求进行精心规划,追求伟大而非平庸,追求创新而非随波逐流,这就要求树立"追求卓越"的教育理念。

5. 儿童创造教育是爱的教育

中国教育家陶行知曾尖锐地抨击:"你这糊涂的先生!你的教鞭下有瓦特。

---

① 苏霍姆林斯基.给教师的建议(上)[M].杜殿坤,译.北京:教育科学出版社,1980:57.

你的教鞭下有牛顿。你的教鞭下有爱迪生。你别忙着把他们赶跑。你可要等到：坐火车,点电灯,学微积分,才认他们是你当年的小学生?"①那些具有创造力的儿童往往是顽皮的,他们调皮捣蛋,容易逆反,教师要用心爱护他们,千万不要压抑他们的想象力和创造力,更不要讽刺挖苦,不要把他们的创造潜能扼杀在摇篮中。

　　25年前,有位教社会学的大学教授,曾让班上学生到巴尔的摩的贫民窟调查200名男孩的成长背景和生活环境,并对这200名男孩的未来发展逐一评估,每个学生的结论都是"毫无出头的机会"。25年后,另一位教授发现了这份研究,他让学生做后续调查,看昔日这些男孩如今的状况如何。结果发现,除了20名男孩搬离或过世,剩下的180名中有176名成就非凡,其中担任律师、医生或商人的人比比皆是。

　　这位教授在惊讶之余,决定深入调查此事。他拜访了当年接受评估的年轻人,向他们请教同一个问题:"你今日成功的最大原因是什么?"结果他们都不约而同地回答:"因为我遇到了一位好老师。"这位老师目前仍然健在,虽然年迈,但还是耳聪目明,教授找到她后,问她究竟有何绝招,能让这些在贫民窟长大的孩子个个出人头地? 这位老太太眼中闪着慈祥的光芒,微笑着回答:"其实也没什么,我爱这些孩子。"

在创造教育领域,始终有一个共识:只有创造性教师才能培养出创造性人才。假如我们用创造性教师的标准来衡量,或许这位老太太根本就算不上一个"创造性教师",甚至都不能称为"合格的教师",但在那些"成就非凡"的毕业生心目中,她恰恰是一位真正的"好老师"。从这个案例的分析中,我们可以得出这样的结论,创造性教师未必都具有创造性才能,拥有令人炫目的创造发明产品或论著,但有一种素质是必需的,这就是对儿童的爱。只有这种人类最崇高的感情,才能包容儿童的缺陷、弱点,才能促进他们的自由创造,让他们享受幸福、快乐的童年时光。

6.儿童创造教育是整体教育

儿童创造教育是一种整体教育,因为搞好创造教育不能仅仅依靠学校,还必须跟家庭教育、社会教育协同起来,才能取得理想的成效。这让人想起了爱

---

① 　胡晓风.陶行知教育文集(第二版)[C].成都:四川教育出版社,2007:256—257.

迪生,他有一个好妈妈。

爱迪生上课喜欢提问,常常质疑自己的老师。有一次上数学课,爱迪生问:"老师,为什么 1+1=2?"老师说:"你拿一支铅笔再加一支铅笔,不就变成两支铅笔了吗?"可爱迪生说:"老师,拿一只杯子里的水放到另一只杯子里,水就集中到一个杯子里了,1+1 怎么会是 2 呢?"老师无言以对,爱迪生又说:"两块泥巴粘在一起就是一块,为什么 1+1 是 2,也许 1+1 就是 1 呢?!"因为爱提"1 加 1 为什么等于 2"之类的问题,爱迪生被老师认为是"捣蛋鬼""糊涂虫",因而被赶出学校。但他的妈妈南希颇有见地,认定孩子的失学是教师教育失当,并决定自己担起教育孩子的重担。当她发现孩子的兴趣后,又想方设法为他买来《派克科学读本》《自然哲学的学校》等名著,还为他在家里做实验提供实验材料,这使学习很差的爱迪生变得异常好学起来。

我们想象一下,如果没有妈妈的宽容,没有妈妈的担当,没有良好的家庭氛围,爱迪生能够成长为叱咤风云的"发明之王"吗?

实施儿童创造教育的重心是学校。西方一些国家的学校非常重视让学生从社会中、从大自然中获取知识,学生们经常出去旅行;学到什么内容,就去实地参观考察,无论是工厂还是农场都经常能看见学生的身影。如果学生经济拮据,老师就建议他勤工俭学。一些家长出国或到外地旅行,往往也会带上孩子,学校积极支持,并不认为这会"耽误学业",反而认为这是最实际、最鲜活的学习,有助于拓宽学生的眼界,各科老师也抓住机遇布置相应的旅行作业,以便他返校后作一场专题报告。这种做法对我们很有启示,父母是孩子的首席教师,要善于观察和发掘子女的兴趣倾向,然后加以引导,精心培养。同时,教育又是培养人的社会活动,儿童创造教育能否取得实效,与社会环境有着不可分割的联系,要为创造性人才的脱颖而出提供良好的社会条件,营造儿童能够感受到创造精神的广阔空间。总之,儿童创造教育要以中小学、幼儿园为主体,同时意识到学校、家庭、社会协同教育以形成合力的重要性,不要单打独斗。

《学会生存——教育世界的今天和明天》早就指出,现代教育的目的之一就是培养人的创造力,而教育既有培养创造精神的力量,也有压抑创造精神的力量。任何教育都具有两重性,办得好就能培养创造性人才;办得不好,就可能压抑了创造性人才。为了儿童拥有一个灿烂的明天,我们必须精心筹划儿童创造教育!

拓展阅读导航

［1］张景焕,林崇德,金盛华.创造力研究的回顾与展望[J].心理科学,2007(4).

［2］庞维国.创造性心理学视角下的创造性培养:目标、原则与策略[J].华东师范大学学报（教育科学版）,2022(11).

［3］刘仲林,江瑶.东西方创造教育的比较与前瞻[J].天津师范大学学报（社会科学版）,2011(3).

［4］吉尔福特.创造性才能——它们的性质、用途与培养[M].施良方,等,译.北京:人民教育出版社,1991.

［5］艾曼贝尔.创造性社会心理学[M].方展画,等,译.上海:上海社会科学出版社,1987.

［6］罗伯特·J.斯滕伯格.剑桥创造力手册[M].施建农,等,译.上海:东方出版中心,2021.

［7］周治金,谷传华.创造心理学[M].北京:中国社会科学出版社,2015.

［8］林崇德.创造性心理学[M].北京:北京师范大学出版社,2021.

［9］董奇.儿童创造力发展心理[M].杭州:浙江教育出版社,1993.

［10］王灿明等.学前儿童创造力发展与教育[M].南京:南京大学出版社,2016.

第三章

儿童创造意向的发展与教育

感知力的极致即为积极的好奇心。即使是无所谓的好奇心,也能够引导出独创性的思索。

——奥斯本(现代创造学奠基人)

2012 年 10 月 8 日,英国剑桥大学教授约翰·格登(John B. Gurden)与日本京都大学教授山中伸弥(Shinya Yamanak)共同分享了诺贝尔生理学或医学奖。然而,在中学时代,格登的生物成绩却是全校最差的,甚至被老师断言"笨得完全不该学习自然科学"。

格登的中学是在贵族中学伊顿公学度过的,他十分喜爱生物学,生物学成绩却不好,并常常因为问一些稀奇古怪的问题而让老师厌烦。为了提高他们这些"差生"的学习成绩,学校特地聘请博物馆馆长加德姆给他们补课。一次课间,格登伸出手指,问加德姆:"老师,为什么长在手上的手指能动而被砍掉的手指却不能动?"加德姆说:"因为长在手上的手指有神经细胞,能接受大脑的指令,而砍掉的手指头却不能!"格登说:"可是,受精卵不仅能动,而且能自由生长,而被砍掉的手指头为什么不能自己生长呢?"加德姆被问得瞠目结舌,忍不住大声吼道:"你这个笨蛋,这是自然界的生长规律。"

加德姆的训斥对格登刺激很大,毕业后,他主动放弃了自己的爱好,进入牛津大学古典文学专业学习。但他后来发现自己对文学并无兴趣,就转到了动物专业。那时,许多同学已经发表或撰写了一些有分量的论文,他却在默默无闻地研究"被砍掉的手指头为什么不能再生"的问题。他把自己关在实验室里,做了一次又一次实验,遭受了一次又一次失败。通过几年努力,最终在牛津大学攻读硕士的格登成功地让一对成熟的体细胞转换为多功能肝细胞。于是,他发表了一篇论文,首次指出细胞的特化机能是可以逆转的。这篇论文在生物学界引起了很大争议。此前专家们一致认为成熟的细胞发育过程是不可逆的。而按照格登的说法,砍掉的手指头在特定条件下,可以像受精卵那样自由生长。这一观点 10 年后才得到承认,并直接引导了世界上第一只克隆羊多利的诞生。格登颠覆了人类对细胞分化的认识，并在医学上产生了一次革命。

一名生物学成绩很差的学生，日后成为世界知名的发育生物学家，格登的成长道路值得每个教育工作者深思。一个从小对生物学感兴趣的学生，为什么成绩最差？一个喜欢问各种稀奇古怪问题的学生，为什么会让老师厌烦？一个不懂得"自然界生长规律"的学生，为什么能颠覆人类的认识？或许格登课间的"惊天一问"只是他各种稀奇古怪的问题中的一个问题，却是最有价值的一个问题，身为博物馆馆长的加德姆未能意识到它的价值，身为一个中学生的格登也未必完全能够意识到它的价值，但他一直没有放弃对这个问题的思索，最终揭开了发育生物学的秘密。这个案例启示我们，培养创造性人才，首先必须培养他们善于把握机遇的意识，保护他们旺盛的好奇心和求知欲。

创造意向是儿童创造心理中的一个有机组成因素，是变幻无穷的创造过程的"启动器"，是创造心理发展的动力。它不仅涉及儿童的心理、生理等诸多因素，而且与这些因素交互作用，共同构建儿童复杂而迷人的创造心理结构。美国国家专利局负责人在总结发明专利申请人的经验后指出：每个男人、女人和小孩都是潜在的发明家，他们中的 90% 都曾想要发明某种东西，只是大部分人的热情只能维持一个星期左右。而儿童时期正是一生中创造意向最活跃的阶段，恰恰也是在这个时期，他们往往只有"三分钟热度"。因而，我们应该睁大眼睛，积极发现他们刚刚萌发的创造意向，并采取各种行之有效的策略来呵护、发展这种金子般的心理品质。

一、创造意向是创造过程的驱动力

我们偶尔会看到"创造意向"的提法，遗憾的是，至今还没有人确切地定义它。我们只有将概念界定好了，才有可能进一步讨论儿童创造意向的发展和培养问题。

众所周知，任何复杂的意志活动都可以分为前后相连的五个阶段：意向、需要、愿望、目的和行动。意向是人的生理性和社会性的本能，例如维持生存的自卫，有目的的定向反射，模仿和自我表现等等。北京师范大学章志光教授认为意向"是一种未分化的，没有明确意识的需要，它使人模模糊糊地感到要干点什么,但对于为什么要这样做,怎样去做都还是不太清楚"。① 意向是萌芽状态的需要,它在意识中反映不明显。需要是在意向基础上产生的,但它具有社会历史性,反映了随着社会发展而来的人在物质和精神方面的需求。随着需要的增长,意向就变成了愿望。愿望是思想上形成的需要的内容,在意识中有明显的反应。从愿望产生动机,并且常常产生若干个动机。意志活动在这个阶段能够对这些动机作出抉择,把愿望变成行动。

要真正认识创造意向,还必须把它与"创造意识"一词进行比较,这是两个容易混淆的概念。尽管意识和意向仅有一字之差,却代表着不同的意义。意识是人的一种认知结构,而意向则是人的一种心理体验;意识是人脑对客观事物清晰的反映,而意向是一种模糊的心理;意识有觉察的意思,而意向有意图的意思,带有某种倾向性和指向性。意向和意识有区别也有联系,意识的产生在一定程度上是建立在意向的基础上,可以说意向是意识产生的最初形态。在本章导言中,格登伸出自己的手指问:"老师,为什么长在手上的手指会动而被砍掉的手指却不能动?"这个问题显示出格登具有很强的观察力和好奇心,但他当时并没有明确意识到这个问题所包含的科学价值。换句话说,尽管是"惊天一问",但他和他的老师或许都没有意识到它的意义,所以还处于意向阶段。幸运的是,格登自始至终没有放弃对这一问题的探究,最终因为对此问题的精妙求解而荣获了诺贝尔奖。所以,在创造活动中,人产生某种创造意向,在逐步学习和认识深化过程中,才逐渐明朗化,形成创造意识,再通过创造性思维和创造行为,最终形成创造成果。当然,格登的案例是一种理想的情况,实际上,这里的每一步转化都受到许多因素制约,真正能够将创造意向转化为创造性成果的为数极少。因为创新更多地发生于那些未知的领域,所以,身为人师,如果我们还不能理解和欣赏它们的价值,不能跟学生一起思考和研究,至少也不要对他们提出的这些"难以回答的问题"冷嘲热讽、恶意打击。今天我们交给儿童一个探索和成长的空间,或许明天他们就会还给我们一个丰盈而自豪的未来。

二、儿童创造意向的发展特征

儿童的创造意向具有创造意向的一般特征,但和成人又有一定的区别,它

---

① 章志光.心理学[M].北京:人民教育出版社,1999:69.

是一种特殊的创造心理状态。上海市和田路小学原校长金礼福主编的《播火——创造教育 20 年》,对和田路小学创造教育历程进行全面回顾,展示了该校开展创造教育的理论、方法、实践及许多生动的个案。书中的第四单元是"创造之星",介绍了 14 名品学兼优的学生从事创造发明的真实故事。通过分析这些成功儿童的成长故事可以帮助我们探讨儿童创造意向的发展特征。

(一) 在多数情况下,儿童的创造意向往往萌发于个人需要

和田路小学创造教育的标志性成果是该校徐琛同学因发明"防触电插座"而荣获第三届世界青少年创造发明展览会"最佳作品奖"。这次国际性的创造发明比赛共有 31 个国家参加,高水平的参赛作品达 160 件,竞争十分激烈,经过权威人士评选,仅有瑞典、美国和中国的 3 件作品获"最佳作品奖"。而徐琛当时年仅 12 岁,为我国争得了青少年科技活动方面的第一块金牌,在当时引起了轰动。

那么,这件小发明的创意是如何诞生的呢?

> 有一天,徐琛正在家里做作业,身后突然传来弟弟的惊叫:"哎呀,好麻!"原来,他的弟弟因为淘气把一根铁丝捅进了电插座,顿时,电插座冒出了一团蓝色火焰,他的手也一阵发麻。于是,徐琛萌发了发明防触电插座的念头。经过一段时间的探索,他设计出一个构思巧妙的作品,又经过反复改进,终于成为一件完美的发明。

徐琛的小发明来自弟弟的触电事件,发明的最初动机是为了保护弟弟的安全。儿童和成人一样,也会为了生存需要而从事某种创造活动,并在这个创造活动中实现自我价值。

只要我们用心,便能在现实生活中发现许多"不合理、不方便、不科学"的"三不"事物。曾经在小学五年级就出版过《我要叫你大吃一惊》科幻作文集的张开诚同学,就善于从生活中寻找灵感。

> 一次,张开诚的妈妈买回来一袋榨菜,吃饭时爸爸叫张开诚去拿剪刀剪袋口,但就是找不到剪刀。于是,张开诚开始埋怨这种袋子太不方便了,如果外出旅游怎么办呢?他很快就产生了创造意向,要设计一种方便榨菜袋,只要在袋口上安装一根绳子,使用时一拉袋口就打开了,多方便啊!上海电视台得知张开诚的发明信息后,还邀请他带着设计样品为观众表演。

以上发明都是由个人需要萌发产生的。然而,也不能据此认为所有的儿童创造都源于个人需要,事实上,儿童创造意向的源头是多渠道的,其中不少也会萌发于社会需要。比如,因发明"安全螺口灯泡灯座"而获亿利达青少年发明奖的颜永芳同学,喜欢听新闻广播,边听边做记录,从广播里筛选相关信息。

> 一天晚上,广播里播送出一篇关于"灯"的消息,让颜永芳激动不已。广播里说:"我国每年生产150瓦螺口灯泡5 000万只左右。这种灯泡拧入灯座后仍有部分金属外露,如果火线不进入开关或不安装在螺口中心点上,一旦用户误碰到金属部分,就会引起触电伤亡事故。上海近年来因此类触电事故死亡者已达53人,占全市触电死亡总数的43%。有关部门决定,今年各地生产螺口灯泡必须缩短外露部分8毫米,以确保安全使用……"听完这则消息,颜永芳的心就像被针狠狠地扎了一下,从而萌发了发明"安全螺口灯泡灯座"的想法。

当然,个人需要和社会需要是相互联系的,我们也不能把两者截然区别开来。人类的发展过程就是创造的过程,有创造活动就有创造意向,创造意向的出发点是为了提高物质和精神水平,它在很大程度上受社会历史条件制约,以社会需要为转移。在什么样的历史条件下,就会产生什么样的创造意向。发明"防触电插座""方便榨菜袋"和"安全螺口灯泡灯座",如果是在远古或者近代,在当时社会条件的制约下,人们根本就不可能想到这样的发明。

(二) 创造意向基于儿童的好奇心,并常常以问题的形式出现

儿童的好奇心在婴儿期就有表现。婴儿的探究反射在某种意义上体现着个体的求知欲,探究反射本身也在不断发展,由本能的、无意的、被动的向习得的、有意的、主动的方向发展,诸如好奇心、求知欲、兴趣等在很大程度上都可视为探究反射在个体知识经验和心理水平达到一定程度后的具体体现。所以,儿童在生活中,遇到问题,看到新鲜的事情,总喜欢问为什么。这种好奇心就是创造意向的体现。

> 姜薇还在上幼儿园时,就善于观察,不懂就问,喜欢打破砂锅问到底。
> 有一次看到奶奶淘米,吃力地把混在大米里的一颗颗有黄壳的谷子拣出来,她就问奶奶那黄的是什么? 奶奶说是谷子。"谷子,为什么它是黄色

的？谷子能吃吗？为什么要把谷子拣出来？谷子有毒吗？"

奶奶耐心地告诉她："谷子去掉壳就变成大米。谷壳很硬不能吃，所以要拣出来。"

"为什么只有那几颗谷子的壳没有去掉？"姜薇继续问。

奶奶一时答不上来，想了想说："可能是轧米机不好，那些谷子漏轧了。"

"轧米机是什么样的？它为什么能轧米？奶奶能带我去看看吗？"姜薇又提出了新要求。

奶奶笑了，说："奶奶都60出头了，还没有见过轧米机呢！下次叫你爸爸带你去看。"

"我以后要发明世界上最好的轧米机，一粒谷子也不让它逃出来，免得奶奶拣起来吃力！"姜薇忽闪忽闪着眼睛这样想。

从以上案例来看，由于所学知识有限，在儿童的能力范围内，有很多问题不能解决，但他们对外界事物又充满了好奇，在他们的头脑中会产生很多问题。这些问题是儿童创造意向的一种体现形式。他们的思维尚未成熟，对一些事物的探究不会局限于某种固定的思维模式、程序和方法，这就导致了他们的创造意向独立于别人，也独立于自己以往的思想，所以说它是一种独立、灵活且又多变的创造活动心理过程，并常常伴随着直觉和灵感。

（三）儿童的创造意向常常带有冲动性，易遇难而退，应培养其机遇意识和坚持不懈的毅力

相当多的同学不是没有创造意向，而是在产生这种意向以后，自我感觉无能为力，想想可能不会成功，就放弃了。

曾获上海市"小小发明家"称号的王毅钧，在生活中处处做有心人，但也并非任何创造意向都能做出作品。

有一次，他看到因为教室漆过的地面光滑，一位同学坐时用力过猛，连人带椅子滑到地面上。他立马想到发明一种防滑的"安全涂料"，使人不会摔跤。他冥思苦想，最终还是一个问号。

再比如，王毅钧在科学画报上看到国外已经培育出一种方形的番茄，装箱和运输都很方便，就联想到西瓜能不能培育成方形的呢？还有白瓜、南瓜、哈密瓜……一切圆形的瓜果，如果都能培育成方形的，放在那里不会

滚,装起箱来又不占地方。

　　这些想法都有创意,如果能得到老师或专业人士的指导与帮助,或许能够做出新的涂料,或培育出方形瓜果来。

从王毅钧的故事中我们不难发现,一个爱思考的孩子脑海中曾经有过许多幻想,有过许多憧憬。这是一笔非常宝贵的精神财富,没有它们,孩子或许就不能发现问题,不会分析和解决问题。创造意向是一种难以捉摸的东西,有时比较模糊,具有很大的不稳定性,随时都有消失的可能。由于儿童的心智发育尚未成熟,经常会遇到这样或那样的障碍(包括主观障碍和客观障碍),会使他们的创造意向变得薄弱甚至消失,我们应因势利导,加以保护。

后来到美国留学并获得克林顿总统亲笔签署荣誉证书的全美优秀学生童乃一,当年在和田路小学参加科技小组时,为了解决同学们眼睛近视的问题,决定发明一种"防近警报器"。

　　有一次,童乃一在科普展览会上看到一种光控玩具,突然受到启发,就一口气跑到家里,对奶奶说:"防近警报器能不能利用光控原理?"

　　对一个小学生而言,研究光控谈何容易,但是他坚持不懈,读了不少资料,也尝试做了一些模型,但始终未能成功。

　　星期天,父亲的一位朋友来家里做客,童乃一听说他是工程师,就像橡皮糖一样黏住他,要他讲光控、声控原理。

　　叔叔听了他的陈述,建议用生物电感应来制作警报器,使他终于找到了一条能运用已经掌握的知识搞发明的路子。

把童乃一和王毅钧的案例对照一下,我们可以看出儿童的坚持不懈有多重要。培养儿童的创造意向,就要重视培养他们坚韧不拔的毅力和不怕失败的勇气,鼓励他们想方设法,不达目的誓不罢休。

(四) 儿童的主动性是产生创造意向的重要动力,也有利于转化为创造行为

我国有两亿多中小学生,但真正有创造发明成果的同学凤毛麟角,这里有许多原因,但有两点是肯定的,一是老师和家长对孩子有意识的引导少,二是同学们创造发明的主动性不够,动力性不强。从上述几个案例中,我们应该能够感受到这一点。

　　颜永芳除了发明"安全螺口灯泡灯座"外，还完成过十几项很有价值的科技小发明。

　　她刚参加和田路小学的"星期天创造发明俱乐部"时，听老师讲发明创造不是一拍脑袋就能凭空想出来的，而是要去看、去听、去找，发现那些在人们生活里、学习中、工作上的不合理、不方便、不科学的"三不"事物，进行大胆改革，慢慢就能搞成发明创造。

　　于是，她就花了许多时间寻找那些"三不"事物，但找来找去就是找不着，便意识到自己的家中和学校不是"三不"事物的藏身之处，就请求爸爸带领她和弟弟走出家门，到自然和社会的广阔天地中找灵感。

　　他们常常在清晨出发，逛到下午才回来，一身疲倦。

　　就这样，颜永芳发现问题的能力逐渐提升，创造意向日益丰富，为自己的发明创造打下了良好基础。

　　"世上无难事，只怕有心人。"颜永芳的案例给我们的启示是，只要儿童能够充分发挥他们的主动性、能动性，善于观察事物，善于分析周围世界，就会打开他们创造发明的"第三只眼"。

三、激发儿童创造意向的实践路径

　　儿童时期是创造意向发展最旺盛的时期，会提出各种各样的问题。千万不要因为这些问题刁钻难懂而不予理睬，给他们旺盛的求知欲泼冷水，也不要因为这些问题荒诞不经而勃然大怒，伤害他们的自尊心。作为教师，正确的态度应该是理解、尊重和保护，多给儿童一些自主思考的空间、大胆质疑的机会、积极的情感激励、真诚美好的欣赏、良好的心理暗示和克服困难的勇气，或许就会因此诞生一位诗人，一位科学家，一位诺贝尔奖得主。

（一）多给儿童一些自主思考的空间

　　著名诗人歌德的创造力源于幼年时期的训练，妈妈每天都要给他讲故事，每每讲到关键之处，就停下来，让小歌德自己提出各种假设。这样日复一日的续讲故事为他日后的文学创作打下了坚实基础。所以说,多给儿童留下一些自主思考的空间,就能培养他们的探究精神。

但是,在传统的教学氛围中,儿童几乎一直处于被动学习的状态,学生自由思考的空间很小,一切都是跟着老师走,"我要学习"变成了"要我学习"。要让学生在课堂上有更多的思考空间,做到"海阔凭鱼跃,天高任鸟飞",教师就不要提供太多的标准答案,答案要靠学生自己去寻找,多一种答案就多一份思考,多一份思考就多一种发现,多一种发现就多一次创造机会。我们的教学不是建造一个两脚书柜或活动题库,而是让学生自己思考、发现和运用知识,进而创新。尤其是在中小学阶段,学生的独立性弱,依赖性强,教师更应该适时地对学生的创造活动加以引导。

(二)多给儿童一些大胆质疑的机会

创造意向来自对问题的大胆质疑,只有善于发现和提出问题的人才能产生创造的冲动。

美国麻省理工学院机械工程系谢皮罗(Shapiro)教授关于容器里流水漩涡的旋转方向与地球自转有关的论断,就是通过洗澡观察到的现象。谢皮罗是一位有心人,他敏锐地注意到,每次洗澡,水流出的漩涡总是向左旋转的,即逆时针方向流出的。难道这是一种特殊现象吗?他自行设计了一个蝶形容器,每当拔掉塞子的时候,碟形容器中的水也是向左旋转的。于是,他推想:流水漩涡向左转绝非偶然,而是一种有规律的现象,并通过一系列的后续观察,悟出了产生这一现象的原因。1962年,谢皮罗发表论文,认为这种现象与地球自转有关,由于地球是自西向东旋转,而美国又地处北半球,由于地心引力的影响,容器里的水总是沿逆时针方向旋转。由此推论,北半球的台风同样是沿逆时针方向旋转的,他还断言,如果在南半球则正相反,即洗澡水是按顺时针方向旋转的,而在赤道则不会形成漩涡。谢皮罗的论文引起了世界各国科学家的莫大兴趣,他们纷纷进行观察或实验,其结果无不与谢皮罗的论断相符。

应该说,谢皮罗所发现的问题是人们经常遇到的,但绝大多数人都熟视无睹。因此,问题并非任何人都能提出,只有那些善于观察和思考的人才提得出来。问题是科学的"助产婆",对问题视而不见,不能独立思考,是很难产生创造意向的。

我们应更多地鼓励、启发和诱导学生发现问题、提出问题,因为这是从已知世界伸向未知世界的心理触角。德国作家凯斯特纳(Erich Kastner)曾这样告诚学生:"不要完全相信你们的教科书! 这些书是从旧的教科书里抄来的,旧的教科书是从老的教科书抄来,老的教科书又是从更老的教科书抄过来的。"永不满足的质疑精神是创造之母,只有不断鼓励学生的质疑精神,使他们敢于向传统和权威挑战,才能激发学生的创造意向,发展他们的创造力。

(三) 多给儿童一些积极的情感激励

情感是客观事物是否符合人的需要与愿望而产生的一种体验。在创造活动中,人会产生一些情感,我们称之为创造情感。创造意向产生后,会由于情感因素而增强或消失。因此,稳定创造意向,需要积极的创造情感,没有积极的创造情感,儿童就不可能深入探求真理。教师要善于在课堂上培养学生的创造情感。

教师可以在课堂上渗透一些情感教育。例如,在科学课上,教师可以给学生讲英国乡村医生真纳(Edward Jenner)发明牛痘治天花的故事:真纳看着天花肆虐,夺去了成千上万人的生命,一种强烈的社会责任感让他产生了创造意向,从而潜心研究,寻找预防天花的方法。他锲而不舍地研究,终于发明了牛痘接种法,有效地遏止了天花传染。因为在他心中始终有一颗医者仁心,驱使着他去攻克难关,才有了如此伟大的创造成就。通过科学发现的故事告诉学生,世界上伟大的科学家、发明家,都怀着一种为人类做贡献的创造情感,以此激励学生。

(四) 多给儿童一些真诚美好的欣赏

清晨的露珠是很美的,生命却很短暂,因此需要人的呵护。儿童的好奇心如同露珠,非常珍贵,需要我们好好保护。因为好奇,才会产生创造冲动,形成创造意向。

好奇心是人的一种心理现象,是人们在客观世界中遇到与自己头脑已有概念相冲突的事物和现象时产生的惊奇感觉,或者遇到从未遇见的、不能解释的新事物时迫切想探索其奥秘的心理现象。婴儿能够行走后,他们的活动空间扩大,好奇心随之增加,见到物品就要抚摸摆弄。这种现象到青少年阶段仍然存在。面对新鲜事物,很想了解这些事物,所以他们常常会问问题,这是他们本能的一种体现。

科学家之所以对人类文明做出巨大贡献,很重要的原因就在于他们对别人习以为常的现象多问了几个"为什么"。创造学和创造工程之父亚历克斯·奥斯本(Alex Faickney Osborn)认为,感知力的极致即为积极的好奇心。即使是无所谓的好奇心,也能够引导出独创性的思索。为了激起学生的好奇心,在课堂中,教师可以展示那些表面并不新奇、却含有深刻道理的东西,对那些表现出好奇的学生,一定要给予积极的肯定和赞赏,只有这样才能起到正强化作用。

(五) 多给儿童一些良好的心理暗示

信心是人们进行创造活动所必备的良好心理素质,是人们积极奋进的内部动力。当儿童对某事感兴趣,会因为他的不自信,导致创造意向的消失。首先,教师要通过积极的评价,帮助儿童克服胆怯和自卑,树立积极自我形象;其次,要给孩子关怀、爱护、尊重、信任、鼓励和支持,无条件接纳每个儿童,使他们都有良好的自我感觉,尽可能创造学生自我表现的机会。作为教师,要给学生一个自由表演的舞台,例如,有的学生学习成绩不好,但是他在文体方面有很好的表现,教师就要让他更多地参加文体活动,让学生在擅长的领域里找到自我。

(六) 多给儿童一些克服困难的勇气

著名化学家、发明家诺贝尔在发明炸药的过程中,遇到了种种困难。有一次他在火车上做实验,实验失败,差点把火车炸了,还被列车长打聋了一只耳朵,但他仍然坚持创造活动。因为在他的心中,始终有一股力量在支撑着他。诚如英国剑桥大学教授贝弗里奇(William Beveridge)所说:"发现者,尤其是一个初出茅庐的年轻发现者,需要勇气才能无视他人的冷漠和怀疑,才能坚持自己发现的意志,并把研究继续下去。"唯有坚毅的意志,才能在艰难险阻中百折不挠,最后取得成功。

如前所述,儿童的创造意向极为不稳定,当创造意向产生后更需要坚强意志去支持。儿童的生理尚不成熟,思维正在发展,实践磨炼还不多,在创造活动中,无论是其创造意志的自觉性、果断性、自制性,还是坚持性都还比较弱,当遇到困难时,他们往往缺乏面对的勇气,容易动摇、退缩、放弃。教师应从小培养学生的坚强意志,对成功者要进行表扬,对失败者也要给予鼓励,培养他们不怕失败的精神,以此磨炼学生的意志。

如果说儿童的创造力是一支熊熊燃烧的火把,那么,他们的创造意向则是刚刚点燃的火苗。只有在成人的关心呵护下,这根火苗才会逐渐壮大,以至发出灿烂夺目的光辉。作为一名教育工作者,我们要成为创新人才成长的引路人,首先应该成为他们创造意向的"守护神"。

拓展阅读导航

[1] 根里奇·阿奇舒勒.哇……发明家诞生了[M].范怡红,黄玉霖,译.成都:西南交通大学出版社,2004.

[2] 汤川秀树.创造力和直觉[M].周林东,译.上海:复旦大学出版社,1987.

[3] 托马斯·阿姆斯特朗.唤醒孩子的天赋——如何增强好奇心、创造力和学习能力[M].王文忠,徐金灿,译.北京:新华出版社,2005.

[4] 罗洛·梅.创造的勇气[M].杨韶刚,译.北京:中国人民大学出版社,2008.

[5] 王景英.小学生创造意识与创造能力的培养[M].长春:东北师范大学出版社,2000.

[6] 罗玲玲.让创意破壳而出——激发中学生创造力[M].北京:教育科学出版社,2008.

[7] 田友谊.环境营造与儿童创造[M].北京:人民教育出版社,2012.

第四章

儿童创造性思维的发展与教育

　　发现问题和系统阐述问题可能要比得到解答更为重要。解答可能仅仅是数学或实验技能问题，而提出新问题、新的可能性，从新的角度去思考老问题，则要求创造性的想象，标志着科学的真正进步。

——爱因斯坦(物理学家、相对论创始人)

　　近年来，一部名为《爱迪生之母》的日本电视剧在网上热播，它描述的是一名超级顽童花房贤人，是从外地转来的"问题儿童"。

　　第一堂算术课上，花房贤人就表现出与众不同之处，规子老师要求同学们数一数书上共有多少只小猫，他第一个举手发言，却答非所问，指出了课本上的错误："有只小猫没有胡子。"

　　同学们哄堂大笑，老师提醒他去数猫，他却反问老师："为什么要数猫？"

　　在他的谈话中，同学们了解到他对1＋1＝2这样起码的数学题居然都不懂，不禁发出惊讶之声，而他却提出1＋1为什么等于2。

　　为了让他理解1＋1＝2，规子老师急中生智，拿出两只橘子，说1只橘子加1只橘子便是2只橘子。

　　但贤人不服，他快步冲到讲台上把橘子掰开，说一只橘子有8个瓣，1＋1应该等于9。

　　课堂马上发生了骚乱，正当同学们喊他"傻瓜"的时候，他却津津有味地享受着老师带来的甜美橘子。

　　他一边吃着，一边把橘子籽排到讲台上，然后大声地报告："一只橘子有57粒籽，1＋1应该等于58。"

　　同学们的起哄影响到其他班级的教学，年级主任加贺见愤怒地赶来。为了让贤人再次理解1＋1为什么等于2，她顺手拿起1支红粉笔和1支蓝粉笔，说加起来就是两支粉笔。

　　然而，贤人又提出了一个新问题："为什么要拿红粉笔和蓝粉笔相加呢？"

　　加贺见老师耐心地说："因为这是加法。"但贤人接着问："为什么是加法？为什么要学加法？"加贺见老师气得脸色发青，把粉笔摔到了地上。而贤人却弯下腰，平静地捡起摔成两段的粉笔，一脸稚气地说："1＋1应该等于3。"

客观地说,贤人并没有任何恶作剧的意图,他的提问是真诚的,他的回答也是自然的。然而,为什么他的老师和同学却难以容忍呢?因为他的思维与众不同,他特立独行,他有旺盛的好奇心和打破砂锅问到底的习惯,他打破了正常教学的"游戏规则",让人无法认同,也让人莫名其妙。其实,这就是创造性思维。

思维被认为是进化的最高成就,是人类最美丽的花朵,我们可以毫不夸张地说,创造性思维又是这最美丽花朵中的花蕊。创造性人才兼具了创造意向、创造性思维、创造性行为以及创造性人格,其中创造意向和创造性行为都必须以创造性思维为基础,因为创造意向主要解决"为什么要创造";创造性思维解决"如何形成富有创造性的思想、理论及设计",创造性行为则解决"如何把创造意向、创造性思维转化为创造产品"。离开创造性思维,创造意向将成为不切实际的幻想;离开创造性思维,创造性行为将成为徒劳无益的蛮干。可见,创造性思维是创造的核心,为了培养出大批创造性人才,必须深入研究创造性思维的内涵和类型,深入分析儿童创造性思维的过程和特征,从中找出影响创造性思维形成与发展的主要因素,积极探讨如何采取适当的培养方式,才能取得事半功倍的教育效果。

一、创造性思维是创造心理的核心

要培养儿童的创造性思维能力,就必须了解创造性思维的内涵,认识儿童创造性思维的基本特点。只有这样,才能提高儿童创造性思维培养的科学性和针对性。

(一)创造性思维的内涵

思维是人脑对于客观事物的概括和间接反映,它可以分为再造性思维与创造性思维。其中,再造性思维是指人们掌握和运用人类已有的知识经验解决实际问题的思维。这种思维主要是在已知领域中进行的,是一种按常规处理问题的思维方式。在日常生活中,再造性思维可以帮助我们解决日常碰到的90%以上的问题。但当情境发生变化时,它却可能妨碍人采用新的方法,难以形成创造性成果。创造性思维是指以解决问题为前提,用独特的思维方法,创造出具有社会价值的新观点、新理论、新知识、新方法的心理活动过程。创造性思维可以开拓人类未知领域的思维,扩大人们的认识范围,不断推进人类认识世界的水平。创造性思维是一种探索未知的活动,它受到多种因素的限制和影响,如事物发展及其本质暴露的程度、实践的条件与水平、认识的水平与能力,这就决定了它并不能每次都取得成功,甚至会得出错误结论。创造性思维的风险性还体现在它对传统势力、习惯偏见的冲击上,传统势力、现有权威为了维护自己的存在,可能会对创造性思维进行抵制,甚至仇视,因而创造性思维往往需要人们付出较大努力和代价,甚至不惜为此流血牺牲。

(二)创造性思维的方向

从字面意义上来考察,思维中的"思"可理解为"思考","维"可理解为"方向",思维就是沿着一定方向进行的思考活动。逻辑思维往往是朝着一个固定的思维方向进行创造的过程,其目的是寻找一个正确答案,其答案具有单解性。与此相反,创造性思维往往没有固定的思维方向,它既可能是同一或相反方向上的直线思维,也可能是在平面内的二维思维,还可能是三维空间中的立体思维。

1. 发散性

思维的发散性是指它从某一点出发,既无一定方向也无一定范围地任意发散。美国心理学家吉尔福特认为,思维的发散性是创造性思维的核心,是测量创造力的主要指标。由于儿童在发散性思维的过程中除应用已有知识与记忆之外,更重要的是加入了他们丰富的想象因素。创造性想象的出现,往往使他们的思路更加开阔,其答案也不会限制在"唯一"之中,从而产生许多不同的甚至荒诞离奇的答案,这些答案经常以不合逻辑和反常规的形式出现。发散性思维的另一种形式是平行发散,即多路思维。多路思维可以使人考虑问题有条不紊、周密细致。人们常说的立体思维,也是一种思维发散性的表现。这种思维是在三维空间中考虑问题。例如,如何在一块土地上种 4 棵树,使每棵树之间距离都相等?如果用平面思维,怎么都不可能使每棵树之间的距离都相等,但如果用立体思维,将这块土地垒成等边三角形的金字塔型(正三棱锥),然后在塔顶上种上 1 棵树,下面三个角上再各种 1 棵树,问题就迎刃而解了。

随着儿童思维水平提高和思维能力加强,发散性思维表现出较强的丰富性、灵活性和独创性。发散性思维的丰富性,是指在同一思维方向上能够产生大量念头的一种属性,也称之为"思维的流畅性"。在实际创造中,往往需要观念具有丰富性,以便产生大量的新想法。在一些创造性思维训练中,我们常常要求儿童尽可能多地说出铅笔的用途,尽可能多地说出玩具的用途,或者尽可能多地说出手机的用途,实际上训练的就是思维的流畅性。发散思维的灵活性,是指改变思维方向的属性。发散性思维的灵活性往往能使人把注意力转移到别人不易想到、比较隐蔽的方面去,常常使创造者一鸣惊人、大获成功。我们常说的"改变思路""转变观念",往往属于思维灵活性的范畴。发散性思维的独创性,是指产生不同于寻常的新念头的思维属性。当然,思维发散性产生的念头不一定都是新的,但其组合却可能是新的,这些也属于独创性的范畴。总之,发散性思维可以使人思路活跃,思维敏捷,办法多而新颖,能够提出许多可供选择的方案、办法和建议,特别是能够提出一些别出心裁、语出惊人或完全出乎人们意料的见解,使问题能够奇迹般地得到解决。因而,发散性思维在创造性思维中具有举足轻重的作用。

2. 逆向性

思维逆向是指与一般的思维方向相反。它是与传统的、逻辑的或群体的思维方向完全相反的一种思维。如果有人落水,常规的思维模式是"救人离水",而司马光面对紧急险情,却是果断地用石头把缸砸破,他采取的思维模式是"让水离人",最终挽救了小伙伴的性命。司马光砸缸的故事,运用的就是逆向思维。事实表明,逆向思维往往能够获得出其不意的效果。有一个故事很能说明问题。

　　有家人决定搬进城里,于是去找房子。他们跑了一天,好不容易看到一张公寓出租的广告,他们就去敲门。丈夫鼓起勇气问:"这房子出租吗?"房东看着他们一家三口,遗憾地说:"实在对不起,我们不租给有孩子的家庭。"丈夫和妻子听了,一时不知如何是好,只好默默地走开了。他们5岁的孩子却走回去,重新敲开了房东的大门,精神抖擞地说:"老爷爷,这个房子我租了。我没有孩子,我只带来了两个大人。"房东听了之后,高声笑了起来,就把房子租给他们了。

显然,孩子思考问题的出发点正好和爸爸相反,他使用的就是逆向思维。因而,要培养儿童思维的逆向性,应该注意摆脱习惯的、传统的、常规的思维束缚,以便形成他们标新立异的构想。

3. 侧向性

思维的侧向性,是指思维的方向既不与一般思维方向相同,也不与之相反,而是从旁侧向外延伸。侧向思维是从其他离得很远的领域取得启示的思维方法,也是科学思维的一个特点。这种利用"局外"信息发现和解决问题的思维途径,与人眼的侧视能力相类似,英国创造学家爱德华·德·波诺(Edward de Bono)称之为"侧向思维"。《诗经》中说"他山之石,可以攻玉",就是思维侧向性的生动写照。

美国发明家莫尔斯(Samuel Finley Breese Morse)发明了电报,创造了莫尔斯电码。然而他很快发现,远距离传输的时候信号会发生衰减现象。他起先想采用放大原始信号的方法,但没有成功。有一天,他搭乘驿车从纽约到巴尔的摩去,在旅途中观察到,邮车每到一个驿站就要更换拉车的马。于是,他产生了一个想法:在电报线路沿途设置放大站,不断放大信号。这样,他就解决了电报信号长途传输中的衰减问题。

莫尔斯使用的就是侧向思维。侧向思维要求我们打破自我本位的思考方式,经常问问自己:别人正在干的,我能不能不干?别人不干或没有想到干的,我能不能干?其他领域的做法、思路能否为我所用?现在的产品、思路、方法能否改变原来设想的路径,转换方向用到更能发挥作用的其他地方?经常做这样的思考,人就容易打开思路,想到过去想不到的结果。

(三)创造性思维的基本特征

创造性思维既具有一般思维活动的共同性,又具有不同于一般思维活动的独特性。概括起来,创造性思维的基本特征包括新颖性、敏锐性、独立性、灵活性、形象性和求异性。

1. 新颖性

在进行研究和探索的活动中形成新思想的思维特性,称为创造性思维的新颖性。创造性思维贵在创新,要么在思路选择上,要么在思考技巧上,要么在思维结论上,在前人和常人的基础上有新发现、新认识和新见解,从而具有一定范围内的首创性和开拓性。这是创造性思维的基本标志。

2. 敏锐性

从司空见惯的事物中发现新知识的思维特性,称为创造性思维的敏锐性。创造性思维的火花往往稍纵即逝,它要求我们对异常现象、新奇现象要有敏锐的感受性,能迅速认识其价值,并牢牢地抓住它。比如,牛顿在夏日乘凉,微风吹来,熟透了的苹果落下来,砸在他身上,他忽发奇想:"苹果熟了,怎么往地上落,不向天上飞呢?"苹果熟透了落下来是一种司空见惯的现象,却引起了牛顿的兴趣,从此他潜心研究,发现了万有引力定律。这就是敏锐性的表现。

3. 独立性

创造性思维的独立性,一般表现为不受外界因素的干扰,不受已有经验的限制,不依附、不屈从于原有的或权威的思路或方法。创造性思维的独立性体现在其怀疑性、抗压性和自变性上。所谓怀疑性,指的是创造性思维对一些司空见惯、理所当然的事情敢于质疑。儿童之所以有较强的创造性,主要在于他们敢于质疑。儿童什么都想问,什么都要问,什么都敢问,恰恰是许多成年人所不及的。所谓抗压性,主要体现在创造性思维力破陈规,锐意进取,勇于向旧的习惯势力挑战。创造性思维的结果都是以反常面貌出现的,开始时很难得到一般人的赞同和支持,因而常常会受到人们的干涉和外界的压力,这就形成了它的抗压性。所谓自变性,主要表现为自我否定,它不受自己所设置的框框限制,会自己打破框框并不断产生新的思想。

4. 灵活性

迅速而轻易地从一类对象转向另一类对象的思维特性,称为创造性思维的灵活性。这种思维特性有三种形式:解决某个问题取得的经验用于解决其他类似问题,这是转移经验;利用"局外"信息发现解决问题的有效途径,这是侧向思维;从一个事物联想到相距遥远的另一个事物,这是遥远联想。转移经验、侧向思维和遥远联想是创造性思维灵活性的具体表现。

5. 形象性

人脑对已有表象进行加工而产生前所未有的新形象称为创造性思维的形象性。据说,爱因斯坦就是在老师的物理课上开始思考"如果我以光速追踪一条光线,我会看到什么",但问题多年一直没有得到解决。20 年之后的一天早晨,正在弹钢琴的爱因斯坦突然领悟到:对一个观察者而言,以光速追踪一条光线是同时的两个事件,而对别的观察者来说就不一定是同时的。他很快意识到这是一个十分重要的突破口,并牢牢地抓住了这一"思想火花",提出了狭义相对论。这是形象性的典型表现。

6. 求异性

创造性思维的求异性对司空见惯的现象或者已有的权威性理论持一种怀疑和批判的态度,而不是盲目轻信,并以新的方式来对待与思考所遇到的一切问题。创造性思维的求异性主要表现为选题的标新立异、假设的异想天开和方法的另辟蹊径,也称为求异思维。思维的求异性可以使儿童对同一个问题形成尽可能多的、尽可能新的、尽可能独特的想法、方案和思路。比如,日本的一堂小学美术课上，老师对怎样画苹果作了一番精心指导后，便安排学生完成作业。老师评讲作业时，发现有位学生画的是方苹果，于是就耐心询问："苹果都是圆形的，你为什么画成方形的呢？"学生回答说："我在家里看见爸爸把苹果放在桌上，一不小心，苹果滚到地上摔烂了，我想如果苹果是方形的，该多好啊！"老师鼓励说："你真会动脑筋，祝你能早日培育出方形苹果。"在这个案例中，老师没有批评学生，反而鼓励他，就是对求异思维的肯定。

（四）创造性思维的主要形式

关于创造性思维的构成要素，目前尚有争议。北京师范大学董奇教授对创造性思维进行过分析，认为它包括发散思维与聚合思维、直觉思维和分析思维、纵向思维和横向思维、逆向思维与正向思维、潜意识思维与显意识思维以及元认知监控。[①] 杭州师范大学汪刘生教授认为创造性思维主要由发散思维和集中思维相结合组成的，同时还包括直觉、灵感和创造想象等。[②] 此外，还有不少学者提出自己的见解，西南大学张庆林教授认为凡是突破传统思维习惯，以新颖独特的方法解决问题的思维过程，均可称为创造性思维。创造性思维是复杂的高阶过程，是多种思维有机结合的产物，在不同的创造性思维活动中，总是以某一种思维为主导而进行。[③] 下面我们重点阐述创造性思维的几种主要形式。

1. 直觉思维

直觉思维是指不受固定的逻辑规则约束而直接领悟事物本质的一种思维形式。直觉思维是一种非逻辑思维，与逻辑思维比较，直觉思维具有三个主要特征：一是从整体上把握对象，而不拘泥于细枝末节；二是对问题实质的一种洞察，而不停留于问题的表面；三是一种跳跃式思维，而不是按部就班地展开思维过程。这就使得直觉思维的结果带有一定的或然性，它可能正确，也可能错误，必须进行进一步的分析加工和实验验证。

随着认知科学的发展，直觉思维越来越受到科学家的青睐。许多科学家认为直觉是创造发明的源泉，许多重大发现都基于直觉。譬如欧几里得（Euclid）几何学的五个公设都基于直觉，从而建立起欧几里得几何学这栋辉煌的大厦；凯库勒（F. A. Kekule）发现苯分子环状结构更是一个直觉思维的成功典范。科学史研究一再证明，许多伟大的科学家在科学研究过程中对新出现的某一事物

① 董奇.儿童创造力发展心理[M].杭州：浙江教育出版社，1993：26—39.
② 汪刘生.创造教育论[M].北京：人民教育出版社，2000：84—97.
③ 张庆林，李艾丽莎.创造性培养与教学策略[M].重庆：重庆出版社，2006：134—135.

非常敏感，他们往往一下子就能意识到其本质和规律。直观思维包括科学直觉，也包括艺术直觉，即艺术家在创作过程中由某一个体形象一下子上升到典型形象的思维过程。西方现代主义美术理论的创始人柏格森（Henri Bergson）提出，直觉就是创造，甚至认为直觉是与上帝合而为一的境界。

尽管直觉会在一个人的思想中不期而遇，但它的出现绝非偶然。首先要有相关知识积累，包括相关的经验知识和专业理论知识。所谓"三句话不离本行"，说明相关知识的积累在人们解决问题过程中的作用。其次有其内在机制。从表面上看，直觉思维是不经过逐步分析就可迅速找到问题症结，其实，在"迅速"中包含了一系列"感性—理性—感性"的思维过程，实际上它是头脑中的逻辑程序的高度简缩，只不过是整个思维难以用语言表述而已。最后往往需要特定的情境。比如观察到特定的现象，或者原有的压力被解除，或者受到原型启发，某个百思不得其解的问题豁然开朗，直觉就出现了。

2. 联想思维

联想思维是人们通过一件事情的触发而迁移到另一些事情上的思维。联想能够克服两个不同概念在意义上的差距，并在另一种意义上将两者联结起来，由此产生新颖思想。在科学史上，许多创造发明都发端于联想，通过联想产生的创造成果非常多，其中最典型的例子就是牛顿发现万有引力，他从自然界常见的一个自然现象——苹果落地，联想到引力，又从引力联系到质量、速度和空间距离等因素，最后推导出三大运动定律。

联想思维是人们因一件事物的触发而联想到另一事物的思维，人们把前一事物称为刺激物或触发物，后一事物则称为联想物。根据联想物与触发物之间的关系，联想思维可分为相似联想、对比联想、接近联想和因果联想等多种形式。

相似联想是指联想物和触发物之间具有相似属性的联想。这里不妨来看一个实例。高溢是一位兴趣广泛、活泼好动的姑娘，有年暑假，她去乡下看望家人，正巧碰上兽医在给小公鸡阉割，她就好奇地问为什么。兽医告诉她，去势可以加快公鸡的生长速度，可以增产。"去势可以增产"这句话使她"想入非非"：既然公鸡可以去势，那么公兔是否也可以呢？灵感就在瞬间闪现。在兽医的指导下，她将 3 只公兔结扎去势，经过实验，证明公兔去势后可提高兔毛产量 7%。为了进一步验证公兔去势与产毛量之间的关系，高溢和几个同学又用同样方法对 10 只公兔进行实验，再一次表明产毛量可增加 6.8%。该成果获得了浙江省亿利达青少年发明活动二等奖和第九届全国青少年发明创造比赛二等奖。高溢将公兔与公鸡联系起来，产生相似联想，从而成功进行了公兔的去势实验，为提高兔毛产量进行了新的尝试。

对比联想是指联想物和触发物之间具有相反性质的联想。例如,看到白色想到黑色,看到老师想到学生,等等。

> 史丰收出生在陕西的一个普通农民家庭里。上小学二年级时,他听到老师讲四则运算必须从低位算起,便提出了一个异想天开的问题:"算术能不能从高位向低位算起呢?"老师非常惊讶,因为她从未想过这样的方法,也没有哪个学生提出过如此大胆的构想,她就鼓励史丰收说:"古今中外,几千年都是从低位算起的,这是古人总结的经验,你要是有本事,也可以发明创造嘛!"
>
> 老师的信任给了史丰收极大的鼓舞,8岁的他果真搞起了发明创造。从此,他每天就趴在家里的大炕上列算式、找规律,三年以后终于摸索出一套多位数乘法和加、减、除法的速算规律,后来被命名为"史丰收速算法"。1972年,初出茅庐的史丰收和著名数学家华罗庚进行了一场别开生面的比赛,华老拿算盘,小史用速算。在三场比赛中,史丰收都战胜了华老,他的运算速度比算盘快出了好几倍。华罗庚高兴地说:"你现在比别人快了一个圈,希望将来把你的速算法用到电子计算机上,再提高一个圈。"联合国教科文组织总干事马约尔(Federico Mayor)认为:"'史丰收速算法'是教育科学史上的奇迹,应该向世界各国推广。"

这里,史丰收使用的正是对比联想,传统数学运算都是从右至左、从小到大、从低位到高位算起,他却提出从左至右、从大到小、从高位到低位进行运算,不仅颠覆了人类几千年来的传统运算方法,而且极大地提高了运算速度,成就了闻名中外的"史丰收速算法"。

接近联想是指联想物和触发物之间存在很大关联或关系极为密切的联想。比如说,因为晚上天黑,上厕所不方便,就联想如果有一盏灯在前面照明该多好,于是就发明了带灯的拖鞋,晚上用起来特别方便。苏联心理学家哥洛万和斯塔林茨经上百次实验证明,任何两个概念词语最多只需要经过四五步的联想即可将其建立起联系。比如,"词典"与"帽子"这两个离得很远的概念,可以联想为:词典—学习;学习—书本;书本—插图;插图—人物;人物—帽子。上述"词典—帽子"联想之所以能够通过五步联想达到,是因为该联想的最后一环"帽子"是作为这个联想程序的终点而预选给定的。当然,对于创造性思维本身而言,它更加提倡的是思想奔放、毫无拘束地自由联想。这样的自由联想,可通过相似、对比或接近联想形式的多次重复交叉而形成一系列"连锁网络"(如举一反三、闻一知十、触类旁通),从而产生大量的创造性构想。

因果联想是从某一事物出现某种现象,从而联想到它们之间的因果关系的一种思维方法。比如从父母联想到子女,从播种联想到收获。南非纪录片《可爱的动物》就描写了一个运用因果联想的故事:非洲卡拉哈里盆地边缘的草原地带,每逢旱季,居民因缺水而惶惶不可终日,但他们发现生活在此处的狒狒并不因缺水而"搬家",说明狒狒能找到水喝。于是,他们捉到狒狒,给它们盐吃。渴急了的狒狒飞奔到一个山洞里,扑向奔流的泉水。就这样,当地居民找到了水源。值得注意的是,因果联想是双向的,既可以从原因想到结果,也可以从结果想到原因。

联想是打开沉睡在头脑深处记忆的最简便和最适宜的钥匙。联想能力的高低取决于儿童的知识积累和经验丰富的程度,知识越多、见识越广的儿童联想的可能性就越大,同时还与儿童是否具备良好的思考习惯有关。有一天,中国少年科学院小院士杨彦到医院看望病人,无意中看到挂在床边的输液器正在给病人挂水,脑子里突然一闪,一个困扰他的问题解决了。原来他们全家出去旅游,回家后发现,养在阳台上的十几盆花因缺水而枯死了。他一直在想办法却未能解决这个问题。滴液—滴水—浇花,把本来不相干的两件事联系起来,就这样,他发明了"滴液浇花",还获得了广西青少年生物和环境科学实践活动优秀项目二等奖。杨彦见多识广,但如果他平时不喜欢动脑筋,不善于联想,他会进入创造境界吗?因此,养成儿童良好的思考习惯,是培养他们联想能力、提高创造能力的基础。

3. 幻想思维

幻想是指与某种愿望相结合并指向未来的一种想象。幻想在创造活动中具有重要作用,我们应鼓励儿童进行各种各样的幻想。苏联就为学生专门开设过"幻想课"。现在,全国各地不少幼儿园开设了幻想课程,一些中小学开设科学幻想课程,其目的在于引导、培养儿童进行各种形式的幻想,以增加他们的创造才能。

然而,因为幻想容易脱离现实,不被人们所重视,有的人甚至把"幻想"作为贬义词而将其打入另册。这是不公正的,因为幻想是一种极其可贵的品质,儿童通过幻想可以体验人生,体验生活。2012年10月11日是海内外华人最兴奋的日子,因为这一天瑞典文学院将诺贝尔文学奖授予中国作家莫言。诺贝委员会给莫言的颁奖词为"用魔幻般的现实主义将民间故事、历史和现代融为一体"。同年12月8日,莫言在瑞典文学院发表了诺贝尔文学奖演说,题为《讲故事的人》。他在这次演说中讲了下述故事。

> 我小学未毕业就辍学了,因为年幼体弱,干不了重活,只好到荒草滩上去放牧牛羊。当我牵着牛羊从学校门前路过,看到昔日的同学在校园里打打闹闹,心中充满悲凉,深深地体会到一个人,哪怕是一个孩子,离开群体后的痛苦。
>
> 到了荒滩上,我把牛羊放开,让它们自己吃草。蓝天如海,草地一望无际,周围看不到一个人影,只有鸟儿在天上鸣叫。我感到很孤独,很寂寞,心里空空荡荡。有时候,我躺在草地上,望着天上飘动的白云,脑海里便浮现出许多莫名其妙的幻象。我们那地方流传着许多狐狸变成美女的故事,我幻想着能有狐狸变成美女来与我做伴,但她始终没有出现。但有一次,一只火红色的狐狸从我面前的草丛中跳出来时,我被吓得一屁股蹲在地上。狐狸没了踪影,我还在那里颤抖。有时候,我会蹲在牛的身旁,看着湛蓝的牛眼和牛眼中我的倒影。有时候,我会模仿鸟儿的叫声,试图与天上的鸟儿对话。有时候,我会对一棵树诉说心声。但鸟儿不理我,树也不理我。许多年后,当我成为一个小说家,当年的许多幻想都被我写进了小说。

在荒滩上放牧的小莫言,望着天上飘动的白云,脑海里浮现出许多幻象,甚至幻想能有只狐狸变成美女与他做伴,这成了他日后创作的源泉。因而,他幽默地说:"很多人夸我想象力丰富,一些文学爱好者希望我能告诉他们培养想象力的秘诀,对此,我只能报以苦笑。"所以,对儿童一些稀奇古怪的幻想,我们要理解,懂得欣赏,因为我们要培养和发挥儿童的想象力,发展他们的思维能力,使孩子获得一种精神支持。

当然,幻想越是大胆,它可能包含的错误也越多,不过这并没有什么关系,只要从幻想的天空回到现实的大地上加以检验,错误就会被发现、被修正,正确就可能被充实、被发展。据报载,美国有一位心理学家曾根据幻想思维的作用筹办了一家"幻想公司",其主要业务是把在顾客看来荒诞的、不着边际的幻想变成现实。

总之,幻想这种从现实出发而又超越现实的思维活动,可使儿童思路开阔、思想奔放,因此它在创造中的作用是明显的。当然,幻想不等于创造,幻想要成为创造发明还需要一定的条件,要有一定的过程,需要加强对儿童的正确引导。

4. 灵感思维

灵感是人们思维过程中认识飞跃的心理现象,是一种新的思路的突然接通。简而言之,灵感就是人们大脑中产生的新想法。

灵感是在文学艺术和科学技术活动中,由于平时艰苦学习,长期实践,不断积累经验和知识,而突然产生的创造性思维活动,是人们的创造活动达到高潮后出现的一种富有创造性的飞跃思维。大量研究表明,灵感具有四个基本特征:一是突发性。灵感通常是可遇不可求的,至今人们还没有找到随意控制灵感产生的办法,不能按主观需要和希望产生灵感,也不能按专业分配灵感。二是兴奋性。灵感的兴奋性是指人脑在灵感闪现后常处于兴奋中。当灵感降临时,人的心情是紧张的、兴奋的,甚至可能陷入疯狂的境地。三是跳跃性。灵感是一种直觉的非逻辑思维过程,在出其不意的刹那间(散步、闲谈、看电影等)触景生情,冥思苦想的问题或许就会得到突然解决。四是创造性。灵感获得的成果常常具有创造性,也具有模糊性、零散性,需要用逻辑思维加以整理。所以,灵感的创造性与抽象思维、逻辑思维及其他种种因素一起才能发挥作用。

关于灵感的诠释,最有名的当数"魔岛理论"。在古代水手中,传说有一种魔岛存在。根据航海图,这一带明明应该是一片汪洋大海,却突然冒出一个环状海岛。更神奇的是,水手在入睡前,海上还是一片汪洋,第二天早上醒来,却发现周围出现了一座小岛,大家称之为"魔岛"。灵感的产生就像魔岛一样,它往往在人的脑海中悄然浮现,神秘而不可捉摸。"魔岛理论"可以解释灵感的产生,它并非神秘莫测的,而是建构在既有的知识经验上,才能在特定的那一刻,或者由一定条件诱发,灵感才得以展现出来。真正的灵感是经过 99% 的努力得来的。

一般认为,灵感产生的条件和过程大致有如下几步:

第一,要有一个待解决的中心问题。它是产生灵感的前提。一个在头脑中并无需要解决问题的同学,决不会产生有关问题的灵感。因此,灵感与有待解决的问题有着直接关系。

第二,要有足够的知识储备或观察资料的积累。一个不懂文学的人决不会出现写诗的灵感,究其原因,主要在于他们不具备有关知识和经验,灵感是以一定的知识积累或经验为先决条件的。

第三,对于渴望解决的中心问题要进行反复的、艰苦的、长时间的思考,也就是说要进行超出常规的"过量思考"。这种"过量思考"是有意识的,在这种有意识的思考中也包含着许多无意识(潜意识)的成分,是促使灵感到来的必经阶段。灵感的主要特征在于它调动创造者的全部智力,使精神处于极度紧张状态,甚至如痴如醉的疯狂状态。到了这一阶段,创造者头脑中的问题已经达到了挥之不去、驱之不散的程度,有的思想就逐渐转化为潜意识。尽管这样,有时问题还是得不到解决,在思考达到饱和之后,人的思路常常陷入僵局。

第四,搁置。人们在进行过量思考、思路进入僵局后,可把要解决的问题暂时放一放,使大脑放松,也可从事一些其他工作,或者玩一玩、散散步,改换一下环境,缓冲紧张思考,使大脑不再受压抑,促使头脑中的潜意识积极活动。美国华盛顿大学索耶(R. Keith Sawyer)教授将灵感出现的地方概括为"3B",即浴缸(bathtub)、床(bed)和公交车(bus)。这就证明,当我们将渴望解决的问题暂时搁置以后,头脑中形成的潜意识一旦遇到相关刺激,就会自然地产生顿悟。

第五,灵感的产生。人脑的"一闪念"(或顿悟)一旦形成,就表示灵感已经到来。这时的关键是及时抓住灵感,并通过自觉的思维活动对这一突然的"一闪念"进行鉴别,只有对有用的灵感进行有意识强化并使之清晰以后,灵感才能发挥作用。在这一阶段,如能把灵感迅速而准确地记录下来,进行思维加工与实践检验,往往能够取得很有价值的收获。

通过名人笔记、手稿和历史记录进行研究,索耶教授对莱特兄弟(Wilbur and Orville Wright)、达尔文(Charles Darwin)、艾略特(Thomas Stearns Eliot)、杰克逊·波洛克(Jackson Pollock)以及花旗集团的商业创新人才约翰·里德(John Reed)的创造过程进行分析,结果发现,创造性不是与所谓的"灵光闪现"一起产生的,而是与思考某件事情时所产生的一系列小火花的连锁反应一同产生的。所以,灵感尽管是我们所向往的目标,但是灵感的到来却是很不容易的,往往需要经过大量的、艰苦的劳动和思索。灵感到来的那一瞬间蓦然所得,便是对我们艰辛思考的回报和奖赏。

索耶的研究还发现,有创造性的人有成堆的点子,但多数都是歪点子。但有时歪点子也有用,比如他对达尔文日记的研究表明,达尔文的许多研究走进了死胡同,但正是火花链里的这种关键链接形成达尔文进化论的一个分支。你的点子越多,产生重要灵感的概率就越大。

5. 横向思维

横向思维是英国剑桥大学教授德·波诺(Edward Bono)创造出来的一个新

术语。德·波诺认为,有时生活中碰到的问题用常规办法无法解决时,人们应该尝试换个角度,使用迂回或反向的思考方式来寻求问题的解决之道。为了说明他的观点,他讲了一个故事。

有公司搬入一幢摩天大楼,不久就发现,由于安装的电梯过少,员工上下班时要等很长时间,为此怨声不断。公司老总把各部门负责人召集到一起,请大家出谋划策。

经过讨论,大家提出了四种解决方案:第一种方案是提高电梯上下速度,或者在上下班高峰时段,让电梯只在人多的楼层停;第二种方案是各部门上下班时间错开,减少电梯同时使用概率;第三种方案是在电梯门口装上镜子;第四种方案是安装一部新电梯。

按德·波诺教授的意见,如果想出的是第一、第二或第四种方案,其思维方式就是垂直思维。如果提出的是第三种方案,其思维方式就是横向思维。垂直思维是一种常规的思考方式,解决问题的视野过于狭隘,而横向思维却能抛开思维定势,打开思维空间,找到出人意料的独特方案。

该公司选择了第三种方案,付诸实施后,竟然出人意料地解决了电梯不足问题,再也没有了抱怨声。

事后,德·波诺教授说:"等待乘电梯的人一看到镜子,免不了开始端详自己的镜中形象,或者偷偷打量别人的打扮,烦人的等待时刻就在镜前顾盼之间悄悄过去了。该公司的难题固然是由电梯不足引起,但也与员工缺乏耐心不无关系。"从这个案例中,我们可以看出,横向思维并不是考虑事物的确定性,而是考虑多种选择的可能性;它不是一味地追求正确性,而是追求它的丰富性;它不拒绝各种机会,而是尽可能去创造和利用机会。正因为如此,横向思维近年来在世界各国得到了广泛运用。

二、儿童创造性思维的发展特征

儿童创造性思维的发展特征是许多人关心的问题,尽管中外学者对此进行了广泛研究,但至今尚未形成一致结论。

(一) 儿童创造性思维发展的过程

美国心理学家托兰斯(Ellis Paul Torrance)进行了最著名的创造性思维研究,他对一年级学生直至成人进行过大规模的创造性思维测试,发现小学生到成人的创造性思维发展不是直线的,而是呈犬齿形曲线。就创造性的流畅性来说,其总趋势是发展的,男女生曲线基本相似,小学一年级至三年级呈直线上升态势,四年级有所下降,五年级又回升,六年级至初中一年级第二次下降,之后直至成人基本保持上升趋势。这一研究引发了许多国家学者的兴趣,他们纷纷开展验证性研究,基本印证了托兰斯的研究结论。

近年来,中国学者陆续发表了一些对儿童创造性思维发展研究的成果,揭示出中国儿童创造性思维发展的趋势,其中存在的一些问题引发了人们更多的探索。对我国南宁市小学和初中学生的调查表明,初中生创造性思维的三个基本特征的成绩均高于小学生,差异都达到显著性差异($P < 0.01$),其中思维流畅性最为突出,其次是思维的变通性,再次是思维的独特性。[①] 由此,我们可以推断,中学阶段是学生创造力发展的关键时期,一个人的创造力水平如何,将在很大程度上取决于这个阶段创造性思维发展的情况。研究还表明,中学生的逻辑思维、抽象思维能力发展有了质的飞跃,为中学生创造力发展提供了良好基础。在中学生创造力中,最能体现其发展情况的是想象力发展,创造性想象在想象力中越来越占优势,中学生创造性想象的有意性和现实性也有了实质性增强。这表明,中学生的创造性思维已经脱离了小学时的那种天真烂漫的色彩,逐步迈向成熟。

山东师范大学张景焕教授等对山东 890 名中学生进行测量,表明中学生创造性思维发展的总趋势是向前发展的,随着年龄增长,中学生创造性思维的发展是先快后慢,并且在某些维度上存在显著的年级主效应。从研究结果分析,高二是创造性思维发展的高潮,证明这时中学生已基本完成了知识的学习任务,积累了较为完备的创造性思维所要求的有关领域的技能;而高三是创造性思维发展的低潮,这可能与高考存在着一定联系。该研究最耐人寻味的是对中学生创造性思维水平与学科成绩、教师评价之间的相关分析,表明教师评价成绩与创造性思维得分虽然存在显著相关,但相关系数却很小,介于 0.123—0.295

---

① 陈健兴、李晓晨.南宁市小学、初中学生创造力的调查[J].基础教育研究,2000(2): 13—15.

之间；而教师评价与学生考试成绩却呈极其显著性相关，并且相关系数较大，介
于0.693—0.799之间。由此可见，教师评价得分与学生的考试成绩有着很大的
一致性，教师评价主要是以学生的学习成绩作为衡量指标的。[①] 这个戏剧性的
研究结果显示出，中学教育注重知识学习，并没有将学生创造力发展作为教学
的重要目标。而传统的学习成绩往往只能反映学生掌握知识的程度，很难反映
出学生的创造性思维水平，所以我们不能以学生的学习成绩来衡量他们的创造
性思维水平，当务之急是将培养学生的创造性思维和传授知识有机协调起来，
这已成为推进创造教育迫切需要研究的课题。

　　进一步研究表明，初中和高中学生的创造性思维发展情况具有较大差异，
从整体上看，初中生处于上升阶段，而高中生却呈现出逐步下降的态势。北京
师范大学沃建中教授主持了我国中学生创造性思维能力的发展研究，样本取自
北京、河南、河北、重庆、浙江、新疆等地400所学校的1.6万名学生，表明我国初
中生的创造性思维能力是迅速提高的，而高中阶段就没有初中那么明显了，在
流畅性方面，无论是图形的流畅性，还是数学文字的流畅性，都呈现出从高一到
高三逐渐下降的趋势；在变通性方面，高中三个年级都处于变化不定的阶段；但
在独特性方面，日常问题和文字的独特性，高一高二无显著差异，高三比高一有
了显著提高；在图形独特性方面，三个年级呈现出从低到高的趋势，但无显著差
异。综合起来，高中学生的创造性思维能力有所下降，高二年级降到最低水平，
高三虽有所回升，但没有超过初三水平。[②] 该报告经过《中国青年报》的报道，在
社会上引起了强烈反响，人们纷纷反思高中教育体制上存在的问题，呼吁加强
高中生的创造力培养。后来，沃建中教授又采用分层整体取样，以北京、湖北、
四川、河南、山东、广东六省市的10所中小学3301名学生为被试，进一步进行
创造性思维（含发散思维和聚合思维）发展的研究，发现中国青少年创造性思维
从小学四年级起一直处于上升阶段，小学六年级到初一时水平有明显的跃升，
初三时达到最高水平，高中阶段开始呈现下降趋势，高二高三水平基本持平。[③]
如果说，我们在义务教育阶段所做的教育工作还没有过多地制约儿童创造性思
维发展的话，高中阶段的教育却在扼杀学生的创造性思维，让这样的毕业生进

---

　　① 张景焕，张广斌.中学生创造性思维发展特点研究[J].当代教育科学，2004(5)：
52—54.
　　② 中学生创造性思维何时最低？[N].中国青年报，2001-04-16(2).
　　③ 沃建中，王烨晖，刘彩梅，林崇德.青少年创造力的发展研究[J].心理科学，2009(3)：
535—539.

入大学,我们教育的持续性又何在? 高中生所承受的应试教育压力要比初中生和小学生直接得多,严重得多,改革高中教育势在必行。

(二) 儿童创造性思维的性别差异

在传统研究中,有关性别差异的研究多是基于男子的理论,把女性仅仅当成男性的参照现象来加以研究。这种赤裸裸的男性霸权和性别不平等一直是女性主义、女权运动批判的主题,十年前的一个重要事件再次引发了全球对性别问题的关注。2005 年 1 月 14 日,哈佛大学校长劳伦斯·萨默斯(Lawrence H. Summers)在全美经济研究局会议上提出"先天性别差异可能是导致女性在科学领域内建树甚少的原因",认为男女性别差异阻碍了女科学家、女工程师和男同行一争高下,旋即在会场内外引起争议,遭到围攻。美国各大报争相报道,《纽约时报》于 1 月 23 日、24 日、26 日以三个版面刊出四篇文章专论此事,萨默斯黯然"下课"。

我国相关的研究报告都未能验证和支持上述结论,相反,对南宁市小学和初中生的抽样调查表明,总体上女生在创造性思维的三个基本品质上还高于男生,但差异均不显著。[①] 这在其他研究中也得到了体现。沃建中教授等学者采用分层整体取样,以北京、湖北、四川、河南、山东、广东六省市的 10 所中小学 3 301 名学生为被试,进行创造性思维(含发散思维和聚合思维)发展的研究,发现除小学五年级外,在整个青少年阶段,女生的创造性思维水平高于男生,主要表现在流畅性和变通性两个维度上。其中小学阶段两者水平相近,初中阶段差距拉大,到高中两者差距开始减小。[②]

这些结论昭示,对男女儿童的创造教育,我们不能带有先验性的成见,认为女孩天生不如男孩,对男女学生应该一视同仁。只要我们坚持平等的教育原则,充分调动和发挥女生的创造潜能,她们一样可以做出惊天动地的伟大事业来。事实上,在人类漫长的历史长河中,曾经涌现出众多的杰出女性,比如居里夫人不仅自己获得了诺贝尔奖,而且把自己的女儿也造就成才,获得了诺贝尔奖,成为两次获诺贝尔奖的少数家庭之一,形成了科学史上的一段佳话。这对我们教育工作者和广大家长来说,就是一面很好的镜子。

[①] 陈健兴,李晓晨.南宁市小学、初中学生创造力的调查[J].基础教育研究,2000(2):13—15.

[②] 沃建中,王烨晖,刘彩梅,林崇德.青少年创造力的发展研究[J].心理科学,2009(3):535—539.

(三)创造性思维发展的实验研究

我国基础教育中的创造教育先锋实验都取得了令人兴奋的结果,近年来又涌现出一批优秀成果。有学者采用实验法探索幼儿园自由玩耍对幼儿创造性思维发展所起的作用。研究对象为某实验幼儿园中班四周岁幼儿,对照班按照原定教学计划开展幼儿园教育活动,实验班则在开展相同教育活动的基础上,在实验进行的三个月内,每天都有更多自由玩耍的时间和机会。为此,研究者为实验班重新设计和布置了区域活动,增设了表演区、娱乐区、插塑区、大型积木区、科学角、动物角和植物角。实验结果显示,实验班幼儿创造性思维的流畅性超过对照班,且有显著差异($t=2.905, P<0.01$),实验班幼儿创造性思维的独创性与想象性平均数超过对照班,但没有显著差异。[①] 这说明自由玩耍对幼儿创造性思维发展具有一定的促进作用。

近年来,始终致力于青少年科学创造力发展研究的胡卫平教授试图将思维方法训练与学科教学结合起来,开发了"学思维"活动课程,并提出了相应的教学原理、教学原则和教学模式,并在2 000多所中小学实验,收到了良好效果。研究人员选取陕西省某小学四年级两个班的学生,其中1个作为实验组,另1个作为控制组。参加实验的学生共计50名,未参加实验的学生共计47名,参加实验的学生每周上一节"学思维"活动课。实验组采用课题组编制的"学思维"活动课程,共有31个活动,分为观察、对比、分类、想象和联想等基本思维能力训练和发散思维、重组思维等创造性思维训练,实验为时一年时间,结果显示,"学思维"不但促进了学生的思维能力特别是创造性思维能力的发展,而且有效地提高了小学生的创造性人格。[②] 该实验不仅有良好的理论研究基础,而且有完整的教学技术开发,应用范围十分广泛,堪称当代中国创造教育实验研究的典范。

自从吉尔福特所做的创造力开创性研究以来,发散思维就一直被作为创造性思维的核心,得到国内外学者的普遍重视。在创造性思维发展的实验研究中,不少学者就此做过一些有意义的尝试。天津师范大学资深教授沈德立曾以天津市某中学初一年级的48名学生为被试进行发散思维训练,以探讨培养中学生创造力的有效措施。实验班安排专门的发散思维训练,每周训练一次,每

---

① 林寒.在自由玩耍中培养幼儿创造性思维的实验研究[J].学前教育研究,2005(11):19—21.

② 贾小娟.儿童创造力的认知神经机制及其可塑性[D].西安:陕西师范大学,2017.

次 20—25 分钟,共一个学期。训练内容包括图形联想训练、汉字联想训练、英语单词联想、自由联想训练、一题多解和词语联想训练等六个方面。实验结果表明,对中学生进行发散思维训练是可行的,在短期内收到明显成效,学生在流畅力、精进力、变通力、独创力等方面都取得了显著进步。[1] 但该实验未发现发散思维训练对学生的智力与学习成绩产生明显的影响,这也再次验证了现有的智力结构中不包含着发散思维的事实,也从一个侧面证明大多数学生的学习成绩与发散思维没有显著相关。换句话说,学习成绩好,并不意味着发散思维能力就一定强;反之,发散思维能力强的学生,未必就一定会学习成绩好。因而,我们的基础教育迫切需要考虑如何将知识的传授与创造性思维培养有机结合起来,这是一个十分重要的课题。

三、促进儿童创造性思维发展的实践路径

对儿童创造性思维发展中的高低起伏现象,特别是发展过程中出现的停滞或者下降问题,我们要有清醒认识,并采取积极行动,营造宽松的学习氛围,重视科技创新能力的早期训练,挖掘教材中的创造因子,激励儿童的自由想象,打破创新思维的枷锁,训练儿童的创造性思维,激活儿童的问题意识,保护创造的内在动机,教儿童学会延迟满足,建立民主的师生关系,行之有效地培养儿童的创造性思维能力。

(一)呵护创造的内部动机

美国心理学家加德纳教授在对 7 位创造大师的研究中提出了"整体卷入"的概念,他在《创造力手册》中写道:"创造性才能需要整体卷入这样一个过程,它非常复杂,对人具有非同寻常的意义,通常时间很长,并且要求很高。对于高创造性个体生活的研究表明,他们在自己的工作中投入了大量的时间和精力,倾向于完全潜心并着迷于他们的工作。这样的人在有意无意中就会以无论何时、无论去哪里都带着工作而著称。"[2]比如,爱因斯坦可以连续几小时甚至几天

---

[1] 沈德立,吕勇,马丽丽.中学生发散思维能力培养的实验研究[J].心理学探新,2000(4):26—31.

[2] 罗伯特·J.斯滕伯格.创造力手册[M].施建农,等,译.北京:北京理工大学出版社,2005:172.

对同一个问题进行研究,一些他感兴趣的课题甚至能够在他的头脑中维持几十年之久。他经常利用音乐和划船来进行放松,但即使在这种时候他的思索还在继续。他通常在口袋里装着一个笔记本,一旦有什么想法就会马上记下来。加德纳认为,天才个体是在追求长期的、有意义的和受内部动机驱使的事业中做出创造性工作的,这些事业要求他必须全身心投入。正是由于这样的使命感,他们连许多个人的快乐和业余爱好都无暇顾及。爱因斯坦也承认,要想成为他那种科学家,不得不放弃许多东西,因为只有狂热才能产生科学发现。

无疑,加德纳提出的"整体卷入"概念准确描述了创造的内部动机的特点,并再次验证了艾曼贝尔的著名论断:"内部动机是有助于创造性的,而外部动机是有害的。"我们要鼓励儿童的创造性思维,就必须保护他们的内部动机,其中最重要的莫过于帮助儿童寻找到他们真正热爱的事情,如果孩子不感兴趣,我们很难指望他做出多大成就。爱因斯坦之所以能够坚持不懈地研究同一个课题,是因为他从骨子里喜欢研究。而帮助儿童发现自己的"最爱",无非就是两条路径,一是不要强迫他按照成人(家长或老师)的意愿去发展,除非两者之间具有高度一致性;二是按照加德纳的多元智能理论去分析,到底什么是他的强项,什么是他的弱项,只有找到他的最强项,才能决定他努力的方向。换句话说,只有发现并选择了儿童"最喜欢"和"最能干"的事情,我们才能说帮他找到了"值得投资的事业"(斯滕伯格语)。

(二)充分挖掘教材中的创造因子

谈到儿童创造教育,不少教师无奈地说:"我有心培养创新人才,但当下教材就是如此,我无能为力。"在首届世界课程大会期间,香港教育大学何文胜作了《关于香港初中中国语文教科书创造性思维能力训练的研究报告》。何文胜在香港使用的 7 套教科书中选取 3 套进行抽样统计,发现创造性思维训练题数以《启思中国语文》为最多,每 100 题中有 15 题,《朗文中国语文》只有 5 题,为最少,三套教科书平均每单元的创造性思维训练题量都不足 1 题。从学习心理来说,要起到刺激、强化以至巩固的作用,一定的训练题量是必须的。该报告给我们的启示是多方面的:首先,并非教材中的每个章节都能激发学生的创造性思维;其次,每套教材所包含的创造性思维训练量是有差异的;最后,教师必须发挥自己的能动性和自觉性,善于挖掘教材,善于提炼出与发散思维、逆向思维、联想和想象等创造性思维相关的素材。

如何挖掘教材中的创造因子,概括起来无非以下三种方式:第一,课前挖掘,就是教师备课时有意识地钻研教材,寻找那些跟儿童创造动机、创造性思维和创造性人格发展紧密联系的教材内容,预先做好教学设计,以便有的放矢地开展创造性教学工作。第二,课中挖掘,要求教师根据师生互动情况及时调整教学思路和教学行为,它关注教学的表现性目标,关注课前未曾预料到的教学事件,关注师生互动中生成的新话题,强调将教学中的意外事件转化为学生创造力发展的契机。这种方式对教师素质的要求相对较高,通常教学经验丰富、教学技巧成熟的教师使用较多。第三,课后挖掘,就是通过作业布置促进学生将科学知识灵活运用于生活实际,以创造性思维去解决某些实际问题,这是对课堂教学的延伸,也是对教科书的再开发。如学完《荷塘月色》,可以布置这样的课外作业,让学生设计荷塘公园:"朱自清笔下的荷塘位于清华大学校园内。假设校长在朱自清逝世后,打算以荷塘为中心建设校内公园。如果你去应征,你会交上一份什么样的图样呢?"再比如教《皇帝的新装》一文后,以"游行大典完毕之后"为题,要求学生给课文写一个续篇,鼓励学生在文章中大胆想象,想象和夸张的色彩越浓越好。在这种氛围中写作,不仅可以培养学生的创造性思维能力,而且能让他们品尝到成功的喜悦,增强写作的信心。

(三)激励儿童的自由想象

想象力对于人类生活,特别是人类的创造活动是十分重要的。英国哲学家培根(Francis Bacon)将想象区分为再造性想象和创造性想象。再造性想象的形象,是曾经存在过的或现在还存在着的,但是想象者在实践中没有遇到过。创造性想象的形象却是当时还不存在的,比如鲁迅塑造的阿Q艺术形象。我们要有意识地对儿童进行这两种想象力的培养。

每个孩子都充满想象力,随着年龄增长,他们的想象力却在逐渐消失。原因之一,是因为年龄增长的同时逻辑思维发展起来了。逻辑思维在创造中有其积极作用,但也会限制儿童的想象。如果学生回答问题,得是教师认可的答案才是对的,那么他们的想象力就像缺少养分的花儿逐渐枯萎了。原因之二,儿童在学习过程中学到的知识越多,知识面就越广,从理论上讲,他们想象的天地也越来越大,思路也越来越开阔。但这也存在着副作用,如果墨守成规、因循守旧,被传统观念所束缚,那么知识就成了想象力的障碍。原因之三,传统观念往往把想象当作是幼稚或不成熟的表现,把想象说成是"做白日梦",正是在这些漠视和讥笑中,童年的想象力被无情地扼杀在襁褓之中。

培养儿童的想象力,首先要留给他们一个想象的天地。如果他们想画一个蓝色的太阳,就让他们去发挥,而不是告诉他们太阳是红色的。其次,要鼓励儿童"异想天开",打破常规。因为要想创造,就必须打破常规,而只有丰富的想象力才能打破常规,想出人们想不出的东西。

(四) 激活儿童的问题意识

无论是杜威(J. Dewey)提出的问题解决五步法,还是华莱士(G. Wallace)提出的问题解决四步法,提出问题始终是问题解决的起点。一部科学史就是对宇宙奥秘的探索与对问题解答的历史。牛顿发现万有引力始于他在苹果树下的思索,他在《光学》这本著作的结论部分,竟然一连提出了 31 个问题,其用意就在于启发后人在这一领域作出新的探索。

美国芝加哥大学心理学教授 J. W. 盖泽尔斯(Jacob W. Getzels)将问题分为呈现型、发现型和创造型三类。其中,呈现型问题是目前学校中最常见、最典型的问题情景,它们是一些给定的问题(由教师或教科书提出),答案往往是现成的,学生只需要"按图索骥"就能获得与标准答案一致的结果;发现型问题可能有已知的答案,但问题是由学生自己提出或发现的,而不是由老师或教科书给定的,因而对学生而言是一种探索,往往通向发明创造;创造型问题是人们从未提出过的、全新的,因其独特、新颖而且富于科学意义而弥足珍贵。强化问题意识,不是培养儿童追求那种"按图索骥"式的呈现型问题,而是鼓励他们自由探究、积极思维,大胆提出问题、分析问题,从而逐步成长为创造性人才。

(五) 营造宽松的学习氛围

良好的学习环境是创造性思维发展的摇篮,而恶劣的学习环境则是创造性思维发展的屏障。当下我国的基础教育还存在着种种与儿童创造性思维相背离的误区,比如课堂教学中的"注入式""标准化"模式,课上教师一言堂、满堂灌;课下教师设下"漫漫题海""重重考山",学生则忙于画钩打叉。这些情况严重扼杀了学生创造性思维的发展。创造性人才的成长有赖于学习环境的影响。2001 年,在中美教育研讨会上,美国教育访华团团长豪维尔(Donna K. Jemilo Howell)提出,为了培养儿童的创造性思维,我们必须建立一个鼓励冒险、增强信心、气氛宽松的学习环境,而营造这样的环境,就必须具备以下几个信念:一是错误有利于学习;二是不要求学生一开始就什么都能理解,注意循序渐进;三是重视学习,提高学习质量并持之以恒;四是好学生也需要得到老师的帮助和反馈;五是不懈的努力、有效的策略是成功的决定性因素;六是每个人都能成功。豪维尔的学术报告启示我们，必须改变专制的教学方法，营造民主的学习氛围，保护学生的个性，培养学生的健康心态。

（六）解开阻碍创造性思维的枷锁

儿童创造性思维发展的障碍可分为客观与主观两大方面，客观障碍包括来自社会、家庭和教育的障碍，主观障碍主要有动力性障碍和认知性障碍两大类。

创造性思维的动力性障碍有以下三方面：首先是缺乏自信、自强。由于"天才史观"的长期影响，绝大多数儿童都对创造发明充满了神秘感，认为创造发明只有科学家和高智商的人才能问津，普通人"不敢高攀"。其实，这是一种自卑的表现，而自卑往往会导致儿童发现问题敏感性的丧失，与许多创造的机会失之交臂，进而失去敢说敢为的进取精神。其次是缺乏好奇心、求知欲和进攻性。好奇心、求知欲和进攻性是创造者取得成功不可缺少的品质，一些儿童因为缺乏好奇心、求知欲和进攻性，只能看着别人忙碌而找不着头绪，或许他们能圆满地完成老师布置的学习任务，却不能主动地为自己提出富有挑战性的任务。最后是缺乏勇敢、刚毅和韧性。在创造的入口处，必须根绝一切犹豫。如果勇敢地闯入创造的入口处，遇到挫折，就需要刚毅；在逆境中坚持创造，又见不到成功的希望，这时就要有韧性。所以，勇敢、刚毅和韧性有利于儿童创造性思维的展开和深入。

创造性思维的认知性障碍也有三个方面：首先是功能固定性。德国心理学家邓克尔（Karl Duncker）研究发现，人的心理具有把某种东西的常见功能固定下来而排斥其他功能的倾向。这种现象随处可见，即使是在某个领域颇具创造性的人也不例外。例如，有一次，海顿（Franz Joseph Haydn）与莫扎特（Wolfgang Amadeus Mozart）打赌，让莫扎特谱曲，看看海顿能否弹奏得出。开始，海顿弹得很顺手，可弹着弹着，他的两手被支配到键盘两端。这时，偏偏有个音符对应着正中间的琴键。海顿嚷道："这是世界上无人能弹奏的曲子！"可他的学生莫扎特却弹得很好，对那个琴键，莫扎特用了一下自己的鼻尖。海顿的尴尬就来自手指的功能固定性，他习惯于用手指弹琴，怎么也没想到还可以用自己的鼻尖弹琴。其次是观念固定性。由经验和知识构成的、沉积于心底的固定观念是创造性思维的又一障碍。最后是思路固定性。分析和解决一个问题，内含着一条思路，它沉淀于脑中，固定下来。再遇到类似问题，便按原路思考而排斥、堵塞其他思路。曾有人做过一个实验：先介绍英国发明家珀金（William Herry Perkin）研制奎宁的事故：多次研制，均告失败。之后，他竭尽全力,做最后一次实验。由于各种奎宁都是白色结晶体,所以他渴望在试管中出现这种颜色。不幸得很,事与愿违,在实验的最后关头,试管中出现了黑色沉淀物。一气之下,珀金抓起试管甩了出去。这一甩不要紧,事情变得更糟,试管摔进盥洗池,黑色沉淀物溅到毛巾上,变成紫红色。毛巾被污染,洗也洗不掉了。说到这里,再问被试:"你若是珀金,会怎么想?"绝大多数被试都说:把毛巾撕了,扔了,烧了。而珀金来了个脑筋急转弯,他转而研制染料,大获成功。这个故事说明,观念固定性确为创造性思维的一道屏障,如果对这种固定观念有所破除,创造性思维便会脱颖而出。

克服心智障碍,必须解开创造性思维枷锁,以下是一些行之有效的措施:一是打破知觉背景。即突破"功能固定性"的禁锢,比如铅笔不只是写字的工具,还可以是画画的工具,可以当筷子,可以作指挥棒,甚至可以作为防身武器使用。二是探索新的认知途径。探索新的认知途径是指不固着于成功的策略,学会适时放弃,使思维向新的方向发展,或许也会使问题解决的方式出现新的转机。三是对复杂性的理解。对复杂事物要应变自如,甚至对复杂性要持有欣赏的态度,这是创造性思维特别旺盛的表现。四是无限制的反应选择。我们应该教会儿童包容事物尽可能多的发展方向,使创造性思维的条件尽可能地成熟,尽可能地展现,尽可能地完善。五是利用精确的回忆。能及时地、适时地从记忆中提取有关信息且精度较好的人,十分有利于创造性思维的发挥。在竞争激烈的时候是不允许稍许迟疑的,这是一种捕捉瞬间机遇或灵感的能力。六是创造性的理解。告诉儿童不要固着于一己之见、一己之得,应采取多种不同路径来认识事物,这将有助于深入地理解新信息的价值,并从中发现机遇。

拓展阅读导航

[1] 张敬威,于伟.非逻辑思维与学生创造性思维的培养[J].教育研究,2018(10).

[2] 罗俊龙,李奥斯卡.双加工视角下的创造性思维研究述评[J].西北师大学报(社会科学版),2018(1).

[3] 詹慧佳,刘昌,沈汪兵.创造性思维四阶段的神经基础[J].心理科学进展,2015(2).

[4] 多湖辉.创造性思维[M].王彤,译.北京:中国青年出版社,2002.

[5] 德·波诺.六顶思考帽[M].冯杨,译.北京:北京科技出版社,2004.

[6] 陈龙安.创造性思维与教学[M].北京:中国轻工业出版社,1999.

[7] 刘奎林.灵感思维学[M].长春:吉林人民出版社,2010.

[8] 罗玲玲.创意思维训练(第四版)[M].北京:首都经济贸易大学,2020.

[9] 李亚丹.情感影响创造性思维的认知神经机制[M].北京:科学出版社,2019.

第五章

儿童创造性行为的发展与教育

　　创造力可以传授吗？我认为是可以的。更重要的是创造力可以得到承认、鼓励和培养。

——米克卢斯(世界头脑奥林匹克活动创始人)

2007 年，祝世宁当选中国科学院院士，成为南京大学最年轻的中国科学院院士。殊不知，早在童年时代，他就开始了科技探索。

上小学时，祝世宁喜欢看各种科普杂志，看完学校图书室的科普读物，再用积攒下来的零用钱去买新的。其中，《科学家谈 21 世纪》这本书对 21 世纪生活的生动描述和那些充满奇幻的插图，使祝世宁对科学产生了无限向往。

进入金陵中学后，祝世宁对科学的兴趣越来越浓。夏天，他架起自制望远镜仰望星空，月亮的环形山、土星的光环、木星的卫星尽收眼底，激起他对浩瀚宇宙的无限遐想。他还和志同道合的同学一起成立了无线电兴趣小组，从最简单的 2 管晶体管收音机装起，做了拆，拆了做，一直做到 8 管晶体管收音机，这台仿制品无论是收听效果还是音色，足以与市场销售的高档货媲美。

当少年祝世宁用自制望远镜仰望星空、用自制晶体管收音机收听科学新闻的时候，他可能都没有想到，正是这份对自然的好奇与兴致，为他开启了一扇通往科学殿堂的大门。对星空的观察，对宇宙的探究，不仅满足了他的好奇心，而且坚定了他献身科学的决心。谁都没有想到，正是这个怀揣着科学梦想的少年，长大后摘得了国家自然科学一等奖。

创造性行为是指具有把创造意向、创造性思维通过实际操作，转化为前所未有的并具有社会价值的新成果的一种活动。祝世宁的成长故事告诉我们，或许儿童的创造性行为没有太大的社会价值，但他们的阅读范围越来越广，操作水平越来越高，随之而来的是兴奋点越来越多，热情越来越大，对未来职业生涯的向往也越来越迫切。这种早期的科学探究对他的科学认知是富有启发的，对兴趣特长的发展也是十分有益的。因而，研究和探讨儿童创造性行为的培养就更具有现实意义。

一、创造性行为是创造心理的外在表现

（一）创造性行为的内涵

美国创造教育基金会主席、纽约州立大学布法罗学院迈克尔·帕内斯（Michael Parness）教授曾指出："创造性行为就是产生具有独特性和价值性成果的行为。这种成果对小群体、一个组织、整个社会乃至一个人都具有独特性、价值性。"①创造性作为创造学中最基本的概念，本意为在原先一无所有的情况下创造出新的东西，故而不少学者坚持认为只有某种活动所产生的成果对于整个人类而言是新的、前所未有时才能称为创造性作为，比如达尔文提出进化论、爱因斯坦提出相对论。然而，帕内斯教授认为，创造性成果的独特性、价值性既可以是对一个学术组织乃至整个社会而言，也可以是对一个小群体乃至一个人而言，这就扩大了创造性行为的外延。儿童的创造性行为应该区别于科学家、艺术家，儿童的创造成果仅对于他自己而言具有新颖性，未必具有社会意义。

创造性行为的出现是与人们对创造力认识的不断深化联系在一起的。吉尔福特在1950年发表的著名演说《论创造力》中指出："创造力是指最能代表创造性人物特征的各种能力。"他是以一个人是否作出创造性成就来衡量其创造力的，也就是说只有具有非凡成就者才具备创造力。但他后来修正了自己的看法，认为："创造力才能决定个体是否有能力在显著水平上显示出创造性行为。具有种种必备能力的个体，实际上是否能产生创造性质的结果，还取决于他的动机和气质特征。"②很显然，这里的创造力不再是一种神秘力量，而是体现于创造性行为的种种创造性才能所构成，而创造性行为又与创造动机等创造心理密切联系在一起。因此，创造心理是创造性行为的前提和条件，创造性行为是创造心理的外在表现，创造心理和创造性行为相互影响，相互渗透，在一定条件下

---

① 鲁克成，罗庆生.创造学教程［M］.北京：中国建材出版社，1997：2—3.

② J. P. 吉尔福特.创造性才能——它们的性质、用途与培养［M］.施良方，沈剑平，唐小杰，译.北京：人民教育出版社，1991：6.

是可以相互转化的。

(二) 创造性行为的形式

在许多人的印象中,创造性行为似乎局限于科学研究、技术发明,这可能与我们这些年来举办青少年创新大赛有关,因为这些比赛基本局限于技术发明和科研论文这两个领域。其实,创造领域是非常广泛的,几乎覆盖人类活动的各个角落。美国心理学家斯滕伯格在其主编的《创造力手册》中将创造性行为概括为以下五种主要形式。①

一是科学问题解决。一些创造者往往致力于科学问题的解决,当问题重大而且还没有被解决的时候,这是高度创造性的任务。一个典型的例子就是沃森(James Dewey Watson)和克里克(Francis Harry Compton Crick)发现 DNA 双螺旋结构。

二是理论建构。有些创造者偏向于进行理论建构。如果创造者建构的一系列概念能够对现有资料进行解释,并将这些资料组织起来,给他所从事的领域带来新的阐述或指出新的方向,这种活动就具有很高的创造力。比如爱因斯坦(Albert Einstein)、弗洛伊德和达尔文(Charles Robert Darwin)的主要科学活动都伴随着理论建构的过程,给物理学、心理学和生物学带来了革命性的进步。

三是文化符号化。许多艺术家和发明家致力于创造某种符号系统表达的永久作品,这些专业的行家可以检验、表演、展览和评价这些作品。文化符号化是逐渐形成的过程,典型情况是创造的时间与作品受人注意和得到评价的时间之间有一段落差。著名的例子包括艾略特(Thomas Stearns Eliot)的《荒原》、毕加索(Pablo Ruiz Picasso)的《格尔尼卡》和贝多芬(Ludwig van Beethoven)的《英雄交响曲》。

四是艺术表演。一些作品只有通过表演才能被人把握,创造力主要存在于表演所展示的特殊风格。最典型的例子是玛莎·葛兰姆(Martha Graham)的一个舞蹈表演。尽管该舞蹈也可以由别人表演,但只有在她的艺术表演中才能体现出一种特有的天赋。

五是社会政治改革。这类创造性活动涉及各种高风险行为。典型情况是

---

① 罗伯特·J.斯滕伯格.创造力手册[M].施建农,等,译.北京:北京理工大学出版社,2005:178—179.

个体为了带来某些社会政治上的改革而公开采取一系列行动。其典型例子是印度的甘地（Mohandas Karamchand Gandhi）和他的追随者们所进行的抗议、绝食和非暴力对抗活动。与那些事先设计动作的仪式化的艺术表演不同，这种行动是高风险的，不可能在行动之前设计好细节，它在很大程度上取决于观众或战斗者的反应，军事交战、体育竞赛和总统辩论亦然。

分析上述五种类型的创造性行为，可以发现每种类型都与具体的专业和学科有着很强联系，科学家们经常进行问题解决和理论建构，而作家、画家、作曲家和发明家则经常致力于创造永恒的作品，舞蹈家和演员投身于富有风格的艺术表演，而政治领袖从事着高风险的社会活动。这也从一个侧面证明，创造是有领域性的，具有广泛而持久影响的创造性行为是与特定的专业相联系的，它包括了各种技能、不同类型的知识和相当长时间的专业训练，如果一个人表现出某一类型的创造性行为，并不意味着他能够在其他类型的活动中表现出同样的创造力。在现代分工越来越细的当今社会，像达·芬奇那样学识渊博、多才多艺的创造天才已越来越少。

（三）儿童创造性行为的甄别

在日常生活和教育活动中，某些教师常常在有意或无意之间美化儿童的创造性行为，把一些原本毫无创造力的普通行为误判为创造性行为。也许这对儿童会产生某种激励，但因为判断不准确，也往往会带来某些误导。判断儿童行为是否具有创造性必须研究其科学标准，遗憾的是这方面的资料积累较少。难能可贵的是，被美国多所知名大学作为教材的《创造性思维和基于艺术的学习》列出了儿童创造性行为的四条标准。①

标准之一：创造性行为是原创的而且发生频率很低。2岁的亚当观看了一场曲棍球比赛后，想成为一名曲棍球运动员。当他向父母要曲棍球器械时，父母告诉他年纪太小而且曲棍球器械很贵，因此亚当想自己发明曲棍球器械。他把一个木勺当作曲棍球的棍，把姐姐的唇彩盒当作冰球，把袜子当作曲棍球运动员的手套，把贮藏室的门当作球门。现在，他最喜欢的游戏就是扮演守门员，而让他的爸爸或哥哥当体育评论员。亚当的行为是不同寻常的和出人意料的，而不是普通的和可预测的。因此，这种行为的发生率很低并且

---

① Joan Packer Isenberg，Mary Renck Jalongo.创造性思维和基于艺术的学习——学前阶段到小学四年级（第5版）[M].叶平枝，杨宁，译.北京：高等教育出版社，2012：25—26.

是原创的。

标准之二：创造性行为是适当的和相关的。6岁的双胞胎贝姬和贝琳达都喜欢安徒生的童话《小美人鱼》，也想让自己看起来像美人鱼，她们需要拥有长长的、顺滑的秀发。贝姬建议用卡子把丝带戴在头上，贝琳达想用一只袜子做尾巴。她们的妈妈帮忙找到一双旧袜子，剪掉一部分便做成了"鳍"。这对双胞胎的行为很好地说明了创造性行为的适当性。

标准之三：创造性行为是流畅的，会产生许多新的、有意义的形式。6岁的路易斯喜欢制作而且经常这样做。一天，路易斯在爸爸的帮助下发明了一个"通风的隧道"。他把床单用胶带粘在风扇的周围，然后爸爸插上电源并打开电风扇，床单就波浪般起伏，路易斯可以坐在里面读书。创造性行为的流畅性可以和语言的流畅性相提并论，意味着儿童可以轻松地产生一个又一个新想法和新行为。

标准之四：创造性行为是灵活的，能探索并使用非传统的方法解决问题。露西娅坐在一年级的托马斯旁边，而托马斯在拆卸一支油笔，他打开了铅外边的纸。当托马斯把这张卷着的纸扔进垃圾桶时，露西娅看到了并把它从垃圾桶捡了回来。露西娅把这张卷着的纸剪成两半贴在自己的画上，并用一根绳子把这张纸连起来。"那里"，她大声地说，"我家房子的窗户有这样的阴影。"教师评论她的画说："你画的这个窗户上的影子真的在上下摇晃呀！这看起来是一幅非常特别的图画——你会选择它作你的代表作吗？"露西娅的行为是灵活性的好例子，她使用了与众不同的方法（包括使用其他人认为没用的材料）。

以上明确给出了甄别儿童行为是否具有创造性的标准，并通过案例加以说明，使人理解更加到位，操作更加便利。更为重要的是，将研究对象从学龄儿童延伸到学前儿童，可供学前教育工作者借鉴。

二、儿童创造性行为的发展特征

关于儿童创造性行为的发展特征，目前尚缺乏系统研究，相关文献并不多见。这里我们对中小学生的研究性学习、科技创新和专利申请的相关资料做一些初步梳理，希望能够提供参考。当然，这三者并没有涵盖儿童全部的创造性行为，诸如社会实践、文学创作、绘画创作、戏剧、微电影等都能表现出儿童的创造力。这些年来国内涌现出不少在海内外获得过大奖的青少年创客(小诗人、小作家、小记者、小画家、小导演、小书法家、小数学家、小发明家乃至小科学家),展现出儿童创造性行为的辉煌成就与广阔前景。

(一) 研究性学习

研究性学习是学生在教师指导下,从学习生活和社会生活中选择与确定研究专题,用类似科学研究的方式,主动获取并应用知识去解决问题的学习活动。研究性学习可分为两个层次:广义的研究性学习泛指学生主动探究的学习活动,它以一种学习理念和学习方式贯穿于学校各门课程学习之中;狭义的研究性学习是一门独立课程,是指在教学过程中以问题为载体,创设一种类似科学研究的情境和途径,让学生通过自己收集、分析和处理信息来实际感受与体验知识的产生过程,进而培养他们发现、分析和解决问题的能力。

研究性学习是基础教育课程改革的一个亮点,也是一个热点。在基础教育课程改革启动之后,研究性学习更是备受关注。作为一种新的课程形态,研究性学习和现有的学科教学相比,具有问题性、自主性、实践性、开放性、过程性等特点,为培养学生的创新精神和实践能力创设了良好条件。绍兴文理学院唐和祥、沈苗根以绍兴市城乡的 24 所小学和 566 位教师为样本进行问卷调查,发现 90% 的教师认为"有必要"开展研究性学习,但近 70% 的教师尚未开展研究性学习实践,多数教师持观望或排斥态度,存在着"上头热、下头冷"的现象。究其原因,包括教学评价机制的局限,教育观念陈旧;缺乏可以借鉴的范例和理论指导;班级规模过大,难以组织研究性学习;校内外课程资源相对不足,教师课程开发意识不强。[①] 目前,这种现象已得到较大改观,但水平依然参差不齐,搞得有声有色的学校不在少数,有一些学校勉强维持,也有部分学校从没有认真落实过。城市学校与农村学校、优质学校与薄弱学校、东部学校与中西部学校的差距不容忽视。

如果说小学生知识面较窄,创新能力不强,开展研究性学习有一定困难,那么对中学生而言,这个问题的解决就相对容易得多。但事实并非如此。山西师范大学张荣华、杨萍对山西省中学实施研究性学习现状进行全面调查,调查对象涵盖山西省 9 个地区的 89 所中学,结果发现 96% 的学生认为有必要开展研

---

① 唐和祥,沈苗根.蓄势待发——小学研究性学习现状调查报告[J].绍兴文理学院学报,2003(12):83—87.

究性学习,但仅有 74.4％的学生乐意参加研究性学习,近 25％的学生回答课堂上经常开展一些研究性学习,表明研究性学习并没有真正走入中学。① 河南师范大学王彩琴以参加"国培计划"的 181 名中学英语教师为调查对象,这些教师来自河南全省各市,结果显示,该省中学研究性学习的实施效果并不理想,仅有 20.9％的初中教师和 20.6％的高中教师认为成效显著;68.2％的初中教师和 72.8％的高中教师认为没有较好的实施效果;10.9％的初中教师和 6.6％的高中教师认为未见效果。② 即使在教育条件相对优越的江苏,中学研究性学习的实施状况也并不顺利。江苏师范大学耿杏、孔惠洁对江苏省徐州市的高中进行抽样调查,其结果主要包括两点:其一,对于学科课程中开展研究性学习的情况,81％的学生认为在学科课程中开展过研究性学习;其二,教育部规定的研究性学习课程的开展情况很不乐观,大部分学生根本就没有上过研究性学习课。③ 概括起来,在研究性学习实施过程中遇到的主要问题是没有充足的时间和精力,学校缺乏资料和设备、缺乏有效的培训指导、缺乏教师间的合作文化等。当然,在以升学考试为中心的应试教育框架下,学生的实验探究、动手操作能力低下也是一个不容小觑的问题。

那么,全国各地实施研究性学习的状况究竟如何,是否存在区域差异? 早在 2005 年,山西师范大学张荣华就对 2001—2004 年各省市研究性学习的论文发表数量进行聚类分析,将 31 个省市分为四类:Ⅰ类地区为研究性学习实施最普遍的省级行政区,只有上海一个城市;Ⅱ类地区为研究性学习实施较普遍的省级行政区,只有江苏、浙江两个省;Ⅲ类地区为研究性学习实施不普遍的省级行政区,有山东、湖北、广东、辽宁、河南、福建、安徽、北京、湖南 9 个省;Ⅳ类地区为研究性学习实施最不普遍的省级行政区,有宁夏、青海、西藏、海南、新疆、内蒙古、贵州、黑龙江、陕西、江西、四川、重庆、吉林、云南、甘肃、天津、广西、山西、河北 19 个。④ 五年以后,南京师范大学卢晓旭、赵媛等学者对 2005—2008 年 31 个省市自治区研究性学习论文发表的人均篇数进行聚类分析,最终将 31

① 张荣华,杨萍.研究性学习实施因素管窥——对山西省 89 所中学的一次调查[J].山西师大学报(社会科学版),2004(4):43—46.

② 王彩琴.研究性学习在河南省中学教学中的实施现状分析——基于 181 位英语教师的调查[J].河南科技学院学报,2012(6):89—91.

③ 耿杏,孔惠洁.徐州地区高中研究性学习的调查分析[J].中国电化教育,2008(10):77—81.

④ 张荣华.研究性学习实施的区域性失衡及其成因探讨[J].上海教育科研,2006(9):38—40.

个省市自治区分为五类：Ⅰ类地区为浙江、上海，增加了浙江，是全国研究性学习开展水平最高的地区；Ⅱ类地区为北京、江苏、福建，增加了北京和福建，是开展水平较高的地区；Ⅲ类地区只有甘肃，水平仅次于Ⅱ类地区；Ⅳ类地区为西藏、湖北、广西、海南、宁夏、广东、重庆、安徽、湖南 9 个区域；Ⅴ类地区为辽宁、青海、河北、天津、山东、四川、陕西、吉林、贵州、江西、新疆、河南、山西、内蒙古、云南、黑龙江 16 个地区，为研究性学习实施不理想的区域。① 可见，经过五年多的发展，有些地区（如北京、福建、甘肃）有较大幅度的进步，研究性学习的研究成果越来越多，研究领域越来越宽，研究水平也取得了长足进步。

中国是一个农业大国，只有农村教育办好了，基础教育才能办好。近年来，农村高中实施研究性学习的状况引起了一些学者关注，由于教育观念、管理制度、教学设施和教师素质的制约，普通高中研究性学习的实施出现了城乡失衡现象：城市普通高中有声有色，而县域普通高中起色不大。通过问卷调查，广东省韶关学院刘新奇认为，县域普通高中研究性学习实施主要存在以下问题：第一，课程开设虚无化。在时下十分功利化的教育环境中，研究性学习成了一门"讲起来重要，做起来次要，不检查不要"的课程。部分县域普通高中（16.67%）并没有把研究性学习课程列入课程计划表；研究性学习课程排入课表但长时间不开设的县域普通高中占 54.90%；研究性学习课程排入课表但断断续续开设的县域普通高中占 28.43%；大多数县域普通高中（59.79%）的研究性学习课时没有在课程表中落实，而是由任课教师自行安排；绝大多数县域普通高中没有为研究性学习课程配备专门师资，而是由班主任或其他任课教师（91.69%）担当研究性学习指导任务。可见，研究性学习课程在大多数县域普通高中只是点缀和装饰，并没有真正启动。第二，实施方式学科化。多数县域普通高中仍然沿用学科教学模式开展研究性学习，剥夺了学生的选择自由和学习主体地位，使学生的学习远离社会与现实生活。第三，课程管理随意化。有许多县域普通高中完全依靠教师个体去组织实施研究性学习，缺少学校层面对研究性学习实施的整体规划和有序管理，导致研究性学习实施的形式主义和随意性。教育部颁发的普通高级中学课程计划规定，普通高中每个年级每周都应该安排 3 节课的研究性学习课程，但调查显示，只有 24.18% 的学生回答是每周 3 课时，多数学生（59.79%）回答是"课时由任课教师安排"，还有一部分学生（16.01%）回答每

---

① 　卢晓旭，赵媛，等.我国基础教育研究性学习开展水平的省际差异分析[J].河南科技学院学报，2011(2)：43—46.

周 2 课时,表明大多数县域普通高中没有达到国家对研究性学习课时的规定要求。第四,课程资源单一化。研究性学习的课程资源主要来源于校内课程资源(78.92%),校外课程资源使用较少;课程资源的载体偏重于文字资源(64.37%),其他载体使用较少。课程资源单一化和贫乏化直接影响县域普通高中学生的学习方式与素质发展,严重制约县域普通高中研究性学习的深度实施。[①] 我们既要看到县域普通高中研究性学习的存在问题,也应看到他们开展研究性学习的实际困难,因地制宜,把县域普通高中的研究性学习抓好。

(二) 科技探索

全国青少年科技创新大赛是由中国科协、教育部等单位共同主办的面向中小学生的一项科技创新活动。早在 1979 年 11 月,中国科协、教育部等单位在北京举办首届"全国青少年科技作品展览"。随后,中国科协先后牵头举办了两项全国性的青少年科技活动,即始于 1982 年的"全国青少年发明比赛和科学讨论会"和始于 1991 年的"全国青少年生物与环境科学实践活动"。2000 年,主办单位将这两项活动整合,定名为"全国青少年科技创新大赛",其宗旨在于推动青少年科技活动蓬勃开展,培养青少年的创新精神和实践能力,提高青少年科技素质,鼓励优秀人才涌现;提高科技辅导员队伍的科学素质和技能,推进科技教育事业的普及与发展。

作为中国规模最大、层次最高、最具示范性和导向性的青少年科技创新教育活动,分析全国青少年科技创新大赛的获奖作品应该能够获知中国青少年科技创新的现状。中国科普研究所李秀菊和北京师范大学刘恩山对第 21 届全国青少年科技创新大赛的参赛课题进行了问卷调查,结果显示:第一,从学科分布上看,参与调查的课题涵盖了创新大赛的所有 13 个学科,其中工程学的参赛课题最多,占总量的 27%,排在第二位的为环境科学,其他学科相对较为平均。第二,从选题方式上看,选题以个人兴趣为主,有的选手通过查阅图书馆的资料进行选题,有的选手直接接受科技教师选定的选题。第三,从研究时间上看,大部分选手用在参赛课题上的时间都在 3 个月以上。研究时间超过 90 天的课题中,一等奖的比例远高于未获得一等奖的课题比例,可见对课题的投入和付出是课题获得更大成功的因素之一。第四,从参与兴趣小组的情况看,73% 的选

---

① 刘新奇.县域普通高中研究性学习深度实施:问题与对策[J].课程·教材·教法,2013(9):23—29.

手参加过学校的兴趣小组（或俱乐部），参加兴趣小组的学生获得的奖项更高。第五，从专家资源来看，72％的参赛课题得到过大学或者研究所研究人员的帮助，对学生的帮助包括：指导具体的实验方法（40％）、启发学生的研究思路（27％）、引导学生的科学态度（21％）。① 该研究对我们了解全国青少年的科技创新情况很有帮助，对中小学生如何提高科技创新水平也提供了有益启示。

全国青少年科技创新大赛面广量大，系统研究存在一定困难。近年来，亦有少量学者和青少年科技活动组织部门对有关省市的青少年科技创新进行了探索。江苏省南通大学王灿明、张海燕对第 19 届江苏省青少年科技创新大赛的参赛选手进行现场调研和深度访谈，结果显示：第一，以获一、二等奖的 169 件作品作为分析对象，发现获奖比例最高的是工程学（科技发明），如果和机器人工程设计相加，就多达 121 项，占总数的 71.59％，而占 12 个学科之多的科学论文仅占总数的 28.41％。第二，在获奖的 169 件作品中，135 件来自城市（占79.8％），34 件来自农村（占 21.2％），前者几乎是后者的 4 倍。第三，全省小学共获得 79 个奖项（占总数的 46.7％），高中获得 56 个奖项（占总数的 33.1％），初中获得 34 个奖项（占总数的 20.1％）。第四，在高中组获得的 56 个奖项中，职业高中仅获其中 5 项，占高中组获奖总数的 8.9％。第五，在科技发明中运用最多的创造技法依次是组合法（27.42％）、移植法（22.58％），两者约占总数的一半。第六，获一等奖的 14 篇科学论文，以定性研究方法为主的有 2 篇，其余 12篇均为定量研究。② 研究据此概括出青少年科技创新存在的区域性失衡、结构性失调、功能性失谐和体制性障碍问题，为提高青少年科技创新教育的实效性提供了重要参考。针对青少年科技创新存在的区域差异，江苏教育学院张勤采用《威廉姆斯创造倾向测验量表》对江苏 13 个市 1056 名青少年进行抽样调查，表明创新能力存在着明显的空间溢出效应。③ 按照她的研究结论，青少年创新能力的形成受到区域内创新投入、经济水平、科技发展、制度条件和社会文化等多种因素的复合作用，需要教育领域和全社会的共同努力。这也提示我们，青少年科技创新固然与中小学教育有关，但也受到区域经济、文化、科技等各种因素的制约，只有教育与社会协同起来，才能将青少年科技创新推进到一

① 李秀菊，刘恩山.全国青少年科技创新大赛参赛课题状况调查[J].科普研究，2011(5)：52—56.

② 王灿明，张海燕.江苏省青少年科技创新的现状、问题与对策[J].中国青年研究，2009(1)：95—99.

③ 张勤.青少年创新能力的区域分布问题研究[J].荆楚理工学院学报，2012(12)：44—47.

个更高水平。

（三）专利申请

专利的数量和质量是反映一个国家或地区科技创新水平的重要指标。目前,世界各国均采用专利指标来衡量和测试科技产出,以反映各个国家、地区、技术领域、行业等的创新活动状况和水平,许多学者更是直接将专利数据作为科技创新的替代指标进行分析研究。现代专利制度在发达国家已有 200 多年的历史,近几十年来,大多数发展中国家也相继建立了专利制度。为了保护发明创造专利权,鼓励发明创造,促进科技创新,《中华人民共和国专利法》于 1984 年制定,1985 年实施。根据《专利法》,国家保护三种类型的创造发明,即发明专利、实用新型专利和外观设计专利,授予专利权的发明专利和实用新型专利应当具备新颖性、创造性和实用性。

《专利法》的贯彻实施推进了中国的科技进步,显著提升了国家的整体实力。2022 年,我国的发明专利授权总量达到了 79.8 万件,每万人口高价值发明专利拥有量达到 9.4 件,连续十年稳步提升。随着中小学研究性学习、科技创新活动的实施,青少年申请专利的人数也越来越多。聊城大学刘小虎等采用专利搜索引擎 SPOOPAT 分析我国专利分布状况,发现中小学生共获得发明专利 9137 件,实用新型专利 87892 件,外观设计专利 10392 件,其中实用新型专利占到专利总数的 80%,说明中小学生主要以申请实用新型专利为主。[①]实用新型专利往往是跟生活联系紧密的小发明,是对现有技术的局部改造或组合创造,如厨房多用器、双层打气筒、废水再用节水器、阳台多用晒架等。这些发明创造既方便了生活,又有一定科技含量。这也从一个侧面证明,无论是研究性学习,还是青少年科技创新大赛,都行之有效地推动了中小学生的专利申请工作。

人们一度将获得国家专利的孩子视为"神童",其实只要有强烈的好奇心和探究欲望,乐于动手操作,即使学业成绩落后的学生也可能成为"专利达人"。比如来自山西省太原市的牛培行,中小学学习成绩常常倒数第一,但年仅 21 岁的他就拥有了 31 项发明专利和新型实用专利,其中写不满黑板、汽车防撞救护装置等 8 件作品还被中国妇女儿童博物馆收藏。上高一时,牛培行从电视里发

---

① 刘小虎,展保平.为创意打造"保护罩"——中小学生专利申请特点分析[J].发明与创新,2013(6):30—31.

现外国人跳踢踏舞很有意思,便有了灵感:"如果有一种鞋,不仅可以正常走路,穿上它跳舞,还能发出不同声音,那该多好?"电子琴鞋由此而产生,这项专利后来还被美国一家公司看中并购买。牛培行高中时研发的第一代防触防脱防热插座荣获国家发明展银奖,并因为良好的节电性能与安全效果,被选为上海世博会山西馆专用插座和馈赠贵宾专用纪念品。正是凭借这些发明创造的成果,牛培行被南京航空航天大学以低于在山西投档线 100 分的分数特招,成为轰动一时的新闻。

科技创新需要制度设计,需要人才培养,也需要建立行之有效的激励机制。国家知识产权局与世界知识产权组织开展的"中国专利奖"评选带动了各省市自治区专利奖的评选,奖金数额也不断飙升,四川、福建的最高奖励为 30 万元,辽宁的最高奖励为 50 万元,而北京、广东的最高奖励达到了 100 万元,有效鼓励和调动了企事业单位和发明人创造、运用和保护专利的积极性,为推进国家创新体系建设、实现创新驱动发展做出了积极贡献。为了提升中小学生专利申请的积极性,一些省市也陆续出台了一些政策,鼓励有发明特长的学生申报专利,取得了比较明显的成效。比如,武汉市知识产权局与武汉市教育局联合出台政策,对于有发明特长的学生,在中高考时给予一定的加分优惠政策。据统计,从 2005 年至 2022 年,仅该市吴家山中学学生申请专利的数量达 5400 件,其中 90% 获得授权,并多次获得美国匹兹堡、德国纽伦堡、法国巴黎国际发明展最高奖项。山东省是全国率先实行鼓励大、中学生获取专利政策的省份。2004年,山东省科技厅、省教育厅、省信息产业厅、省知识产权局联合发出通知,在全省实施《山东省知识产权工作推进计划》,规定初中生在校期间申报专利并被授权的,升学时按所获得专利的类别给予适当加分;高中生在校期间获得专利的,升大学时,可按特长生待遇入学;大学生在校期间获得专利的,视所获专利的类别给予适当的奖励和费用资助。这一举措,对于提高学生的科技创新和知识产权意识,激发学生的发明创造热情,推动专利申请工作的开展,起到了较大的促进作用。正是在上述举措的推动下,全国各地中小学的专利发明和知识产权教育日益兴盛,呈现出快速发展的良好态势。

三、儿童创造性行为训练的创造技法

创造技法是从创造发明的活动、过程和成果中总结出来带有普遍规律的技巧和方法。创造技法首先出现在 20 世纪初的美国,当时美国经济发展欣欣向荣,技术发明活跃,一些专利审查人员最早注意到那些发明家富有创意的技巧和方法。1938 年,被誉为"创造学和创造工程之父"的奥斯本(Alex F. Osborn)制订了"头脑风暴法",并取得成功。为了推广该技法,他撰写了一系列著作,如《思考的方法》《实用的想象》,并深入高校、社会团体和企业,组织大家运用这些技法,开创了群众性普及活动的新局面。20 世纪 50 年代以来,美国出现了许多创造力研究中心,很多大学、政府部门和公司争先恐后地开设名目繁多的创造力训练课程,创造技法越发兴盛。目前,世界各国已开发并付诸实施的创造技法有 340 余种。

与此同时,西方教育心理学家对创造技法训练是否影响儿童的创造力产生了浓厚兴趣并展开持续的实验研究,其中影响最大的有头脑风暴法、侧向思维训练、创造技能训练,产生了一些影响较大的创造力培养课程,如创造性思维教程、CoRT 教程、思维科学课程等。美国心理学家托兰斯检视了其中的 142 个训练项目,结果显示 72％的项目训练整体上获得了成功。[①] 这就证明,以创造技法训练儿童的创造性行为不仅是可行的,而且是有效的。这里重点阐述适合儿童使用的九种创造技法。

(一) 属性列举法

"属性列举法"又称"列举法",是将研究对象的缺点、希望点罗列出来,发现规律,提出改进措施,形成一定独创性的一种方法。这种方法可帮助儿童抓住特点,把握主攻方面,寻找发明创造的途径。它主要包括缺点列举法和希望点列举法。

1. 缺点列举法

缺点列举法是通过对事物或对象的缺陷一一列举,针对具体问题,寻找改革方案的一种创造方法。例如,有人曾对传统雨伞列举了一系列缺陷,诸如:遇大风会变形;遮挡前面视线;容易忘记带回家;伞头会刺伤人;伞太长;体积太大;占据一只手,不能提东西;坐公共汽车时雨水易弄湿别人衣服;回家要撑开晾干;伞骨生锈;颜色单调;约会时不够宽,遮不住两个人;伞布透水;伞骨容易折断;途中天晴收藏携带不便;不能充作阳伞;撑开锁孔常出故障;同事常常拿

① J. Baer. Divergent thinking is not a general trait: A multi-domain training experiment. Creativity Research Journal,1994(7):35 - 46.

错,不易识别。针对这些缺点,市场上开发了五花八门的伞。诸如:折叠收藏两节式的;伞布防水的;帽子形的;伞布为透明尼龙的;伞布图案美观的;伞头圆形的;伞头附集水器的;晴雨两用的;伞布可换的;伞布为椭圆形的情侣伞;手柄可转动、内附电筒的;手柄内装收音机的;重量轻的;外加伞套可收藏放入衣袋或提包的;伞骨不生锈的;等等。

该法可个人用,也可集体用。后者可召开缺点列举会,由 5—10 人参加,事先选好议题,与会者列举对象的各种缺点,愈多愈好,要"吹毛求疵",逐一记在卡片上,然后制订出可行的改革方案。一般可以从操作方法、使用对象、功能结构等方面去寻找物品的缺点。

(1) 操作方法

在使用一些物品的时候,人们会觉得它不省力、不方便、不安全、不科学、不轻巧,这些都是操作方法上的缺点。如日常用的图钉,能把纸、画固定在墙壁上,家庭和办公室使用较多,为人们生活工作带来了方便,但它也存在不安全因素,一旦落在地上,易刺痛脚,戳破轮胎。有人为了弄清图钉的危险性,做了一个实验,将图钉抛掷落地后,处于"危险状态"(即针尖朝上)的比率为 75%,处于"安全状态"(即针尖朝下)的比率只有 25%,于是根据力学知识,将图钉的重心移至钉杆上,图钉落下后,针尖 100% 向下,由此发明了"安全图钉"。又如,有人找准了普通插座的一个缺点,想到了单手残疾人要用单手操作插座的需求,发明了残疾人插座。这种插座利用杠杆原理,只要按下压杆,顶杆就能将插头顶出,这样只要一只手就能使插头退出,非常适合单手残疾人。由于这种插座不需要直接用手接触插头,即使是湿手也不用担心触电,对于普通人来说也可达到安全目的,后来就取名为"方便安全插座"。

(2) 使用对象

同一件物品,对普通人来说不存在什么缺点,但对一部分特殊人群来说,该物品就有很大的缺点。如果据此去搞发明,就可以找到发明课题。如适合盲人使用的"自动报时的手表",盲人只需按一下按钮,就能知道时间了。江苏省启东市大江中学秦卫同学根据盲人饮水时常因开水溢出烫伤手,发明了"盲人自动饮水器"(如图 5-1),利用大气压原理控制水的流出,使水满一杯后会自动停止,结构简单,成本低廉,操作方便,节约能源,安全可靠。

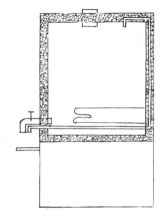

图 5-1　盲人自动饮水器

（3）功能结构

物品往往在功能结构上存在不合理、不顺手等缺点。如高二学生张晓航发现电灯开关拉线容易拉断，而登高维修，麻烦又危险，于是对此进行改进，将拉线开关原有的活动臂扭转 90 度，使线端疙瘩在活动臂的平面上着力，大大减小了拉线与活动臂的摩擦，延长了开关拉线的使用寿命。

2. 希望点列举法

希望点列举法是从儿童的愿望出发，通过列举对象被希望具有的特征，以寻找设计方案进行创造的方法。列举的希望越多越好，越新奇越好。这样经过归纳，才能优选出改革方案。该法不像缺点列举法受原物的束缚，想象自由空间大，臻美标准高，是一种积极主动的创造方法。

对电视机的希望：手表式电视机，手提微型电视机，盒式电视机，折叠式电视机，壁挂式电视机，活页电视机，眼镜电视机，镜式电视机……

对电风扇的希望：声控电扇，遥控电扇，微风电扇，帽式电扇，椅式电扇，球型电扇，自然风电扇，驱虫电扇，定时温控电扇，洁净空气电扇……

对鞋子的希望：希望它牢不可破，跟部高低可调，大小可变，颜色可调，冬暖夏凉，雨天穿着不湿脚，走泥路不打滑，能随意变换花样，穿着它能行走如飞，夜间走路能照亮路面，很便宜，能治脚病，穿着它不出脚汗，穿着它能在水面上行走，穿着它能一步跨好几米远，穿着它能跳得更高……

希望点列举法与缺点列举法有所不同。缺点列举法是针对现有事物的缺点，提出种种改进设想，这些设想一般不会离开现有事物的原型，往往受到事物束缚，思维会受到一定限制，因而是一种被动的思考方法。希望点列举法则是从儿童的意愿出发，提出新的设想，不一定要有现有事物作为依据，可以充分发挥他们的想象力，因而是一种积极的、主动的思考方法。因为只要是人，就会有各种各样的需求与欲望，有物质的，也有精神的。而儿童的需求与欲望是多种多样的，也是永不满足的。这使得各种新发明、新产品应运而生，层出不穷。这是儿童发明取得成功的保证。

（二）组合法

组合法是将两个或两个以上已有的技术原理或物品，通过巧妙的结合或重组，从而获得整体功能的新技术、新产品的创造方法。有人统计，世界上重点商品组合件数，每 5 年增加十倍，10 年增加百倍，组合件越多，组装技术越复杂，费用也越高。应用组合法进行创造发明容易入门，刚接触发明的人可以更多地采用这种方法。组合可以分为主体附加、同类组合、异类组合、近缘组合、远缘组合等多种方式。

1. 主体附加

主体附加法简称"附加法"。1994 年，我国创造学家关原成创立"主体附加法"。后来，他又撰写了《主体附加创造法》一书来丰富和发展该技法，将主体附加分为原理附加、结构附加、功能附加、创新附加、意义附加、辅助附加、材料附加、工艺附加、临时附加、综合附加等十种类型。主体附加就是在原有技术思想中补充新内容，在原有物质产品上增加新附件。例如，早期的自行车没有车铃，后来在自行车上装了响铃，就是主体附加。还有，在自行车上安装里程表、后视镜、风扇、雨罩、折叠货物架，以及小型磨面机、水泵等，都是主体附加。

主体附加有四个特点：一是以原有技术思想或原有物质产品为主体，在附加过程中，主体不变或变化微小。二是附加技术思想只是补充、完善或利用，不会导致整个技术思想大波动。三是附加物有两种，一种是已有的产物，如铃、里程表、后视镜、风扇、磨面机、水泵等；另一种是根据主体的特点，为主体专门设计的部件或装置，如自行车专用雨罩、折叠式货物架。四是附加物大多是为主体服务，弥补主体功能的不足，个别情况下是主体为附加物服务，如自行车带动的小磨面机、小水泵等，就是附加物利用或借助主体的功能进行工作。

主体附加的操作步骤如下：第一步，有目的、有选择地确定一个主体；第二步，运用缺点列举法，全面分析主体的缺点；第三步，运用希望点列举法，对主体提出种种希冀；第四步，能否在不变或略变主体的前提下，通过增加附加物克服或弥补主体的缺陷；第五步，能否通过增加附加物，实现对主体寄托的希望；第六步，能否利用或借助主体的某种功能，附加一种别的东西使其发挥作用。主体附加可分为一次附加和多次附加，在一次附加基础之上的附加就是二次附加。许多事物都是经过人们的不断附加、不同附加而日趋完善的，主体附加是为数最多、涉及面最广的创造，尽管其创造性稍弱一些，但大凡儿童动动脑筋、动动手，就能想得到、做得出。因此，这是一种具有普遍意义的创造技法。

2. 同类组合

同类组合就是将两种或两种以上的相同或相近的技术思想或物品组合在一起，获得功能更强、性能更好的新的产品。日本松下公司总裁松下幸之助早年曾把传统的单联插座改进为双联插座和三联插座，深受用户欢迎。同类组合包括多种方式，其中典型的有：上下组合，如双体文具盒、多喇叭音箱、双层客车；左右组合，如双体伞、双体船、双体飞机；前后组合，如双面电筒、双面胶；大小组合,如子母台灯、子母量杯、子母电话机;内外组合,如双体窗、母子雨衣等;挂卸组合,如多头淋浴器、多面电筒。当然,不是任何东西都可以进行"同类组合"的,有时胡乱地组合后使用起来反而繁琐,违背了发明的方便性、实用性的根本原则。比如二十色圆珠笔,笔杆奇粗,用途却不很大,使用起来很不顺手。进行组合时,还要注意创新性,使发明的东西具有新颖独特的特点,在给人使用带来方便的同时,还要给人新颖的感觉。

3. 异类组合

异类组合就是将两种或两种以上的不同种类的事物进行组合,产生新事物的创造技法。这种技法将研究对象的各个部分、各个方面和各种要素联系起来加以考虑,从而在整体上把握事物的本质和规律,体现了综合创造的原理。经典的异类组合如狮身人面像,现在我们见到的电视电话、可以计数的刮胡刀、日历式笔架、闹钟式收音机等也是通过异类组合发明出来的。CT 扫描仪则是异类组合产生的人类最伟大的发明,其发明者豪斯菲尔德(Godfrey N. Housfield)是英国的一位普通工程技术人员,正是他把已有的 X 射线照相装置与电子计算机组合起来发明了 CT 扫描仪。这种仪器在诊断脑内疾病及体内癌变方面具有良好效能,使医学界梦寐以求的理想成为现实,被誉为"放射诊断学史上又一个里程碑",荣获了 1979 年的生物学或医学诺贝尔奖。在异类组合中,组合对象无明显的主次关系,参与组合的对象从意义、构造、成分、功能等任一方面和多方面互相渗透,整体变化显著,因而创造性较强。

4. 近缘组合

近缘组合就是把属于同一类的物品进行合理的组合。进行近缘组合时,要善于归类。将观察得来的结果,以一物为中心,把同一类的物品归到一起后,再逐步加以合理组合。如江苏省启东市大江中学张胜松同学做家务时发

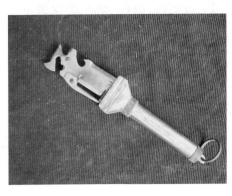

现:厨房用品多、杂、散,使用、保管不方便,于是开动脑筋,动手试验,经过多次构思,反复实践,终于发明出集开瓶盖、切菜、削果皮、磨刀、称重量等 12 种功能为一体的"厨房多用器"(如图 5-2)。这项发明成果,在全国第三届发明展览会上获铜牌奖,著名发明家张开逊称赞该成果"构思巧妙,安排合理,新颖别致"。

图 5-2 厨房多用器

5. 远缘组合

这是相对近缘组合而言的。远缘组合是把两个看上去毫不相干的物品组合在一起。运用远缘组合法时,需要展开想象的翅膀,从常规思维的框框中解脱出来,去异想天开。可以运用功能列举法,尽最大可能把一件物品的功能列举出来,从中找出不为人注意的甚至不常用的一些功能。因为我们平时用物品时并不能穷尽它的功能,甚至说只用了它的小部分的功能。

比如,砖的用途,大家所熟知的不外乎是盖房子、铺地、砌墙。除了用于建筑,它其实还有许多用途,比如可以在上面练字、画画时当模型、吸水、在有水洼的地方用来垫脚、当锤子用、压东西、做渔网的坠子、当凳子坐、当武器、当书架,还可用它玩多米诺骨牌游戏⋯⋯值得注意的是,列举物品的功能,目的是优化功能,把两种或两种以上物品功能有机地组合起来,并使它们在结构、功能、外观上变得更加合理。

（三）信息交合法

在中国创造学首届学术讨论会上,日本专家村上幸雄的讲课十分新奇,他捧来一把曲别针,要求大家动脑筋,打破框框,尽可能多地说出曲别针的用途,看看谁的创造性思维水平更高一些。

“曲别针可以别相片,可以用来挂杂志”;“纽扣掉了,可用曲别针临时勾起”⋯⋯大家七嘴八舌总共说了 20 多种,其中较奇特的是把曲别针磨成鱼钩去钓鱼,引来一阵笑声。

有人问村上:“您能说出多少种?”村上伸出三个指头,莞尔一笑。“30 种?”村上摇摇头。

“300 种?”村上点点头。对此,大家感到很惊讶。

此时,坐在台下的中国学者许国泰的心一阵阵地紧缩。他想,我们炎黄子孙在硬件方面暂时赶不上日本,赶不上一些工业发达国家,但软件方面,在思维方面,我们决不差! 他递了张条子:“关于曲别针的用途,我能说出 3 000 种至 30 000 种!”

他沉着地走上讲台,开始讲解自己的思路:“村上先生讲的关于曲别针的用途,可用 4 个字概括:勾、挂、别、联。但曲别针的用途远远不止这些。要启发思路,使思维突破这种格局,最好的办法是借助简单的思维工具——信息标信息反应场。”

许国泰首先把曲别针的总体信息分解成体积、长度、颜色、弹性、硬度、直边、弧七个要素,把这些要素用直线连成信息坐标 X 轴。然后,他把曲别针各种用途因素分解为数、字母、电、外文、磁等要素,把这些要素用直线连成信息坐标 Y 轴,数标跟 X 轴上的"弧"的要素交合,曲别针可弯成 1、2、3、4、5、6、7、8、9 等数字。Y 轴上的字母标与 X 轴上的"弧"要素相交合,曲别针可成 A、B、C、D、E 等英文字母,也可弯成俄文、拉丁文、希腊文等其他许多文字的字母。这样,Y 轴上的"电"标与 X 轴上的"直边"或"弧"要素相交合,曲别针可用作导线或线圈,Y 轴上的"磁"标与 X 轴上的直边要素相交合,曲别针可做成指北针。

许国泰转动他的"魔球"理论,推出曲别针的难以计数的用途,一开始不以为然的听众被吸引住了,连村上幸雄也惊得目瞪口呆。

发明者把物体的总体信息分解成若干个要素,然后把这种物体与人类各种实践活动相关的用途进行要素分解,把两种信息要素用坐标法连成信息坐标 X 轴与 Y 轴,两轴垂直相交,构成"信息反应场",每轴各点上的信息依次与另轴各点上的信息交合而产生一种新的信息。我们将这种发明方法称为"信息交合法"。信息交合法可使人们的思维具有更高的发散性,应用范围极广。它可用于新产品开发,还可用于管理和设计等方面。这是中国学者对创造技法做出的一个贡献。

(四)改变法

改变法就是对现有物品或方法根据不同需要或角度而进行改变的创造技法。实际创造中,可以从形状、材料、动力、运动状态、控制方式、设置地点、收藏方式、材料、味道、声音等方面加以改变。

1. 改变形状

若将物品形状加以适当改变,就可能产生新颖、先进、实用的创造。如山西省大同市第九中学关雁龙同学将长方形的日历改为三角形,外形新颖,易于加工,并可节约用料约 50%。又如辽宁省沈阳市中学生赵群发明了一种三棱芯铅笔,改变了传统的圆柱形结构,只要削去笔芯外木质即可书写,用棱书写可写大字,用角书写可写小字,不削笔芯后,节省了材料,并可避免芯沫污染手和环境,比较卫生。

2. 改变材料

任何物品都是用一定的材料制成的。不同的材料有不同的特性,如钢铁制品比较坚固,但较笨重;铝制品分量较轻,但较软,容易变形;塑料制品制造容易,重量轻,价格也便宜,但比较脆,经不起摔打。正是由于各种材料性能不同,物品用不同的材料制造会产生不同的效果。所以当我们发现一个物品不轻巧、不牢固、不卫生、不安全时,就要想想,能不能改变一下它的材料?如充气家具、充气沙发、充气席梦思等,非常轻巧。又如泡沫塑料不易分解,到处丢弃造成了"白色污染",于是有人发明了用玉米制成的可食快餐盒,盒内食物吃完后,可将快餐盒一起吃掉,不留下一点剩渣。

3. 改变动力

改变动力的目的一般是为了节能、省力或实现自动化。如手摇的改为电动的,风力代替电力等。这样或是节省了能源,或是达到了自动控制。又如电动牙刷、电动剃须刀、电动擦皮鞋机、电瓶车、电动汽车、电动摇面车、电动剪刀等。江苏省启东市大江中学刘星海同学发明了一种门窗自锁风扣,它能在风雨来临时自动把窗子关牢。它是由齿杆、滑杆、棘爪、弹簧及螺杆等组成的。提起棘爪就可以把窗子打开,窗户打开后,如果家里无人,又遇风雨天气,则窗子会在风力推动下向关窗的方向运动。每关一定角度,棘爪和齿杆就会把窗子锁住,直至把窗子关紧。这样,原由人力操纵的窗页就变成风力操纵了。

4. 改变运动状态

物体运动都有状态,静止或运动,而运动有滑动、滚动,还有直线运动、曲线运动,有单向运动、多向运动、往复运动,有规则运动、不规则运动;直线运动中有上下运动、左右运动、前后运动,曲线运动中又有圆周运动、螺旋运动、波浪式运动等。将物体由一种运动状态变为另一种运动状态,就可能产生不同的效果,甚至创造发明。如,普通汽车只能前后移动,这在停车拥挤时显得不够灵活。一种新式汽车,改变了汽车只有前后运动的缺点,还可像螃蟹一样侧行(左右运动),这样汽车与其他汽车之间稍有空位,就能进出自如了。

5. 改变控制方式

如遥控、定时、自动等。四川内江市第三初中卿秋同学发明了"自行车自动锁",这是一种与车支架(撑脚)联动的上锁装置。他用钢丝绳把车锁的扳把与车支架连接起来,停车时,只要支上车架,钢丝联动丝就会将锁把拉向下方,使车锁自动进入锁定状态。

6. 改变设置地点

同样的产品放置在不同地点时,应有不同的要求。如电风扇,根据放置地点的不同需要,产生了落地扇、台扇、吊扇、壁扇等不同创造发明。

7. 改变收藏方式

收藏方式有很多,包括折叠式、伸缩式、装箱式、内藏式、卷式、套式等,若能适当改变,便会产生不同效果。如折缩梯子、卷闸门、卷尺、凉席、教学挂图以及农村晒东西用的芦苇帘子等,不用时折叠或卷起来,存放方便。又如,墙面上装插座影响美观,启东市大江中学黄爱东同学据此发明了一种"暗蔽式墙壁插座"(如图 5 - 3),不用时可隐藏于墙壁内。

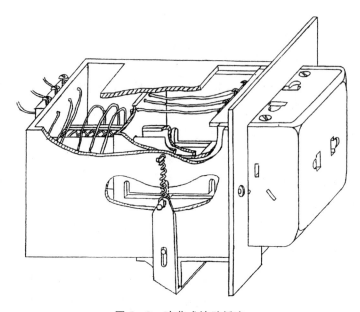

图 5 - 3　暗蔽式墙壁插座

8. 改变色彩

色彩的改变主要有无色变有色,一种颜色变成另一种颜色,单色变多色,纯色变混色等。如眼镜镜片无色变黑色,就成了太阳镜,具有了防太阳紫外线照射的功能;再成变色镜,能根据光线的强弱自动调节透光度。现在有些新型材料,就是在变色上下功夫。例如,房屋中变色的墙壁,就是将二氧化钴掺入水泥后抹墙壁,使之随空气湿度的变化而变颜色:晴天呈蓝色,阴天为紫色,雨天变深红色。

9. 改变气味

有些物品增加或改变气味后,会给人一种新的感觉。如肥皂里加入各种香料,空气清新剂中加入花粉因子,都会使人神清气爽。液化气却正好相反,由不臭变成了臭。原来液化气的主要成分是一种有毒、易爆的物质,空气中只要含有微量的这种物质,就有中毒和爆炸的危险。可是这种气体是无色无味的,即使泄漏出来也觉察不到。现在加入一种有臭味的东西,哪怕空气中有极微量的液化气泄漏出来,人们也会发现。

10. 改变声音

水壶原是不会发声的,后来有人让它"开口",发明了鸟鸣壶,提醒主人来提水。这种"开口"壶,使用起来就比普通的"哑巴"水壶安全。可是用鸣叫方式,声音叫起来颇刺耳。改用类似口琴簧片的装置后,水壶发出的声音像口琴声,听起来悦耳多了。又如音乐门铃会说"你好,请开门",汽车倒车时会说"请注意,倒车"等。

(五) 扩大缩小法

1. 扩大法

扩大法就是使现有物品的某些方面数量变多,质量变好,包括扩大体积、延长寿命和增加用途等多种方式。

(1) 扩大体积

如显微镜、放大镜等。售货单位使用袖珍计算器计价时,由于键盘小,容易误按,操作次数也多。江苏省启东市大江中学的吴尚兵同学利用扩大法,增大了计算器键盘的面积,发明了一种专用的"售货计算器",操作方便,不易发生误按。在这个发明里,他还创造性地将"单价"储存在"品名"按键电路里,并可随意设定。操作时比使用袖珍计算器少了三个步骤,使用更方便可靠,在粮店等销售品种不太多的商业部门很适用。

(2) 延长寿命

任何物品都有一定的使用寿命,一般来说,人们都希望物品使用寿命越长越好,因而,采取种种办法来延长物品的使用寿命。如搪瓷脸盆经不起摔,一旦搪瓷摔破或磨损,很快就会生锈穿孔,使用寿命大受影响。现在的不锈钢脸盆就不用担心生锈,使用寿命很长。又如,江苏省丹阳中学吴文杰同学设计的一种可以自动交换日光灯两端接头的开关,每拉动开关一次,两根出线即自动交换一次位置,免去拆管换装的麻烦,同时达到延长日光灯使用寿命的目的。

(3) 扩大用途

一方面,可扩大原有用途的适用范围。如上海市和田路小学方黎同学设计出一种"新型多人用篮球架",即将一个十字形支架固定在一根立杆顶端,又在十字架的每一支叉端安装一个球篮,并且这个篮球架高低可调,不同年级的同学均可使用,这样就成了可多人同时使用、简单价廉的篮球架。另一方面,可在原有用途的基础上增加新的用途。如浙江省宁波市第六中学草万渝同学发明的"多用拐杖",除了可作为残疾人走路的辅助用具外,还可以当凳子坐。

2. 缩小法

随着科学技术的日益进步,越来越多的东西向小型化、微型化、便于贮存和携带方向发展。比如,1946 年美国宾夕法尼亚大学的工程师莫希利(John Mauchly)和埃克特(J. Prespen Eckert)等人研制出世界上第一台电子计算机埃尼阿克(ENIAC),它占地 170 多平方米,重达 30 吨,使用了 1800 个电子管,1500 多个继电器,运行时每小时耗电 140 千瓦。随着电子元器件的迅速发展,晶体管、集成电路、大规模集成电路、超大规模集成电路的相继出现,计算机的体积不断缩小,甚至一个小小的芯片就是一台微型计算机。

(六) 增减法

增减法包括增加法和减少法。增加法主要是针对功能而言的,也就是给现有物品增加新的功能;减少法就是指减去某物品的一部分零件或减少工作步骤,而原物品的功能并不改变,但使用起来更为方便,这样就达到了节省成本、节约人力的目的。

1. 增加法

扩大用途和增加功能都是增加创造法。增加功能实质上就是改善现有物品的性能,使其用起来效果更好一些,增加的功能不独立发挥作用,而是在利用原有用途的过程中体现出来,它附属于原有用途。增加法包括增加美学功能和实用功能两个方面。

(1) 美学功能

美学功能就是使现有物品变得美观一些,主要针对造型、颜色等。如洒水壶的主要特点是倒出来的水流细而均匀,而这种特点跟洒水壶的洒水头关系较大,跟其他方面的关系不大。但我们看到壶身变化多端,造型多种多样,有圆柱形的,有扁圆形的,有方形的,也有大象形、公鸡形的,其变化的目的就是为了美观。

(2) 实用功能

这是解决现有物品使用中碰到的实际问题。运用增加功能的创造技法时,可以找出一些关键性动词如"加""可""护""保"等来帮助思考。

"加":加温、加潮、加厚;

"可":可调、可拆、可折、可换、可钉、可称、可洗、可量;

"护":护面、护目、护身、护膝;

"防":防震、防雨、防风、防盗、防丢、防渗、防漏、防水、防锈、防雾、防沾、防碎、防蚊、防溢、防伪、防断;

"保":保温、保潮、保险、保鲜。

2. 减少法

（1）减少物品的部分零件

如上海市田林第三中学杭舟同学发明了一种"不使用弹簧的夹子"，靠物体本身的重力，使夹子的两个夹片之间产生压力，夹住东西。又如小学生吴俊崔发明的一种"无芯蜡烛"，用一个固体（锥形）做灯头，可将蜡烛点燃，直到燃尽，灯头还可以放在新的蜡烛上继续点燃，成本低，不用棉芯，既简化了蜡烛的制作工艺，又节约了棉纱。

（2）减少工作步骤

如明信片和简易信封，就省略了粘贴信封的步骤。又如无土栽培技术、无胶卷的数码相机等。有人发明了一种定时振动式枕头，和闹钟相比，省略了声音，避免在叫醒一个人的同时把其他人吵醒。还有人发明一种无针头的注射器，打针时不用针头也可以将药水注入皮肤，既卫生又方便，还省时省料。

（七）移植法

古人云："他山之石，可以攻玉。"我们可以移植现有的原理和方法进行再创造，使之在新的条件下进一步延续、发挥和拓展。将技术领域中的技术手段和方法，移植应用到另一技术领域，从而做出新的创造发明，这就是移植法。移植法是将原理、方法、结构、材料、元件等，部分或全部引进到别的方面，从而获得新成果或新产品。

1. 原理移植

正确运用原理移植法，关键是要找出移植对象与移植目标在功能上的相同点。一方面要分析现有产品的工作原理，将其移植到其他方面。如将不倒翁原理移植产生的发明："不倒翁安全蚊香架""不倒的话筒架""柄不入液舀液瓢"等。另一方面，将所学知识直接应用到所要解决的问题上。如启东市大江中学沈瑛瑛同学将具有不稳定性的平行四边形原理移植，发明了"阳台两用晒架"，将晒被架做成网状结构，可伸可缩，展开时可晒被子，并有防风的橡皮筋将被子压住，被子不会被风吹落；网状架合拢时藏入箱体里，占地少。

2. 方法移植

方法移植是将制造方法、使用方法移植到不同领域中的创造技法。如将现代爆破技术移植到医学上，有了一种微爆破技术，用于治疗肾脏中的结石病，医生们经过精确计算，把"炸药"的分量调整为只能炸肾脏里的碎石而不影响肾脏本身。

3. 结构移植

结构移植就是把某种物品的结构全部或局部无须经过改进直接移植到另一物品上,使另一种物品在结构上体现新的意义,发挥新的功能。它主要指移植自然物的结构形状和移植物质产品的结构形状。

(1)移植自然物的结构形状

传说鲁班是受到锯齿状的草的启发而发明锯子的,这实际上就是将这种植物叶片的结构形状移植过来。湖北省通城县实验小学李理同学仿照人手弓着时的结构形状,发明了"布手套翻转器",可将手套一次性翻过来,效率提高十倍。

(2)移植物质产品的结构形状

辽宁大连市普兰店职业高中高向英同学将百叶窗的基本结构移植过来,发明了"百叶防风伞"。吉林省扶余市第三中学梁国欣同学将雨伞能张开又能合拢的结构移植过来,发明了"全能瓶刷",不仅可刷瓶子,还可以刷类似瓶子的各种容器,无论容器肩部角度多大,都能刷到。

4. 材料移植

材料移植指将某种产品使用的材料移植到别的产品制作上,起到更新产品、改善性能、节约材料、降低成本的目的。材料移植包括普通材料移植和特殊材料移植两种方式。

(1)普通材料移植

光导纤维是一种新型通信材料,以其信息容量大、传输距离远、信息损失少而得到人们的重视和推广,将此移植到医疗上,检查人体胃里情况的医疗仪器胃镜就少不了光纤。甘肃省兰州市兰化第一中学学生设计发明的探瓜针也是光纤应用于日常生活中的例子。又如磁铁是一种非常普通的材料,但有不少学生因为移植磁铁而发明了"磁性两面擦窗器""磁性扶钉器""简易手控磁吸拾钉器""磁性算盘"等新工具。

(2)特殊材料移植

实际上,许多工业产品的发明,如含香味的金属、制造无油轴承的含油金属、防火布等等,都是物质材料的创造性运用,是材料移植的成果。人们通常认为,制造发动机的材料只能是钢铁,如今却有人将坚固耐高温的特殊陶瓷材料移植到发动机上,研制了新型发动机。这种发动机能大幅度提高热效率,降低燃料消耗,减小重量体积。甚至有人断定,这种新型发动机的发明会引起发动机行业的革命,其意义不亚于半导体晶体管取代真空电子管。

5. 元件移植

元件是构成机器、仪表的基本部分，可以在同类装置中调换作用。如贵州省熊颖捷同学将音乐集成块移植到钥匙链上后，就使钥匙链具有提醒作用而增加了防丢功能。内蒙古包头市第九中学学生刘璐将红色发光二极管移植到裁相纸刀的标尺刻度下，发明了"改进型裁相纸刀"，能准确地裁好相片。

（八）逆向法

从事物的相反方向去思考问题，以求得创造发明的方法，称为逆向创造法。逆向法与创造性思维中的逆向思维密切相关，它往往会在"山重水复疑无路"之时，收到"柳暗花明又一村"的意外效果。逆向法有使用方法的逆向、结构的逆向、功能和用途的逆向、缺点逆用等多种方式。

1. 使用方法的逆向

草莓是人们喜欢吃的一种营养价值很高的水果。人们买草莓时都要挑大的、红的买。大家都知道，草莓被阳光照到的那面是红的，照不到的那面是青的，如果在地面上加一层反光性能很好的材料，草莓四面都能照到阳光，这样草莓整个都是红的了。诸如此类，生活中还有很多，像固体酒精、液体肥皂、汽车反光镜，这些都是方法上的逆用。

2. 结构的逆向

目前流行的信封，封口是在背面的，人们寄信时，为了保密，有时将邮票贴在背面的封口处，这就使邮政人员分拣信件时必须先翻到背面盖上邮戳，然后再翻过来分拣，浪费了时间。广西南宁市邕宁区大塘中学的黄兆兰将这种信封的反封口移到正面，就解决了这一问题。

3. 功能和用途的逆向

与真实的东西相比，假的东西有时也有妙用，如假牙、假肢、假发等。又如冬夏冷暖风机、四季风扇、凹面锁、荧光锁、里外能开的门搭钩、宇航服、两面衣、晴雨衣等等，都是利用功能和用途的逆向进行的创造发明。

4. 缺点逆用

同一个事物的缺点在特殊情况下对于特殊的人和物具有特别的作用。一般可以从使用对象的不同角度去考虑。如超过五十分贝的声音叫噪声，不管对人对动物都有很大害处，但是利用噪声可以制作一些特殊的武器。韩国科学家发明了"噪声步枪"，这种特殊步枪击发后，所产生的强烈、短暂的噪声，能使人瞬间就昏迷过去。又如纸会吸水，转换一下对象，就能得出新的可用之处，如卫生巾、小儿尿不湿、面巾纸和各种用途的吸水纸。

（九）专利文献法

专利文献是一个巨大的信息宝库，有效利用这些文献资料，对于发明创造来说是极为重要的。这种利用专利文献进行发明创造活动的技法叫作专利文献法。利用专利文献法进行发明创造活动，主要表现在以下三个方面：

1. 通过专利文献，选择发明创造的选题

在选择发明创造的课题时，虽然有时觉察到某种需要，但是往往由于缺少解决的办法，而被视为没有创造价值的需要；或者根本就觉察不到需要。专利文献是满足各种需要的技术集成。经常阅读专利文献，可以使需要和技术有更多的结合机会，从而清晰地觉察到更多有创造价值的需要，产生发明创造的冲动和灵感。比如，美国有一家制造照相材料和复印机的哈洛依德公司（Haloid Company），本是一家名不见经传的小企业，他们从专利文献中发现了复印技术，发现这是一种满足人们快速复制文字和图像的很好技术，很有商业价值，于是这家公司就在这份专利的基础上，投入力量进行研发，终于发明一种新的复印机。又如，启东市大江中学倪超同学喜欢上网查询国家知识产权局网和中国专利信息网中的专利文献资料，看到桥式电路的专利后受到启发，联想到现在

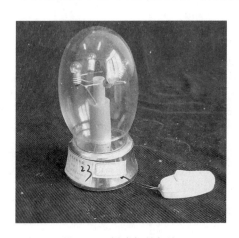

图 5 - 4　桥式灯丝灯泡

灯丝灯泡的寿命问题："将桥式电路移用到灯泡灯丝结构会是什么情况呢，能延长灯泡的使用寿命吗？"他通过仔细构想，设计并做了实验，发现虽然桥式灯丝结构不能明显延长灯泡的使用寿命，但一段灯丝断裂后，灯泡仍能继续发光，可以解决灯泡灯丝烧断后屋内漆黑一片的问题，同时，灯泡的亮度有明显变化，提醒人们做好相关准备。通过进一步改进，他发明了"桥式灯丝灯泡"（如图 5 - 4），并申请了国家专利。

利用专利文献进行发明创造，一般是按发明者确定的课题，从专利文献中寻找有关资料作为参考、分析借鉴，并在此基础上开展更具先进性和实用性的发明创造。

2.通过查阅专利文献,综合相关专利进行发明创造

我们在具体的发明创造过程中,有时只凭一两件专利文献是不够的,不一定能新颖、实用地解决问题,形成自己的发明创造。这时,我们应尽可能广泛地搜集相近的专利文献,并加以综合分析,从而找到创新的突破口,成就自己的发明创造。如启东市大江中学秦卫同学发明的"盲人自动饮水器",因结构简单,成本低廉,操作方便,安全可靠,获得江苏省青少年发明比赛一等奖。他在最初选到"盲人饮水"这一课题时,由于掌握的资料太少,在较长一段时间内没有新颖独特的解决办法。后来,通过查询有关"盲人饮水"几十件专利资料后,进行了综合分析,总结各种专利的优劣,找到了一种简便易行、效果更佳的解决办法。

3.通过阅读专利文献,对现有专利进行直接改进,产生新的发明创造

迄今为止,在已经公布的专利中,具有实用推广价值的专利约占10%到15%,很多专利需要进一步完善才能更具实用价值。即使是转化了的发明创造专利,也有值得改进的地方,因为人的需要是发展变化的。

利用现有专利进行改进,具有目标明确、针对性强的特点。但要使改进后的作品具有发明创造的"三性",即新颖性、创造性和实用性,符合发明创造的条件,就必须认真分析现有专利的创新点及其适用范围,有针对性地结合创造技法,使之产生新的功能或更好的效果,从而产生发明创造。如启东市大江中学沈赫男同学根据现有专利"折叠衣架"进行改进,将现有折叠衣架的双臂能向上折叠使衣架便于收纳和携带,改为双臂能向下折叠,并由活塞控制双臂的开合,发明了"活塞式开合衣架"(如图5-5),不仅收纳携带方便,而且晾晒闭胸式衣服更方便,产生了更好的效果。该作品在首届国际中学生发明展览会上获得铜奖。

图5-5 活塞式开合衣架

总之,利用专利文献选择发明创造的选题,进行设计和改进,为青少年进行发明创造活动提供了极大方便,在信息化程度越来越高的今天,学会专利文献法进行发明创造活动,可以收到事半功倍的效果。

拓展阅读导航

[1] C.塞缪尔·米克卢斯.挑战创造力[M].陈伟新,译.上海:上海辞书出版社,2012.

[2] 潘裕丰.创造力关键思考技法[M].台北:华腾文化股份有限公司,2013.

［3］ 李小平.创造技法的理论与应用［M］.武汉：湖北教育出版社,2002.

［4］ 杨彦捷.幼儿创造性行为研究与培养［M］.北京：人民教育出版社,2022.

［5］ 罗玲玲,武青艳,代岩岩.创新思维与创新方法［M］.北京：机械工业出版社,2019.

［6］ 关原成.扬起创造的风帆［M］.北京：人民出版社,1998.

［7］ 罗凡华.轻松发明：中小学发明创造课读本（修订版）［M］.北京：知识产权出版社,2007.

［8］ 文云全.渔趣发明——青少年发明创造趣味路径［M］.北京：知识产权出版社,2023.

［9］ 李根龙.让学生走进创造——高中学生创造学学习的研究与实践［M］.上海：东华大学出版社,2004.

［10］ 广东知识产权局.知识产权教育读本（初级版、中级版、高级版）［M］.北京：知识产权出版社,2010.

第六章

儿童创造性人格的发展与教育

在目前大众教育的方法下,创造性人格的发展受到了严重的阻碍。

——吉尔福特(美国心理学家,曾任美国心理学会主席)

我们已经习惯了从众，惧怕与众不同。因为走别人走过的路，不会出错；说别人说过的话，不会招来非议。而有的孩子偏偏不吃这一套，他们喜欢另辟蹊径。我们不妨一起来看看下面的故事。

星期天，妈妈带着 3 岁的女儿和 8 岁的儿子去看电影、逛商场。他们走出商场时，女儿提出抄一条小路回家。妈妈没同意，她便赖在地上不走了，无论是妈妈劝，还是哥哥拉，她就是不起来，引来了不少行人围观。妈妈无奈，只好依了女儿。小家伙一骨碌爬起来，迈开了小腿。妈妈紧随其后，不一会儿工夫，就到了自家的屋后，那真是一条回家的好路啊！

女儿上中学了，学校离家有好长一段路，得乘电车。第一天，妈妈怕女儿下错车，就偷偷地跟着女儿，想不到半路上还是被女儿发现了，她很生气地说："别跟踪我，否则同学会以为我还是个娃娃。"随即下车改乘另一辆车上学去了。

妈妈开始反思自己的教育方法，觉得该改变的是自己，而不是女儿。从此以后，无论是学习还是生活，只要是女儿决定的事，自己不再干预，并给予支持和鼓励，从而使她那倔强好胜和特立独行的个性得到了充分释放。

这个女孩叫芭芭拉·麦克林托克（Barbara McClintock），由她提出的"可移动遗传基因学说"，荣获了诺贝尔生理学或医学奖。而这都归功于她那迷人的不肯从众的创造性人格。

"创造性人格"是吉尔福特首先提出和使用的一个概念。他在《创造性才能》一书中仔细探讨了人的创造性才能后，发现了一个十分重要的现象："有些人具有某些才能，但他们的表现并没有达到他们可能达到的水平，为什么具有某种才能是一回事,启用这些才能是另一回事,而在需要时或在可以有效地使用这种才能时利用这种才能,则又是一回事?"①所以,他提出了"狭义创造性"与"广义创造性"的观点,前者是最能代表创造性的那些能力,后者则指创造性人格,是代表创造性特征的组织方式问题。他认为"狭义创造性"并不能保证产生创造性结果,保证产生创造性结果的是创造性人格,因而把这种人格称为"创造力生产力"。② 这种理论被西方一些学者视为经典,对我们研究儿童创造教育很有参考价值。

儿童创造力的培养能否成功,除了创造意向、创造性思维、创造性行为以外,创造性人格起到了很大作用。美国斯坦福大学心理学家推孟通过追踪研究天才儿童,发现最大成功者与最小成功者之间差别最大的四种品质为:取得最后成功的坚持力;为实现目标不断积累成果的能力;自信心和克服自卑感的能力;社会的适应能力和实现目标的内驱力。③ 可见儿童创造力的开发,需要培养其创造性人格,需要健全人格的加持。

一、创造性人格是创造活动的内在动力

英文中的"人格"(personality)一词,来源于拉丁文 persona,即面具的意思。对于人格概念的界定,学术界众说纷纭,作为心理学概念的"人格"与我们日常概念的"人格"不同,它具有下列特点:一是独特性,是指人与人之间在心理面貌上的差异,世界上没有个性绝对相同的人;二是稳定性,人格不是指某人在一时或一事上所体现出来的心理特点;三是整体性,人格由多种因素组成,这些因素是有机联系在一起的;四是社会性,它的形成是个体社会化的结果,实质上是一切社会关系的总和。

美国心理学家奥尔波特(Gordon Willard Allport)提出著名的"特质说",认为特质可以把人的各种经验组织起来,并造成人的恒常性。特质与人格的关系是:特质是针对人格的一种测量单位,奥尔波特认为人格是由人的特质决定的。创造性人格具有较强的稳定性,是由创造者的人格特质构成的一个有

---

① J. P. 吉尔福特.创造性才能——它们的性质、用途与培养[M].施良方,沈剑平,唐小杰,译.北京:人民教育出版社,1991:131.

② 同上:7.

③ 张丽华,邢枫.论心理健康与创造力发展的关系[J].教育科学,2002(6):53—55.

机整体。

　　创造者有不同类型,不同类型的创造者具有不同的人格特质。科学家与发明家不同,哲学家与艺术家不同,社会科学家与自然科学家不同,但是,各类创造性人格亦有共通之处。了解这些共通点,对教育工作者是特别必要的。因为在发展的早期,儿童的创造性人格不是以专业化形式出现的,需要教师、家长发现和培养。

　　关于创造性人格特质研究,吉尔福特归纳出以下 8 项:有高度的自觉性和独立性;有旺盛的求知欲;有强烈的好奇心;知识面广,善于观察;工作中讲求条理性、准确性和严格性;有丰富的想象力、敏锐的直觉,喜好抽象思维,对智力活动与游戏有广泛的兴趣;富有幽默感,表现出卓越的文艺天赋;意志品质出众,能排除外界干扰,长时间专注于某个感兴趣的问题。[①] 这是心理学家最早进行的理论概括,将创造性人格与创造性思维紧密联系起来进行思考,对创造力研究影响深远。

　　人本主义心理学家马斯洛从美国的历史和当代社会中找出 38 位成功人士,包括富兰克林、林肯、罗斯福、爱因斯坦等人,运用整体分析方法,从中归纳出自我实现者的 14 项人格特征:第一,能敏锐准确地观察现实,并与现实融洽相处。作为特定时代生存的个体,他们能清醒地认识到自己所处时代的特征,并以一种务实态度对待生活。第二,善于接纳自我、他人和周围世界。正是由于对现实的清楚认识,才使自我实现者能欣赏自己的优点,容忍自己的错误,同时像爱自己一样去爱别人,爱世间万物。第三,自发、单纯而坦率地表达自己的思想和感情。他们不会因外界环境和世俗习惯而压抑自己的创造性思维,也不会羞于向别人表达情感,真诚自然地流露情感总是动人的。第四,考虑问题视野宽广,就事论事,较少以自我为中心去考虑个人的利弊。第五,有超然处世的品质和独处的需要。正是由于他们以问题为中心而不是以自我为中心,他们能集中注意力于自己感兴趣的问题,而很少依赖他人。第六,有独立自主的性格。他们的生活不是环境所使,而是个人选择的结果。当我们翻看这些人的历史时,会看到一个个个性鲜明的人是如何跳出环境的局限性,主动选择生活,并为这种选择后果承担责任。第七,能不断地从日常生活中体验到新鲜的感受,让生活充满新奇、愉快和美好。第八,经历过引起心灵震动的高峰体验。高峰体验是一种臻于顶峰而超越时空与自我的心灵满足感和完美感,正是这样的高峰

---

　　① 赵承福,陈泽河.创造教育研究新进展[M].济南:山东人民出版社,2002:14.

体验推动着自我实现者去写诗、作曲，研究哲学。第九，爱人类，关心社会，同情他人。他们虽然不一定热心于社会工作，但对人类深深的爱是不变的，并始终为造福人类而努力。第十，能与他人建立深厚友谊。他们的社交圈未必很广，但对所有人都和蔼而有耐心。第十一，具有民主风范，尊重别人的意见。对别人的接纳，对对手的尊重，对真理的敬畏正是他们成就大智慧、大事业的法宝。有明确的道德标准，能区别手段与目的，绝不为达到目的而不择手段。第十二，富有哲理和善意的幽默感。这正是他们深刻地思索生活，机智地迎战挑战的体现。第十三，有创见，不墨守成规。第十四，对文化适应的抵抗。他们能抵制社会压力进行思考和行动。① 马斯洛的研究结果强调时代使命和造福人类，视野更宽，境界更高，同时又关注高峰体验和自我实现，富有强烈的人本主义色彩。

美国心理学家斯滕伯格提出创造力的"三侧面模型"，其中第三个侧面就是人格特质，由 7 个因素组成：对含糊的容忍；愿意克服障碍；愿意让自己的观点不断发展；活动受内在动机的驱动；有适度的冒险精神；期望被人认可；愿意为争取再次被认可而努力。② 斯滕伯格认为"创造是一种选择"，其理论源头是"创造力投资理论"，强调保持坚韧、执着的个性和自我效能感，具有强烈的个人信念。

美国芝加哥大学米哈伊·奇凯岑特米哈伊（M.Csikszentmihalyi）耗时 15 年对世界各地 91 位被公认为最具创造性的人物进行采访，然后从采访记录的整理中归纳出创造性人格的 10 个特质：精力充沛，又很安静，经常休息；很聪明，又很天真；把玩笑和纪律相结合，把责任心和无责任心相结合；一方面充满想象和幻想，另一方面又脚踏实地；把对立的倾向置于外向和内向的统一体；既非常谦虚，又非常骄傲；既有传统性和保守性，又有叛逆性和反偶像性；对自己的工作充满热情，又对它非常客观；在某种程度上逃脱了严格的性别程式（两性同体倾向）；既承受痛苦，又感受到极大的愉悦。③ 奇凯岑特米哈伊概括的创造性人格的精髓是辩证分析，不会因为片面强调一个方面而否定其对立面，而是将两者对立统一起来，反映出创造性人格的既对立又统一的鲜明特点。

20 世纪八九十年代以后，创造性人格研究进入中国学者的视野，一些学者相继从不同角度进行研究，发表不少有影响的研究成果。

---

① 朱永新.创新教育论[M].南京：江苏教育出版社，2001：122—123.

② 赵承福，陈泽河.创造教育研究新进展[M].济南：山东人民出版社，2002：14.

③ 米哈伊·奇凯岑特米哈伊.创造性发现和发明的心理学[M].夏镇平，译.上海：上海译文出版社，2001：50—75.

　　台湾师范大学张春兴教授将高创造性者的人格特征归纳为十个方面：兴趣较为广泛，喜欢对复杂新颖的事物进行思考；语言文字流畅，有较好的语言表达能力；有幽默感和较好的审美能力；反应敏捷，思维缜密，记忆力强，工作效率高；喜欢独立判断，不喜欢人云亦云；有较强的自信心，但有时武断，并喜欢支配别人；喜欢思考人生价值和哲理等抽象问题；生活范围较广，社会能力强；对自己的前途有较高的抱负；态度坦白而直率，情感开朗，不善于自我控制。[①] 张春兴教授概括的高创造性者的人格特征在港台地区有较大影响，但语言表达能力、社会活动能力等指标未必属于人格特征，可以进行简化和萃取。

　　北京师范大学林崇德教授将创造性人格概括为五个方面：健康的情感，包括情感的程度、性质及其理智感；坚强的意志，即意志的目的性、坚持性（毅力）、果断性和自制力；积极的个性意识倾向，特别是兴趣、动机和理想；刚毅的性格，特别是性格的态度特征（例如勤奋）以及动力特征；良好的习惯。[②] 林崇德教授对相关文献进行了综述，以心理学的理论框架进行理论概括，具有较强的普遍性。

　　由于创造是涉及多种心理活动的艰巨复杂的劳动，创造性人格涵盖的内容非常广泛，对这个问题，不论是理论界还是实践者们都尚未给出一个明确答案。但有一点可以肯定，创造性人格是创造性活动的内在动力机制，是引发、维持、促进、调节和监控创造活动的心理特征，并折射出主体积极向上的精神面貌和心理状态。

　　时下有些人认为创造者身上肯定具有创造性人格的所有特征，其实，这是一种误解。一些科学家的个案分析也不能支持这个结论。只能说，他们身上具备部分创造性人格特征，而不是某些人所理解的全部特征。所谓的全部特征不过是心理学家们对许多创造者人格的整体概括而已。唯此，我们没有必要认为一般人具备少量或没有某些创造性人格特征就不能从事创造活动，因为影响创造的因素除了人格以外还有许多因素，影响机制是很复杂的。

二、儿童创造性人格的发展特征

　　儿童存在着创造性人格的表现，这些表现与科学家的创造性人格是相通

---

　　①　罗增让，张昕.谈中学生创造性人格的培养[J].山东青年管理干部学院学报,2000(1)：24.

　　②　林崇德.创造性人才·创造性教育·创造性学习[J].中国教育学刊,2000(1)：5—8.

的。他们的人格可塑性很大，了解这些创造性人格的特殊表现，有利于因势利导地对儿童进行培养。

（一）儿童创造性人格特征研究

研究儿童创造性人格的表现，可以有多种不同的研究方法。美国心理学家托兰斯曾经询问了 87 名教育家，要求每个人列出 5 种创造性儿童的特征，结果表明创造性儿童的主要人格特征包括：具有好奇心，能不断地提出问题；思维与行动具有独创性；思维和行动具有独立性，有个人主义和自足倾向；想象力丰富，喜欢叙述；不随大流，不依赖集体的公认；探索各种关系；主意多，思维流畅；喜欢搞试验；具有灵活性；顽强，坚忍；喜欢虚构；对事物的错综性感兴趣，喜欢用多种思维方式探讨复杂的事物；耽于幻想。[①] 这些特征反映了美国教育家对创造性儿童的观察结果。

北京师范大学董奇教授在综合国内外大量研究的基础上，将创造性儿童的人格特征概括为以下 8 个方面：具有浓厚的认知兴趣、旺盛的求知欲；情感丰富，富有幽默感；勇敢，甘愿冒险，敢于标新立异，敢于逾越常规；坚持不懈，百折不挠；独立性强，善于独立行事，不盲从，对独立与自治有强烈需要；自信，勤奋，进取心强；自我意识发展迅速，自我评价、自我体验、自我控制的发展水平往往高于同龄儿童；一丝不苟，不满足于现学的知识，喜欢刨根问底，不把问题搞个水落石出就不会罢休。[②] 这些结论带有较强的概括性，对开展创造教育富有启发意义。

（二）儿童创造性人格发展研究

儿童创造性人格的研究，仅仅使用静态的因素分析是不够的，儿童在不同年龄阶段，人格特征的表现具有一定的动态性。比如，华南师范大学聂衍刚教授等采用《威廉姆斯创造性倾向量表》对广东省小学三年级至高中三年级 3 729 名学生进行测量，结果发现中小学生创造性人格的发展存在阶段性，可分为三个阶段：15 岁以前是第一个稳定期；15—18 岁是突变期，16、17 岁学生的创造性人格的水平显著降低；18 岁以后进入第二个稳定期，其水平与第一阶段相当。更为重要的发现是，不同类型学校学生的创造性倾向水平在各个学段都存在差

---

① 朱永新.创新教育论[M].南京：江苏教育出版社，2001：125.
② 董奇.儿童创造力发展心理[M].杭州：浙江教育出版社，1993：199—200.

异,并存在着不同的发展趋势,其中重点学校学生创造性人格的变化方向是向下的,其显著下降发生在初高中之间;农村学校学生创造性人格的变化方向除想象力维度外都是向上的,其显著变化发生在小学与初中之间。研究者认为,这些结果证明创造性人格的变化与学校教育有关,"由于普通学校对学生的学习要求并不太高,没有压抑学生的创造性个性倾向,而重点中学过于重视学生的考试成绩和分数,尤其是在初三阶段(16 岁)实施'应试教育',忽略了甚至阻碍了学生的创造性个性倾向的发展。"[①]这项研究的样本较大,研究结论有较强的代表性,它再次提醒我们,之所以拔尖创新人才老是冒不出来,应该与长久以来我国基础教育所实施的应试教育有着不可分割的关系,儿童创造性人格被严重扭曲和扼杀。

南京师范大学朱晓红采用《威廉姆斯创造性倾向量表》对南京市两所普通小学的三、四、五年级学生进行测量,结果如下:从总体情况看,三个年级之间存在显著差异,年级越高,创造性人格得分越高,表明小学中高年级学生的创造性人格随年级的增长呈递增的趋势。在想象力、冒险性、挑战性和好奇心四个因子中,冒险性和挑战性呈非常显著差异,但好奇心却不存在明显差异。[②] 这就证明,不同年级的小学生创造性人格是有变化的,而且不同因素发展变化的情况也有差异。

近年来,重点中学一直处于舆论的风口浪尖上。为此,有的学者开始关注重点中学学生的创造性人格发展状况。西南大学李小平等采用《威廉姆斯创造性倾向量表》对沿海和内地各一所重点中学从初一到高三 6 个年级的 595 名学生进行测量,结果发现中学生的创造性人格得分从初一开始随着年级升高而逐渐下降,但每个年级之间下降的幅度较低,说明中学阶段创造性人格的发展基本处于稳定状态,但到了高二以后得分下降,然后基本维持不变。从具体维度分析,想象力随着年级升高呈逐渐下降趋势,到了初三下降的速度迅速,但到高中后下降趋势趋于平缓。其他三个维度(好奇心、冒险性和挑战性)基本不存在显著的年级差异。[③] 这就提示我们,重点中学学生的创造性人格之所以呈现出逐年下降的态势,与他们想象力的显著下降存在较大关系,应加强重点中学学

---

① 聂衍刚,郑雪.儿童青少年的创造性人格发展特点的研究[J].心理科学,2005(2):356—361.

② 朱晓红.儿童学习动机类型与创造性倾向关系的研究[J].南京师范大学学报(社会科学版),2001(6):90—95.

③ 李小平,张庆林,何洪波.中学生创造性倾向发展的初步测试[J].西南师范大学学报(人文社会科学版),2005(6):65—68.

生想象力的培养。

遗憾的是,上述研究皆存在着取样少、分布范围不够广等问题,其结论未必具有普遍意义。

(三) 超常儿童创造性人格研究

超常儿童和普通儿童相比,在创造性人格方面有没有差异? 了解超常儿童的创造性人格特征,对于发现和培养拔尖创新人才具有重要意义。中国科学院心理研究所何金茶等利用《威廉姆斯创造性倾向量表》对北京、上海的 10 岁儿童进行测量,表明超常儿童的总成绩超过常态儿童,但统计检验显示,不存在显著差异。然而,在好奇心一项,超常儿童优于常态儿童,统计检验差异显著($P<0.05$)。说明超常儿童对事物观察比较仔细,喜欢新的事物,喜欢提出问题。进一步的研究发现,超常儿童的创造性人格总分不存在性别差异,但想象力的成绩男生优于女生,差异非常显著($P<0.01$)。说明超常儿童中的男生更擅长于想象,而且表现相当突出。但在常态班上,男女生之间就没有达到显著差异。[①] 这项报告报道了大城市的 10 岁儿童的情况,从整体上讲,两类儿童不存在显著差异,而且男女差异也不明显。

(四) 儿童创造性人格发展的相关研究

以往关于创造性人格、创造性思维的研究,多侧重于对两者各自的结构特征、影响因素、培养方法途径以及对两者关系的定性描述等方面,而对于中学生创造性人格与创造性思维之间关系的量化研究相对较少。有学者以河南省5 所普通中学初一到高二的 448 名学生为测试对象,以沃建中教授编制的《中学生创造性人格问卷》和《中学生创造性思维测验》为工具,考察了中学生创造性人格与创造性思维之间的相互关系,结果发现中学生创造性人格对于其创造性思维有着显著的影响,特别是其中的挑战性、自信心、冒险性与创造性思维的相关程度较高。[②] 这就启发我们,在教学实践中培养学生的创造性思维,可以挑战性、自信心、冒险性这些人格特征作为切入点。

一般认为,创造力与学业成绩相关较低,实际上不能一概而论。有学者对

---

① 何金茶,查子秀,谢光庭.十岁儿童创造倾向特点分析[J].心理发展与教育,1998 (1):18—20.

② 贾香花.中学生创造性人格与创造性思维的相关研究[J].教育探索,2008(5):118—119.

河南省开封、平顶山、洛阳三市 14 个班的小学生进行过智力、创造性思维、创造性人格与其学业成绩的相关研究,测量对象为四年级的学生。结果表明,小学生的创造性思维与他们的学业成绩有显著正相关($P<0.001$)。而创造性人格与学业成绩的相关较低,其中与语文、自然两科成绩不存在显著关系,但与数学成绩呈非常显著的正相关($P<0.01$),其中挑战性、好奇心的得分起了关键的作用。[①] 这些事实启示我们,创造教育应当兼顾认知、个性和知识技能,即创造性思维、创造性人格和创造性表现能力三个方面。

创造性人格的形成既受先天又受后天因素的影响,由于儿童出生后,长期生活在家庭中,家庭环境便对他们有着潜移默化的熏陶。有人用《家庭环境量表》和《威廉姆斯创造性倾向量表》对广西的 11—15 岁的儿童进行了测量。结果表明:第一,创造性人格中的冒险性与家庭环境中的亲密度、情感表达呈显著相关,与独立性、成功性、知识和道德宗教观呈极显著相关。第二,创造性人格中的好奇心与家庭环境中的亲密度、情感表达、独立性、成功性、知识性、娱乐性和道德宗教观均呈极显著相关。第三,创造性人格中的想象性与家庭环境中的娱乐性呈显著关系,与独立性、成功性、知识性呈极显著相关。第四,创造性人格中的挑战性与家庭环境中的独立性、娱乐性呈显著相关,与亲密度、情感表达、成功性、知识性呈极显著相关。[②] 这就为我们的家庭教育和家校合作实施儿童创造教育提供了理论依据。

(五)创造性人格稳定性研究

弄清了儿童创造性人格的特征,我们最关心的是儿童早期或青少年时期表现出来的创造性人格,到成人或中年、晚年以后能否依然保持?关于创造性人格的时间一致性,有一些研究给出了一些答案。比如,谢菲尔(Schaefer)报告说,他对一些高创造性青年进行了为期 5 年的追踪研究,结果表明,许多在早期能将高创造者从同龄人中区分开来的人,5 年后依然可以从成年人中区分出来。1991 年,坎吉罗斯(Cangelosi)和谢菲尔(Schaefer)进一步研究发现,即使是 25 年之后,那些高创造者在创造力测验中分数仍然显著高于对照组。另外,杜德克和豪(Dudek & Hall)于 1991 年报告说,他们对麦克金农(Mckinnon)30 年前

---

① 王纬虹,段继扬.小学生智力、创造性思维、创造性倾向与其学业成绩的相关研究[J].信阳师范学院学报(社会科学版),1999(1):70—72.

② 海莺,莫文.家庭环境与小学高年级儿童创造个性的相关研究[J].基础教育研究,2001(1):9—10.

研究过的建筑师中的 70 名幸存者进行了追踪研究(年龄为 62—88 岁),发现被试的人格特征保持稳定。① 这些报告证明,创造性人格是相对稳定的,并具有良好的时间一致性。因而,从小培养孩子的创造性人格,对他们的发展是有长期效应的。

三、促进儿童创造性人格发展的实践路径

吉尔福特说过:"尽管有大量证据表明,一个人的能力水平在某种程度上是由遗传决定的,但也有许多证据表明,那些有助于创造力的特性是可以通过练习,通过控制环境条件的种种变化而得以提高的。"②培养儿童创造性人格,必须注意以下几个方面。

(一) 呵护儿童的好奇心

爱迪生 5 岁时,看到母鸡孵小鸡,就问妈妈:"鸡把蛋放在屁股底下坐着干吗呀?"妈妈告诉她,母鸡给鸡蛋暖和暖和,为的是孵小鸡。爱迪生想,母鸡能孵出小鸡来,自己也一定能孵出小鸡来。于是,他找了几个鸡蛋,躲在邻家的仓库里,学着母鸡的样子,蹲在鸡蛋上孵起小鸡来。爱迪生看到母鸡把蛋放在屁股底下坐着的时候,就会提出为什么;当他得知母鸡在孵小鸡后,他就会模仿母鸡,以至做出孵小鸡的荒唐事情来。他的妈妈不像其他人,对孩子的无聊问题不以为然,也没有任何不耐烦,而是耐心解释,这就呵护了爱迪生的好奇心。

心理学研究表明,好奇心是儿童的天性,儿童能够独立行走以后,随着活动空间扩大,好奇心也随之增加,无论见到什么物品都想用小手摸摸,用牙齿咬咬,甚至用舌尖去品尝一下滋味。他们见到任何新鲜事物,总是喜欢问为什么,一开始成人还能对他们的各种好奇的表现以笑相还,但随着儿童逐渐长大,父母就会限制他们的活动范围,甚至对儿童提出的各种问题表现出不耐烦,嘲讽者有之,讥笑者有之,打骂者有之,严重摧残了儿童的心灵。特别是儿童入学以后,他们要过团体生活,必须遵守各项规章制度,他们的言语受到束缚,不再童

① 邹枝玲,施建农.创造性人格的研究模式及其问题[J].北京工业大学学报(社会科学版),2003(2):93—96.

② J. P. 吉尔福特.创造性才能——它们的性质、用途与培养[M].施良方,沈剑平,唐小杰,译.北京:人民教育出版社,1991:123.

言无忌了;他们的行为也受到限制,必须遵守学校的各种规矩。因而,培养学生的创造性人格,必须呵护儿童的好奇心。

呵护儿童的好奇心,首先要认真对待儿童的提问。只有当儿童对周围世界充满好奇,他们才会不断提出各种问题。即使有些问题非常幼稚,甚至毫无意义,但对儿童来说却是一种探索,一种认知。我们不应对他们的问题置之不理,对简单问题可以直接回答,对复杂问题可以鼓励儿童注意事物之间的关系,通过观察对比得出答案。有些问题暂时答案不了,也应该跟他们说清楚,比如"这个问题现在你还理解不了,上中学以后才能学到"。最重要的是,千万不能因为自己不懂而传递错误知识,我们可以告诉儿童,等自己查阅相关资料以后再告诉他正确答案。如果儿童的每一次探寻,遇到的都是教师的"不可能""无意义"或者"无聊"的断语,那么,他们的创造之火就会慢慢熄灭,就很难形成可贵的创新精神。其次要理解儿童的好奇心。有些儿童喜欢拆家里的东西,不是因为他们爱搞破坏,也不是跟父母过不去,而是因为他们有强烈的好奇心。对此,我们不该责骂,更不应该惩罚。有一次,一位朋友的夫人来看著名教育家陶行知,说她的孩子把一块新买的金表拆坏了,她非常生气,狠狠地揍了孩子一顿。陶行知听了,幽默地说:"恐怕一个中国的爱迪生被枪毙了。"他告诉朋友的夫人,这种行为是儿童创造力的表现,解放儿童,就得让他有动手动脑的机会。"那我现在该怎么办呢?"听了陶行知的话,这位夫人感到有些后悔。"补救的办法还是有的,"陶行知说,"你可以和孩子一起把金表送到钟表铺,让孩子站在一旁,看修表匠如何修理,这样,修表匠成了先生,你的孩子就成了学生,修表费成了学费,孩子的好奇心就得到了满足。"陶行知之所以能够成为著名教育家,是因为他理解儿童的好奇心,支持孩子的创造性行为。最后要创设满足儿童好奇心的环境。随着儿童探索范围的扩大,教师应带着学生走出教室,走出校园,去野外观察天气的变化,花木的生长,河道的变迁,在大自然中进行观察记录和科学探究,也可以带他们去动物园、植物园、博物馆乃至农场、企业、银行、报社和电视台,放手让他们去探索、去发现,培养他们对自然和社会的兴趣。

(二) 激发儿童探究的兴趣

诺贝尔生理学或医学奖得主、美国得克萨斯大学弗里德·穆拉德(Ferid Murad)教授曾应邀为南通大学的师生作学术报告,介绍他的科研成果。穆拉德博士说,他之所以有持续不断进行科学研究的动力,首先是因为有兴趣,科学研究可以解决问题,可以给更多的人带来帮助。兴趣是指人对某一特定客体所产生的心理动力倾向性的积极态度。它在创造活动中具有发动性、驱动性和指向性,能激发人的创造心理,使人进入愉悦、紧张的心理状态,从而促进创造心理活动的功能实现。兴趣是创造的动力,科学家的创造性成果无一不是在对所研究的问题产生浓厚兴趣的情况下所取得的。有人问丁肇中教授搞科研苦不苦,他说一点也不苦,正相反,觉得很快活,"因为我有兴趣,我急于要探索物质世界的奥妙"。所以,教师要善于激发学生的探究兴趣,吸引他们去思考、去创造。

激发儿童的探究兴趣,最重要的是因势利导。有名教师是这样教《杠杆的科学》这节课的,一上课他就提出举行一场拔钉子比赛,全班同学推举出一位大力士和一位小力士,大力士的体重几乎是小力士的三倍。同学们一下子就来了兴趣,只见老师拿出一根木条,上面钉着两枚同样粗细的钉子,钉入木条的深度也一样,比比谁先把钉子拔出来。但他递给了小力士一件秘密武器——羊角锤。面对小力士获胜的结果,有的学生觉得很奇怪:"为什么用了羊角锤就能省力呢?"老师乘势引导学生探索杠杆原理,让学生感受科学探究的兴趣。其次要注重实验。实验是科学研究的重要方法,科学实验是人们为实现预定目的,在人工控制的条件下,通过干预和控制研究对象而观察和探索研究对象以获取有关规律和机制的一种探索活动。随着新课程改革的深入,实验课时不断提高,实验形式不断翻新,学校现有的仪器设备可能跟不上实验需求,特别是农村学校由于资金不足,仪器设备捉襟见肘,应因地制宜,因陋就简,寻找替代性实验,尽量安排课本要求的演示实验、分组实验,还应开动脑筋增加演示实验,尽量把演示实验、实验习题等作为随堂实验进行探究。此外,还要大力开展课外阅读。科学探究需要实验,更需要课外阅读,儿童在课外阅读中可以开阔视野,发现问题,感受科学探究的乐趣。让读书活动收到实效,教师和家长就必须协助儿童制订详尽的读书计划,推荐读书目录,介绍读书经验和读书方法,举办读书竞赛,总结读书经验,推进书香校园和书香家庭建设。

(三) 把玩的自由还给儿童

爱玩、爱动的儿童,或许每天会让你烦恼、生气。我们常常会看到他们在地上玩泥巴、做游戏,不亦乐乎。也常常听到老师和父母责怪:"这么脏,不准玩!"然而,玩是天下所有孩童的天性。在游戏中,孩子们基于他们天生的嗜好来玩耍,他们以自己的独特方式四处游逛,进行探险,体验生活,表现出极大的创造性和好奇心。弗洛伊德在《诗人的白日梦》中曾这样说过:"每一个正在做游戏的儿童行为,看上去都像是一个正在展开想象的诗人,你看,他们不是在重新安排自己周围的世界,使它以一种自己更喜欢的新面貌呈现出来吗?谁也不能否认,他们对这个新世界的态度是真诚的,他们对自己的游戏十分当真,舍得在这方面花费大量精力和注入自己最真挚的感情。"①

美国心理学家艾曼贝尔指出:"对儿童来说,参加好玩的、幻想性的活动,能导致高水平的创造性。"②儿童不仅仅是玩,他们就生活在游戏中,作为生活,他们的游戏有着极大的灵活性,是随时随地超越时空的。通过玩,可以建立通向未知的道路,通向此时此地以外的领域。鲁迅先生若不是童年迷恋农村"玩"的那段经历,岂会知道农民"是毕生受着压迫的",又怎能写出意蕴很深的《呐喊》和《故乡》呢?

> 童年时代,鲁迅常常跟母亲住到绍兴乡下的外婆家。鲁迅喜欢那里,把那里看作自由的天地,崭新的世界。因为在那里不仅可以免读晦涩的"四书""五经",还可以同农村的孩子自由自在地生活在一起,到密如蛛网的河面上去划船、捉鱼、钓虾,或者到岸上去放鸭、牧羊、摘罗汉豆,呼吸新鲜空气。每逢村子里演社戏,鲁迅就和小伙伴们一起学习演戏、扮小鬼,涂上鬼脸,手持钢叉跃上台去,逗大家开心……

农村对少年时代的鲁迅很有吸引力,在这片自由的天地里,他不仅学到了许多社会知识和生产知识,还和农村小伙伴们建立了深厚友谊,逐渐了解了农民勤劳质朴的性格,同时看到了旧社会阶级压迫和剥削的事实。这些体验成为他长大后文学创作的原材料。从医学角度讲,在户外玩耍过程中,人体会分泌出一种脑啡肽,这种物质是情绪保持愉快、使大脑得到休息的最佳良药。任何形式的玩耍均是一种智力活动,我们不能以成人的眼光来衡量儿童的游戏,也许孩子的游戏在大人眼中是"低级"的,但在他们心中是有趣的,是他们想象力释放的最好方法。因而,我们要把玩的自由还给孩子,多给他一个空间,让他自己往前走;多给他一点时间,让他自己去安排;多给他一个问题,让他自己找答案;多给他一个困难,让他自己去解决;多给他一个权利,让他自己去选择;多给

他一个课题,让他自己去创造!

(四) 培养儿童的质疑能力

中国科学院院士、清华大学物理系教授朱邦芬认为,是否让儿童学会质疑,反映出中华民族与犹太民族对知识的不同态度,直接关系到中华民族的未来。

> 长期以来,我国教育更偏重于对知识的记忆、传授和积累,而轻视对知识的思考、质疑和创新。朱邦芬指出:"要想创造,就必须学会提问。问得越深越透,就说明你对某个学科越具有想象力、好奇心和批判性思维。"
>
> 他讲述了一则故事。曾获诺贝尔物理学奖的犹太人拉比(Isidor Isaac Rabi),小时候每天从幼儿园和小学回家,妈妈都会问他:"你今天问了什么好问题?"而我们的父母在孩子放学以后问得最多的问题却是"你今天学到了什么新知识?"朱邦芬认为,两个不同问题实质上反映出两个民族对知识的不同态度。
>
> 朱邦芬把中华民族与犹太民族进行对比,两个民族都很勤劳,重视教育,但在人口仅有2 500多万的犹太民族中,获诺贝尔奖的人数却高达215人,而我们中华民族的人口接近14亿,却仅有9位华人获诺贝尔科技类奖项,不能不说质疑能力是一个重要因素。

创造性儿童敢于标新立异,敢于逾越常规,而质疑就是标新立异、逾越常规的前提,质疑精神是创造力的一个基本素质。只有敢于质疑,提出疑问才能逾越常规,推翻陈旧的体系,建立新的体系,科学才能发展。作为教师,我们要激励学生去怀疑权威,怀疑课本,怀疑教师,鼓励学生发现课本中的错误,勇于向权威挑战。

(五) 鼓励儿童的挑战精神

2008年4月8日,物理学家丁肇中教授为南通大学师生做了题为《我所经历的实验物理》的报告,以通俗易懂的方式解读了自己亲身经历的几个实验。

> 1948年,根据量子电动力学,费曼(Richard Philips Feynman)、施温格尔(Julian Schwinger)和朝永振一郎(Sin-ltiro Tomonaga)提出了理论,认为电子是没有体积的。这个理论被当时所有的实验所证明,并因此而荣获

了诺贝尔物理学奖。

到了1964年,哈佛大学和康奈尔大学的教授却做了两个不同的实验,得出了相反的结论,认为电子是有体积的。

究竟电子有没有体积呢?丁肇中决定采用不同方法来测量电子的半径,但他刚拿到博士学位,没有任何经验,也没有人支持他。于是,他毅然放弃在美国的机会,动身前往德国,用新建的加速器做实验。8个月以后,他以自己的实验证明,电子确实是没有体积的。

通过这个实验,丁肇中体会到科学研究的真谛,就是"不要盲目相信专家的结论",即使是哈佛大学和康奈尔大学的教授也有判断失误的地方。科学研究重要的是做别人没有做过的事,更重要的是做别人做过却存在着争议的事,没有挑战精神绝对是不行的。心理学家发现,创造力高的学生常常因为发表"奇论""高见"而被老师与同伴视为"顽皮""淘气",直接导致他们在别人的负面评价中退缩。作为教师,我们要告诉儿童,既然是挑战,就有可能成功,也有可能失败,即使失败,也虽败犹荣,因为你向真理迈进了一步。同时,我们也要正确引导班级舆论,创造出一种自由而安全的宽松氛围,消除他们的思想顾虑,使其创造潜能得到充分发挥。

(六)鼓励儿童的乐观自信

尽管已有多位华裔科学家荣获诺贝尔奖,但杨振宁却一直为人津津乐道,一个重要原因就是他在科研、生活乃至演讲中都充满了自信和乐观精神。让我们考察一下他的童年时代,就不难发现,这份乐观与自信由来已久。

杨振宁出生于安徽合肥。两岁时,父亲杨武之赴美留学,母亲担负起照顾和教育他的重任,4岁开始教杨振宁认字,一年多内就认识了3 000多个字。5岁时,他跟着一位老先生读《龙文鞭影》,居然很快就背得滚瓜烂熟,老先生十分高兴,夸他"前程不可限量"。

1928年,父亲从芝加哥大学拿到博士学位后回国,被清华大学聘为数学系教授。杨振宁对清华园中度过的童年记忆犹新:"在我的记忆里,清华园是很漂亮的。我跟我的小学同学在园里到处游玩,几乎每棵树我们都曾经爬过,每棵草我们都曾经研究过。"

杨振宁十分淘气,但他非常聪明,领悟能力很强。上初二时,他从学校图书馆里发现了一本《神秘的宇宙》,书中介绍的一些物理学最新的现象与理论,使他对物理学产生了浓厚兴趣,他回家后就对父亲高声宣布:"爸爸,我长大了要争取得诺贝尔奖!"

随着年龄增长,杨振宁显示出更强的学习能力。他和好朋友经常在家里做功课,还办了一本小刊物《赤子之心》,并尝试做些物理、化学和生物小实验,比如在玻璃瓶中养蚂蚁,研究蝌蚪、蚯蚓和蜻蜓。他还用饼干盒自制了一台幻灯机,为弟妹们放映幻灯,小小庭院中飘出的欢声笑语让邻居们非常羡慕。父亲对儿子的成长颇感欣慰,觉得"孺子可教"。

培养儿童的创造性人格,就必须让他们拥有积极乐观的心态,让他们充满自信。首先,教师要善于营造有利于创造的宽松环境,为儿童的自主创新提供足够的空间,为他们设置有适当难度的课题,鼓励他们以乐观的态度去迎接挑战。其次,要积极鼓励他们参加群体活动,只有跟同龄人相处,儿童才能发现自己的长处和闪光点,只有不断地肯定自己,才能真正地树立自信心。最后,我们也应清醒地认识到,自信就像温室中的幼苗,应得到精心保护。作为教师,千万不要轻易地对孩子说"你不行""你怎么那么笨""我从来没见过你这么蠢的孩子"。如果我们一会儿在保护儿童的自信,一会儿又在伤害儿童的自信,或者有的教师在保护儿童的自信,有的教师却在伤害儿童的自信,这种教育就不会形成合力。

(七) 提高儿童的自主能力

美国心理学家霍华德·加德纳(Howard Gardner)于 20 世纪 80 年代访问中国,试图了解中西方教育的差异。在南京的一家宾馆,他看到一名孩子试图自己打开房门,父母却好心地阻止了他的尝试。他发现,中国的父母倾向于自己替孩子开锁,或者直接告诉他开锁的方法。而在相同情况下,美国父母却允许、鼓励孩子的尝试和探究,不会像中国父母那样出于爱心而急于"帮助"。对待儿童尝试开锁的不同态度,恰恰表现了两个民族不同的教育观念。加德纳教授的发现是很准确的,无论是家庭教育还是学校教育,我们都喜欢大包大揽,尽可能什么都替孩子想好、做好。从表面上看,这是对孩子的爱护,实际上却剥夺了他们自主发展的机会。现在提倡自主创新,必须加强儿童自主能力的培养,在生活方面要更多地培养他们的自治自理能力,在学习方面要更多地培养他们的自主学习能力,在创造发明方面要更多地培养儿童的自主创新能力,将创新的权利还给儿童,或许他们会带给我们一个更好的未来。

(八) 强化儿童的"晶化体验"

2012 年 5 月 1 日,美国科学院院士评选结果公布,40 岁的华裔学者庄小威成功当选,在海内外引起强烈反响。人们好奇的是,这位 1972 年出生的女科学家靠什么成为哈佛大学的化学和物理双科教授,并成为美国科学院院士? 三个半月以后,作为"北京大学大学堂顶尖学者讲学计划"的嘉宾,这位梳着齐耳短发、看起来干练得体的女教授出现在北京大学的报告厅,与北大学子分享她的科学人生。

> 庄小威出身于书香门第,父母均为大学教授。当年还未上学的她,听到爸爸问哥哥"桌子上的杯子除了受重力和支持力还受什么力",她抢着回答:"还有来自空气的力。"这一误打误撞的答案,竟然被父亲当成了她有物理天分的佐证。
>
> 庄小威诙谐地说:"我从没想过要做企业家,也没想过要做政治家,更没想过要做航天飞行员,这些都是很伟大的事业,我从小到大就想做科学家。"
>
> 她觉得自己很幸运,在很小的时候就确立了毕生的志向。正因为从小就立志要做一个科学家,她从中科大少年班预备班毕业后,就顺利进入了中国科学技术大学。在大学期间,她在四门力学专业课上创下四个 100 分的成绩,至今仍是中科大物理系的一个难以逾越的大满贯。1997 年,她获得美国加州大学伯克利分校的物理学博士学位。

正如庄小威所言,她从小就立志做一名科学家,人生愿景很明确,学习起来就格外努力,无论是学习还是科研,她都全力以赴,终于在不惑之年当选了美国科学院院士。

在儿童的成长过程中往往有一些重要的事件、重要的时刻、重要的转折点,需要我们去抉择。如果抉择得好,可能就会实现其人生目标;反之,如果抉择得不好,也可能会导致人生的迷惘甚至一事无成。哈佛大学加德纳教授在对弗洛伊德、爱因斯坦、毕加索等 7 位大师进行系统研究后发现,除了毕加索,没有一人是天才儿童。即使童年时代拥有超凡的绘画能力,毕加索也是一个让人跌破眼镜的学生,"他厌恶上学,想尽办法逃学,即使被迫上学在班级里也很差"。① 令人惊讶的是,在加德纳研究的每一个个案中,这些人一旦进入自己所选择的专业,他们就能奇迹般地表现出超常能力。尽管他们投身专业的时间有所不同,一旦投身其中,他们的进步幅度就陡然直上,并迅速达到专业的顶峰。因此,加德纳确认年轻人发展进程中有一个转折点或"晶化体验"(crystallizing experience)。正是在这个关键时刻,他们将自己的心智自觉地指向一个明确目标,投入到一个专业,直至发展到越来越高的水平。从庄小威的演讲中,我们不难发现,是她的父亲意识到女儿的"晶化体验"并及时加以强化,使之转化为女儿的人生目标,成为庄小威后来的学习和科研的内驱力。

(九) 提升儿童的道德境界

道德创造力是做出或者发现新的有道德价值的产品的能力。近年来,无论是韩国首尔大学黄禹锡的学术造假事件,还是河北科技大学韩春雨的基因编辑丑闻,都一再提醒人们必须关注创造力的道德问题。在中国,"能人腐败"近来成为热词,一批高学历的贪腐官员纷纷落马。原铁道部运输局局长张曙光因受贿 4 700 余万元被判死缓,也是他,因主持中国铁路高速列车项目而被誉为"中国高铁第一人"。原重庆市副市长王立军因徇私枉法、叛逃、滥用职权、受贿罪被判 15 年有期徒刑,也是他,因拥有 254 个专利而被称为"中国民警的传奇人物"。尽管这些人有过很高的创造成就,最终却锒铛入狱,是因为他们丧失了党员干部的基本原则和为人做官的道德底线。这都警醒我们,儿童创造教育更应提倡立德树人,这是教育的根本任务。

当今中国正处在大发展大变革的重要时期,面对前所未有的机遇和挑战,我们应该在儿童创造教育上找到道德和创造的链接点。一方面,道德始终在创造教育中处于缺席状态。我们的创造教育教儿童创造理念、创造性思维、创造技法,就是不教他们创造道德,这是非常危险的。如果创造缺乏道德的修炼和约束,我们培养的创新人才可能是有责任感的,也可能是没有责任感的;可能是亲社会的,也可能是反社会的;可能是亲人类的,也可能是反人类的。因此,我们应避免道德在儿童创造教育中的缺席,积极建构"道德型创造教育",以道德教育改进创新人才的早期培养,充分发挥道德对儿童创造的引领和制约功能。另一方面,创造又在当下道德教育中严重缺失。我们的道德教育教儿童伦理规

---

① ［美］霍华德·加德纳.大师的创造力:成就人生的 7 种智能[M].沈致隆,崔蓉晖,陈为峰,译.中国人民大学出版社,2012:126.

范、公民道德、法制和纪律,就是不教儿童道德创造,令人担忧。如果缺乏了道德创造力,我们培养的未来公民可能具有良好的道德认知,却未必具有崇高的道德理想;他们可能会刻板地遵从道德标准去评判是非,却未必能够在真实的道德情境中进行道德选择;他们可能会很好地维护道德传统,却未必能应对全球化进程中的道德变迁。这样的人才往往受教育的水平越高,越难实现道德力量的超越。所以,我们要尽快改变创造在儿童道德教育中的生态缺失,积极推进"创造型道德教育",以创造教育滋养道德文化,从而提升儿童的道德境界。总之,推动儿童道德教育与创造教育的互动和融合,既是思想道德建设的重大工程,也是创新人才培养的重大工程。

(十) 锤炼儿童的顽强意志

近年来,被誉为华人数学界"西屋奖"的"丘成桐中学数学奖",以其独特的选拔模式吸引了中学生的广泛关注。

中国人民大学附中高三年级的马悦然、文浩和段湾同学组成的团队凭借论文《基于 Vasicek 利率模型的欧式期权定价研究》获得第二届"丘成桐中学数学奖"银奖。

马悦然是该选题的创始者,尽管身为文科生,她始终对金融和数学抱有浓厚的兴趣。她参加中国科学院数学与系统科学研究所的课外学习班,当学到期权定价这一理论时,正赶上了利率波动最频繁的时期。"我经常看到电视报道说利率在不断波动,但是我想到之前学到的利率恒定问题,觉得可以重新研究这个模型,于是就定下了这个选题。"

马悦然的选题也引起了文浩和段湾的兴趣,此后一年中,三人开始了漫长的"数学之旅"。只要完成了课内作业,三个人就会琢磨这个研究课题。由于平时上课时间紧,课业压力大,寒暑假就成了他们研究的绝好时机,有时夜里两三点钟还在发短信、发邮件讨论问题。

他们的论文从诞生到逐渐成熟,曾几十次被推倒,但三个人从未放弃。文浩事后回忆说:"从一开始就有很强的动力,但是被推翻这么多次以后,更多的是靠毅力来做。"

我们不否认马悦然、文浩和段湾三位同学的选题价值,也不否认他们的知识水平和创新能力,否则,他们就不会获得"丘成桐中学数学奖"。但他们凌晨两三点钟还在进行课题讨论，一篇论文居然被几十次地推倒重来，这种刻苦钻研的精神，这种愈挫愈勇的顽强意志，才是他们"笑到最后"的资本。

按照斯滕伯格的创造力投资理论，创造意味着"低买高卖"，意味着公然对抗众人，这势必会碰到许多困难，甚至遭遇他人的批评和阻挠。放眼世界，无数故事都可以证明这点。一个自强不息的典型就是美国著名盲聋作家海伦·凯勒(Helen A. Keller)，尽管她一岁半丧失了视听能力，但她没有向命运低头，而是用坚强的意志战胜了种种常人难以想象的艰难险阻，出人意料地考取了哈佛大学。在许多教材没有盲文版的极端条件下，她刻苦顽强地学习，终于以超过常人的优异成绩完成全部学业。她终身努力不懈，掌握了五国文字，成为世界著名的作家和教育家。由此可见，坚强的意志具有多么巨大的创造力量。创造不是游戏，不可能一帆风顺，会存在着各种各样的障碍和困难，在这种情况下，意志因素起着异常重要的作用。而意志活动的目的性、顽强性、果断性和自制性品质，则需要从小培养。

美国人本主义心理学家马斯洛说过："创造性首先强调的是人格，而不是其成就。这些成就是人格放射出来的副现象，对人格来说，成就是第二位的。自我实现的创造性强调的是性格上的品质，如大胆、勇敢、自由、自主性、明晰、整合、自我认可，即一切能够造成这种普遍化的自我实现创造性的东西，或者说是强调创造性的态度、创造性的人。"[①]我们将创造性人格放在创造心理结构中的最后一个因素来进行探讨，不是表示这个因素不重要，恰恰相反，创造性人格渗透于创造全程，对儿童的创造起"生产性"的动力作用，因而显得尤为重要。

拓展阅读导航

[1] 刘文,李明.儿童创造性人格的研究新进展[J].湖南师范大学教育科学学报,2010(3).

[2] 聂衍刚,郑雪.儿童青少年的创造性人格发展特点的研究[J].心理科学,2005(2).

[3] 张洪家,汪玲,张敏.创造性认知风格、创造性人格与创造性思维的关系[J].心理与行为研究,2018(1).

[4] 李西营,刘小先,申继亮.青少年创造性人格和创造性的关系：来自中美比较的证据[J].心理学探新,2014(2).

[5] 彭运石,王玉龙.创造性人格：模型测评工具与应用[M].北京：世界图书出版公司,2016.

[6] 郭有遹.创造心理学(第3版)[M].北京：教育科学出版社,2002.

① 马斯洛.人的潜能与价值[M].林方,译.北京：华夏出版社,1987：253.

［7］ 谷传华.社会创造心理学［M］.北京：中国社会科学出版社,2011.

［8］ 王如才.主体体验——创新教育的德育原理［M］.济南：山东教育出版社,2004.

［9］ 何晓文.德育引领创新——华东师范大学第二附属中学创新人才培养的探索与实践［M］.上海：华东师范大学出版社,2000.

［10］ 胡卫平.中国创造力研究进展报告(第1卷)［M］.西安：陕西师范大学出版社,2016.

第七章

创造性教学的核心理念与路径选择

　　从目前的情况来看,学校创造教育,特别是课堂创造教育应当成为创造教育的主要阵地。

　　　　　　　　——李嘉曾(澳门城市大学教授,中国发明协会高校创造教育分会副会长)

李吉林是一名小学语文教师,因为情境教育的开创性研究而成长为儿童教育家。2014 年教师节,她凭借《情境教育的实践探索与理论研究》荣获首届基础教育国家级教学成果特等奖的第一名。在四十多年前,她就开始了情境教学的探索,构建的完整情境教育理论和操作体系,被列入中国九大本土教育学派。让我们先阅读一下她的教学案例"桂花"。

一年秋天,李吉林带着二年级学生到野外去上观察说话课。孩子们仔细地观察桂花。桂花的美吸引着孩子们,他们快乐地观察着,思考着,描述着。

观察活动结束,他们爱怜地把落在树下的桂花捡起来,一朵,一朵,聚在小小的手掌中。李吉林知道"美"总是会激起儿童的"爱",小小的桂花成了孩子们心目中美的精灵。他们不约而同地把手上的桂花放到老师的大手中。

孩子们的真情使李吉林立刻想到充满想象力的童话,于是她双手捧着桂花把他们带到草地上,请一位女同学走到圆圈中扮演桂花姑娘。李吉林走到她身边,把桂花轻轻洒落在她的头上、发辫上和衣服上。在孩子的眼前,她俨然成了真的"桂花姑娘"了。李吉林让大家坐在草地上一起来编讲"桂花姑娘"的童话。

凉风习习,时时飘来阵阵桂花的甜香,此景此情构成了最佳的创造情境,孩子们身心俱适,一对对想象的翅膀悄然扇动——

一个孩子开了头,他很认真地说:"我想,桂花姑娘原来是个穷人家的孩子。"李吉林觉得这个开头挺有感情色彩,就顺着孩子的思路启发:"你想得很好,那后来呢?"

孩子们很动情地说:"桂花姑娘长得很美。有一天,一个坏蛋带了一伙人把桂花姑娘抢走了。"

一个男孩接着说："桂花姑娘到了坏蛋家,受尽折磨,她绝不受坏蛋的气,决定逃跑。"

故事被编得情节曲折。

有个女孩子深情地说："那是一个有月亮的晚上,桂花姑娘等坏蛋睡了,悄悄地打开后门逃走了。"

桂花姑娘能否逃出虎穴呢?

沉默片刻,有个孩子说："这时好心的风伯伯来帮助桂花姑娘。"

李吉林听到这儿,为孩子想象的奇特而惊喜。她想,风伯伯来帮忙,那桂花姑娘就会飞起来了!

果然不出所料,孩子们把他们的童话推向了高潮。一个男孩忽闪着眼睛,说:"桂花姑娘被风伯伯拽着飞起来,一直飞到月亮上去了……"孩子们的心也跟着飞起来。

嫦娥奔月的神话在孩子们的口头创作中获得了新的创意。教学到此并没有结束,儿童的情感让故事有了颇有寓意的结局:

有个孩子说:"桂花姑娘在月亮上思念人间,就洒落下金色的桂花种子,从此大地上便有了桂花树。"

"为了不被坏蛋发现,开出一朵朵金黄色的小花,躲在绿叶下"……

孩子神话般的想象罩上了情感的光环。他们静静地坐在草地上,久久不愿离去,大家在这诗情画意中一起体验着创造的快乐。

李吉林的教学案例"桂花"生动地诠释了情境教学的内涵,是孩子们的真情催生了她的教学智慧,在习习凉风和阵阵花香中,她不仅导演了"桂花姑娘"的戏剧表演,而且和孩子们一起即兴创编"桂花姑娘"的童话。她把一个真实的体验延伸出去,使学生的想象空间得到了开拓和延伸,使真实场景的意蕴变得更广远。在教学过程中,她善于根据儿童创造活动的客观规律,并通过儿童自身的能动作用,有效发展他们的创造力。这正是我们所追寻的创造性教学。

从某种程度上讲,树立创造性教学的科学理念,构建创造性教学的体系,使课堂教学焕发出创造活力,对深化当下的中小学课堂教学改革具有举足轻重的意义。那么,为什么我们要强调创造性教学?它有哪些核心理念?如何建构创造性教学?实施创造性教学需要哪些条件?本章拟对这些基本问题做一些深入探究。

一、掌握性教学不利于儿童创造心理发展

无论自觉与否,每名教师总是按照一定的教学模式去开展教学活动。教学改革的实践表明,任何一种教育改革必然带来整个教学模式的变化,都伴随着对传统教学模式的改造和对新教学模式的探寻。

教学模式是教学过程的本质概括和抽象,是国内外教育学者研究的重要课题。美国哥伦比亚大学教授乔伊斯(Bruce Joyce)和威尔(Marsha Well)早在 20 世纪 70 年代就对教学模式进行过系统研究,认为教学模式是构成课程和作业、选择教材、提示教师活动的一种计划或范式。其专著《教学模式》已出版第 9 版,2021 年由华东师范大学出版社翻译出版。在新版中,他们将教学模式分为信息加工类、社会类、个体类、行为类和掌握学习五类,全面介绍了每一类模式的理论框架、历史渊源与发展前景,重点探讨了线上线下教学相结合的路径,拓展了教学模式的运用范围。①

按照教学所完成的目标和任务,我们可以将我国中小学的课堂教学模式划分为掌握性教学和创造性教学两种。前者又可以区分为记忆水平的教学和理解水平的教学。所谓记忆水平的教学是指教师过分强调学生的机械记忆、死记硬背,而不太注重对学习内容的理解,更谈不上对创造性人才的培养。这是一种低水平的教学。所谓理解水平的教学是指教师将较多的精力和时间放在学生的理解上,通过理解,学生容易加强知识之间的融会贯通,便于理论联系实际,也有利于加强记忆,从而取得了较好的教学效果。上述两种水平的教学活动非常多,因为它较好地适应了应试教育的需要,所以说,掌握性教学模式在我国中小学课堂教学中占比较大的优势。相比较而言,创造性教学几乎一直处于真空状态,因为这种水平的教学强调学生在理解知识的基础上创造新的知识,教学的着眼点不再是"知识的传承",而成了"知识的创新",它的缺席对中小学培养创造性人才是极为不利的。

在现代教育理论看来,课堂教学的重要任务就是培养学生的创造力。而掌握性教学结构中存在着阻碍学生创造心理发展的诸多因素,容易使儿童十分灵

---

① 布鲁斯·乔伊斯,等.教学模式(第 9 版)[M].兰英,等,译.上海:华东师范大学出版社,2021:16—21.

活的思维方式被禁锢在狭隘的圈子中。排除受教育者的自身因素,掌握性教学对儿童创造心理发展的阻抗因素主要有以下几方面。

(一)衰落的主体地位

课堂教学的主体是学生,然而掌握性教学却无视学生的主体地位,剥夺学生的参与权利,将师生的双边活动演绎成教师一厢情愿的繁琐讲解,教师是十足的演员,学生成了名副其实的听众和观众。即使让学生参与其中,也不放心学生大胆去想、勇敢去试,唯恐学生浪费教学时间,耽误教学任务。其结果是,回答问题蜻蜓点水,组织讨论浅尝辄止,学生稍微展开点想象,又怕耗费了时间,很难激发学生的思维火花,不仅挫伤了学生学习的主动性和积极性,更严重阻碍了学生创造心理的养成。

(二)传统的教学方法

美国教育心理学家布卢姆(Benjamin S.Bloom)把掌握学习的实施分为三个阶段,即给"掌握"下定义、制订实现"掌握"的教学计划、为实现"掌握"而教,每个阶段都有严格的目标和程序,强调因材施教。而我国中小学的课堂教学除了对学生"掌握"的要求相似以外,在教学方法上依然是传统的那一套,即教师讲,学生听;教师写,学生背;教师灌输,学生接受;教师出题,学生做题。教参仅仅是参考而已,如果教者囿于教参,奉其为"圣旨",教学双方都不敢越雷池一步,处于这样的状态下,儿童的创造心理从何而来?

(三)超标的教学内容

由于我们误认为只要师生肯花时间,所有学生都能学好功课。我们不惜牺牲孩子本可以自由支配的时间,以"题海战"和频繁考试轮番轰炸学生。对那些"掌握"情况不良者,往往采取加班加点的办法解决。和国外中小学相比,我国目前的课程设置、课程内容安排及其要求,从总体上看都偏深、偏难。比如编进教材的范文大多是著名作家的成名作或代表作,美文佳作连篇累牍,与学生的实际水平距离太大,与实际生活更是严重脱节。教材编者似乎都想把学生培养成文学家或语言学家,如此,只有极少数学生跻身精英行列,而绝大多数学生如坠云雾、学非所得。这就大大制约了学生创造心理的发展,阻碍了学生创造性行为的形成。

（四）异化的评价方式

多年来，教育一直被看作一个金字塔，在它的底部，全部或大多数成员都能入学，而只有极少数人才能达到顶点。这种为少数人服务的选拔性教育过分强化教育评价的甄别功能。凡是试卷上可能考到的内容，教师就使劲教，学生就拼命学；不考的干脆就放弃，即使学生对不考的内容产生了兴趣，甚至有自己的独特见解和创新发现，都会被告知"不要浪费时间"。评价原本是促进学生掌握知识的手段，但在掌握性教学中这个手段却被异化为控制学生的工具。

（五）扭曲的师生关系

和谐的师生关系是教师和学生在人格上是平等的，在活动中是民主的，氛围是融洽的，其核心是师生心灵的互相接纳。然而，在掌握性教学中，这样的师生关系却被扭曲了，本应和谐的师生关系演变成为教师盛气凌人的强硬专制，盲目追求个人权威，学生必须唯命是从。由于掌握性教学是以知识为本位的唯知主义教育，衡量教学效果以知识掌握的数量和质量为主要依据，师生交往缺乏情感基础，教师往往对优生信任有余，对差生心存成见，不屑一顾，造成学生对教师表面驯服而内心反感，对教师的道德人格和工作能力产生了深深的怀疑和失望。扭曲的师生关系会给教学带来极大的负面影响，由于师生交往障碍，教师的表扬被学生当成"欺骗"，教师的批评被学生当成"惩罚"，教师在学生心目中的专业威信和美好形象荡然无存。

因此，培养创造性人才，必须尽快告别课堂中创造性教学缺席的状态，树立创造性教学的科学理念。

二、创造性教学的核心理念

创造性教学是指教师在教学过程中根据儿童创造活动的客观规律，运用创造性思维方法，通过儿童自身的能动作用，有效发展他们的创造潜能和创造心理素质的一种教学模式。实施创造性教学，首先必须树立创造性教学理念。

（一）创造性教学应该是一种责任，而不是教学的点缀和装饰

现在不少学校在工作计划和总结中宣称"坚持素质教育""坚持创新性教

学"，而在实践上仍然是以知识传授、教师讲授为主，传统教育思想依旧根深蒂固。这些学校口口声声喊"创造性教学"，其实不过是一种"点缀"和"装饰"。实施创新教育，坚持教学创新不应该是一种装饰，而应该成为每个教师的责任。

（二）创造性教学应该面向全体儿童，而不是只面向少数精英

有的教师认为创造力并非人人都有，创造教育的对象应该是那些有创造才华的天才儿童。实际上，这种理解是错误的。创造是人的本能，是人的天赋潜能，创造教育的使命就是释放人的创造潜能，培养人的创造心理素质。确实，最早关于创造力的研究都集中于天才和天才儿童身上，但 20 世纪 50 年代以后，人们研究的重点已经转向了普通人。美国心理学家吉尔福特认为："我们每个人都在某种程度上具有这些才能；而那些创造性天才，仅仅是在其中某些方面具有异常卓越的才能而已。"①人本主义心理学家马斯洛更是充满信心地告诫人们："几乎所有的儿童，在受到鼓舞的时候，在没有规划和预先意图的情况下，都能创作一支歌、一首诗、一个舞蹈、一幅画、一种游戏或比赛。"②因此，儿童创造教育绝不是少数"尖子生""特长生"的精英教育，而是面向所有学生的普适教育。

（三）创造性教学应该注重创造心理的综合素质养成，而不是局限于创造性思维或创造技法的训练

人们经常把创造教育误解为"创造性思维培养"或"创造技法训练"，一些教师往往只重视创造性思维或创造技法的训练，而忽视了儿童创造心理结构的完整性。理想的创造性教学要求注重儿童创造心理的自由与全面的发展，这就要求我们抛弃"以训练为中心"的功利主义价值观，用"以儿童为中心"的人文主义价值观来取代，凸显创造心理素质的综合培养，使中小学生在创造性行为、创造性思维方面得到培养，更为重要的是培养他们全面的创造意向和创造性人格，从小塑造他们的创造精神。学生只有具有创造精神，才可能产生强烈的创造动机，树立创造的目标，释放创造的激情，充分发挥创造的潜能。

（四）创造性教学应该关注教学过程，而不是只关注教学结果

教学结果是相对于教学过程而言的。所谓教学结果，即教学所要达到的目

---

① J. P. 吉尔福特.创造性才能——它们的性质、用途与培养[M].施良方,沈剑平,唐小杰,译.北京：人民教育出版社,1991：4.
② 马斯洛.人的潜能与价值[M].林方,译.北京：华夏出版社,1987：247.

标;所谓教学过程,即达到教学目标所必须经历的必要程序。掌握性教学往往是教师通过单一的教学过程把不容置疑的知识和结论直截了当地灌输给学生,很少重视复杂而曲折的真理发现过程,这就压缩了学生的思考空间,是一种重结果、轻过程的教学。创造性教学强调教师引导学生通过一系列的质疑、分析、比较、判断以及相应的选择过程,由发散到收敛,由求异到求同,这是一种过程与结果并重的教学。显然,多样性的教学过程比单一性的教学过程更有利于培养学生的创造力。

(五)创造性教学应该将创造的权利还给学生,而不是把创造的权利垄断在教师手中

西南大学张庆林教授曾指出,要厘清"以创造性为目标的教学"(teaching for creativity)和"有创造性的教学"(creative teaching)这两个容易混淆的概念。他举了一个名为"增进创造性思维"课程实例来说明两者的差别。

> 老师取出一块布,先向学生展示如何把这块布变成各种形状,如花、海浪等,接着要求学生学习一系列已经设计好的舞蹈动作,并根据老师的提示用这些动作组成一个有意义的故事。这项活动使学生打破了常规的课堂练习,还赢得了旁观者的热情赞赏。
>
> 但是问题随即出现了。在这项活动中究竟是谁表现出了创造性?这个活动的内容当然有新意而且形式新颖有效,但是学习者在整个活动中关注的是怎样做好每个动作,这几乎与创造性思维没有任何关系。如果学生没有机会去发挥他们的创造性思维,那么即使教学活动能够带来有趣的、甚至是创造性的效果,也不一定有助于培养学生的创造力。①

从上述案例中,学生的课堂行为似乎是别出心裁的,其实不然,他们所谓的"创造性行为"是教师预先设计好的,只是教师的创造性表现,对学生而言,他们的行为不过是一种机械模仿。换句话讲,教师表现出的创造力并不等于培养了学生的创造力,"有创造性的教学"未必等于"以创造性为目标的教学"。张庆林教授认为,创造性教学的目标是为了培养学生的创造力,其重点应该放在学生身上。创造力的发展主体是儿童,儿童是创造的主体,因而教师不能因为自身的教育地位高、知识层次高而垄断创造的权利,只有将创造的主权还给学生,真

---

① 张庆林,李艾丽莎.创造性培养与教学策略[M].重庆:重庆出版社,2006:21.

正发挥儿童的主体能动作用,才能从根本上解决创造性教学问题。

三、推进创造性教学的路径选择

教学理念是内隐于教学过程并给教学行为以深刻影响的思想观念,它体现了教学模式的本质,反映着教学活动的追求。实现从掌握性教学到创造性教学的模式转换,必须依据中小学教育的特点和创造教育的规律,真正实现教学目标、教学内容、教学方式与手段以及教学评价等各方面的革新。

(一)创造性教学的发展路向

1. 积极推进教学目标从"知识导向"向"创造导向"转变

教学目标创新要把传统的以知识为导向的教学,转变为以培养学生创造素质为导向的教学。过去,我们将知识理解为对经验、事实和规律的认识,从而牢固确立了知识的确定性、唯一性、静止性的基本信条。现在,我们从动态的角度重新审视,知识不仅是认识的结果,更是认识的过程;它是对事实、概念的系统描述,更是获得知识的方法。根据这种新的知识观,让学生掌握确定的事实、系统的概念就不再是我们教学的主要目标,知识的教学仅仅是我们认识事物的本质、训练思考能力和掌握学习策略的一种手段。创新性教学强调的是发现知识的过程,是学生独立解决问题的能力和主动探究的精神。因而,掌握知识的根本目的是创新知识,形成面向未来的价值观。

2. 努力实现教学内容从"知识体系"向"知识发现过程"转变

当下中小学各门课程的教科书是按照知识体系来编排的,这种编排方式重视现成的结论,而忽视知识的形成和发展过程,既不利于中小学生从中了解科学的真正内涵,也不利于激发他们的创造意向,更不利于他们通过科学发现、了解蕴涵于其中的科学思维。

实现教学内容从"知识体系"向"知识发现过程"的转变,应该在教学改革方面多动脑筋:一是注重探究教学。在教师指导下,以儿童为主体,通过他们主动自觉的探索活动,研究客观事物内在的本质属性,发现事物发展的起因和内部联系,从中找出规律,掌握认识和解决问题的方法。二是鼓励合作学习。通过异质分组,促进儿童之间的相互交流和讨论,以解决认知冲突,进行归纳推理,促进学生对新知识的理解和认识。三是推进研究性学习。在教师指导下,通过儿童亲身参与的研究活动(如观察、调查、访谈、实验、设计、制作等)获取知识、得出结论、形成产品,在提出问题、分析问题和解决问题的全过程中学习科学研究方法,获得成功的体验。

3. 尽快完成教学方式从"灌输式"向"启发式"转变

在西方国家,师生问答被认为是创造教育最有效的形式之一。老师常在课堂上提出问题,学生也可以在任何时候打断教师的讲课,径直向老师提问,有些学生甚至会非常幽默地提出问题,引起同学们的哄堂大笑。这种宽松的教学,能更好地调动每个学生的积极性,最大限度地发挥学生的创造力。与此形成鲜明对比的是,在我国以教师为中心、以课堂为中心、以教材为中心的教学模式下,学生始终处于被动地位,更谈不上师生之间面对面的不同观点的争辩。教学方式创新要求教师在教学中大胆探索,减少讲授时间,不刻意追求知识的系统性,多用讨论式、启发式教学,增加儿童自学、讨论和探究的机会,让儿童动手动脑,保护儿童的奇思妙想,激发儿童思维的主动性和创造性。

4. 加快完成教学对象从"同质性"向"异质性"转变

当创造性教学的目标定位于学生创造心理发展以后,一些教师很快就将目光转移到那些有天赋的高创造性学生身上,不惜花费大量时间辅导他们。这当然有利于培养天赋较高的学生,却不利于培养那些有天赋但也有缺陷的学生。在实际生活中,我们常常能够看到一些学生在某些学习领域表现出异乎寻常的能力,却在另一些领域表现出十分明显的缺陷。这些学生被称为"双重非常"(twice-exceptional)学生,他们可能会表现出以下的学习困难:阅读水平明显比同年级的同学低,但对某些主题的了解却很丰富;抽象推理能力很强,却记不住细节;不能完成学校作业,却在课外表现得异常聪明和充满好奇心;由于缺乏自信,常常表现得不够灵活,不能担当风险,对任何批评都极其敏感,社会性发展不充分,固执;缺乏有效的组织和学习技巧等。对于这些"双重非常"学生,如果简单地要求他们"更加努力学习"往往作用有限,需要传授一些特别的弥补策略,比如创设一种重视个别差异的鼓励性环境,要求每个教师尊重儿童学习领域内的能力差异;对于表现不佳的有天赋的学生,要想一想其表现是否意味着某种学习障碍;给学生提供相关资料,使之意识到自己在学习上有困难,并学会弥补;评估每个学生的学习风格,据此创设适合其风格的任务,允许并鼓励学生以其学习风格去学习,不要使用传统的矫正技术(如特殊分班教育),而是直接传授一些弥补策略;如果学生在写作方面有困难,给他们提供其他学习方式;向学生提供清晰准确的书面指导语,一次不要太多,最好用不同颜色的笔和不同形状的纸片;如果学生需要,直接教给他们一些组织技巧;只要可能,给学生两套课本,一套在学校里用,一套在家里用;和其他有学习困难的学生一样,"双重非常"学生也需要较长时间来完成作业和测验,如果允许他们大声地读出测验题目,有些学生会做得更好;尽可能根据学生个人的兴趣设计学习内容。"应当承认,有学习困难的天赋儿童可以和无学习困难的天赋儿童一样体验种种经历并从中获得乐趣。"①这就需要我们加快完成教学对象从"同质性"向"异质性"的根本性转变,将因材施教落到实处。

5. 大力推进教学评价从"标准化"向"非标准化"转变

美国心理学家吉尔福特指出:"教师还没有充分意识到,他们引导学生从事的那种心智训练在很大程度上取决于我们用来评定成绩的那种考试。大规模使用多重选择测验或正误测验(true-false test)是应该受到责备的。这些测验最适合于认知和记忆的运演,但完全顾及不到发散性加工和辐合性加工,后者要求完成各种类型的试题。"②遗憾的是,无论在我国的中高考还是平时考试中,标准化测验都呈现出越用越多的态势。之所以存在上述问题,主要是因为在现行教学体制中,学生的学习成绩(特别是考试成绩)是评价学习效果主要的甚至是唯一的指标。其实,有经验的教师都知道,面对着千差万别、各有千秋的学生,这一指标并不科学,因为学校的教育对象是活生生的人,各人的认知风格、特长、优势、弱项和缺陷各不相同,甚至可能存在天壤之别。因此,标准化的单一评价手段不足以准确反映学生的创造力发展状况,更不足以全面衡量学生的学习效果和认知水平。

澳门城市大学李嘉曾教授一直提倡"非标准化"的教学评价,其指导思想是针对不同的评估对象,采用各自适宜的尺子加以衡量,力求体现科学与公平。他所构想的非标准化评价的具体做法是设置多元评价指标体系,使之在对学生的总体评价中各占一定比重,分别评价后再加权进行总评。例如,除了书面考试成绩,可以将平时作业情况、课堂参与程度、竞赛成绩、创造力水平、科技创新成果、特长与特殊表现等因素作为评价指标,只要学生在某一方面有出色表现都加以评估,记录在案,并且参与最后总评。③值得注意的是,李嘉曾倡导的非标准化评价并没有完全摒弃标准化评价,相反,他将标准化评价纳入一个新的

① 张庆林,李艾丽莎.创造性培养与教学策略[M].重庆:重庆出版社,2006:24.
② J. P. 吉尔福特.创造性才能——它们的性质、用途与培养[M].施良方,沈剑平,唐小杰,译.北京:人民教育出版社,1991:152.
③ 李嘉曾.创造教育及其对澳门基础教育改革的启示[J].澳门研究,2006(12):119—125.

评价指标体系之中，充分考虑并尊重学生的个性、特长与创造力，既有利于推动教学评价的科学化与合理化，也有利于调动学生的学习积极性，促进他们释放创造潜能，展现创造才华。他曾多次提到，即使进行常规的书面闭卷考试，也应在试卷中安排适当比例的试题，以专门考察被试者的创造性思维与创造力水平，并将得分计入该项考试的总成绩。因此，他对非标准化教学评价是有周详考虑的，从目前情况看，要全面推进教学评价从"标准化"向"非标准化"转变确实存在较大困难，但也并非"难于上青天"，应该鼓励有条件的学校先行一步，取得经验后在更大范围内推广。

（二）西方创造性教学模式

目前，创造性教学尚未成为中小学课堂教学的主流，尽管教学改革看上去轰轰烈烈，但实际效果是有限的，如何建构适合中小学实际的创造性教学模式已经摆上了议事日程。在西方，影响较大的创造性教学模式包括奥斯本—帕内斯创造性问题解决模式、吉尔福特的问题解决模式和威廉姆斯的创造性思维与人格教学模式。

1. 奥斯本—帕内斯创造性问题解决模式

创造性问题解决模式（Creative Problem Solving，CPS）源自奥斯本提出的"头脑风暴"，后来经由美国纽约州立大学布法罗学院帕内斯（Sidney J. Parnes）的精心设计，又通过艾萨克森和特雷菲格（Isaksen & Treffinger）的改进逐渐发展演变而来。CPS模式包含两个基本假设、三个主要阶段和六个特定步骤，每个步骤均包含发散性思维和聚敛性思维，形成了一整套行之有效的教学模式。

CPS模式有两个基本假设：第一个假设是每个学生都具有不同程度的创造力，可以通过练习得到提高，知识是培养创造力的基础，没有预先储备的知识就不能创造。一个人的创造力只有在运用知识解决问题的过程中才能表现出来。第二个假设是教师能够而且应该教导学生的创造性行为。为了营造创造性的心理气氛，教师必须允许学生自由表达，鼓励学生幽默的表现，并不断酝酿一些新的想法，并对学生思维的质量提出一定要求。

CPS过程包括了解问题、产生构想和计划行动三个阶段，其中"了解问题"阶段又包括发现困惑（Mess-finding）、发现事实（Data-finding）、发现问题（Problem-finding）三个特定步骤；"产生构想"阶段包括一个特定步骤，即发现构想（Idea-finding）；"计划行动"阶段包括发现解答（Solution-finding）和寻求接受（Acceptance-finding）两个特定步骤。具体流程如下：

发　散　期	问题敏感性	聚　敛　期
从各种经验、角色、情境中找出挑战	发现困惑（MF）	找到一个挑战，以系统性方法解决
搜集资料，从许多不同的观点、印象、感觉去考虑情境	发现事实（DF）	找出和分析最重要的资料
激荡出各种可能的问题、次问题	发现问题（PF）	筛选出一个可运作的问题
针对问题，发展出各种可能的点子（Idea）	发现构想（IF）	选出看起来最有趣和最有希望的点子（Idea）
找出各种可能的评价标准	发现解答（SF）	选用一些重要的标准来评价点子的好坏
考虑可能的助力与阻力来源，找出可能的执行步骤	寻求接受（AF）	找出最有希望的解决方案，形成计划以便执行
	新挑战	

CPS 操作包括以下四个要诀：

第一，每个阶段都以发散性思维（应用头脑风暴的方式）为起点，鼓励学生产生尽量多的点子，无论多么稀奇古怪都不要紧。最重要的是不应批评别人提出的想法，这样才能提供一个心理安全的环境，使大家乐于表达自己的看法。

第二，对于平时较为沉默、文静的学生，可以改用书写的方式，利用市面上很容易买到的便利贴，鼓励学生将想法写在纸上，最后再将大家的意见贴在一起。

第三，每个特定步骤在进行发散性思维之后，接着便是聚敛性思维。这个步骤的目的是建立公认的标准来评价先前提出的点子或是进行归纳，为下一步骤作好准备。

第四，各个特定步骤之间并不是一种单向、线性的关系，而是可以循环或是跳跃的，也不一定必须由步骤一开始进行活动。例如在步骤五，同学们接受了某一个提案之后，在实施之前，也许就必须再回到步骤一去评价新的情境与新面临的问题。

美国心理学家托兰斯曾调查分析有关创造力训练的 142 个研究项目，发现各种不同的训练方法对创造力提高有积极影响的占 72%。其中奥斯本—帕内斯创造性问题解决模式的成功率达到 91%，被认为是效果最佳的教学模式。

2. 吉尔福特的问题解决模式

美国教育家杜威（John Dewey）提出的问题解决模式，包括五个阶段，即情境、问题、假设、推理和验证。与他同时代的英国心理学家华莱士(G. Wallas)提出创造过程的四阶段论,依次为准备、酝酿、明朗和验证。后来,约瑟夫·罗斯曼(Joseph Rossman)通过对700多名发明家的发明过程的考察,认为发明过程由以下六个阶段构成:观察到有一种发明需要或遇到了困难;明确地表述问题;对现有的信息进行普查;批判性地考察种种解决问题的方法;系统阐述新的观念;检验并接受新的观念。显然,罗斯曼提出的发明过程六阶段论与杜威提出的问题解决五阶段论是十分相似的。美国心理学家吉尔福特对上述三种观点进行了详细分析,发现创造性思维与问题解决过程所包含的阶段"似乎是很难区分的",都会导致新颖的结果,但我们平时看到"创造性的问题解决"这样的表述,似乎也暗含着一些"非创造性的问题解决"。吉尔福特认为:"尽管还不清楚是否所有的问题解决肯定都包含某些创造性成分,但所有的创造性思维无疑都包含问题解决。"①据此,他在《创造性才能》一书中,基于智力结构模式的理论,提出了"智力结构问题解决模式"(见图7-1)。

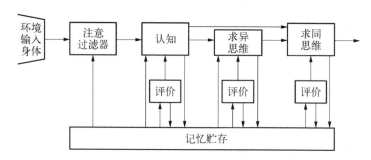

图7-1 吉尔福特智力结构问题解决模式

智力结构问题解决模式包括六个环节:

(1)环境和身体输入

解决问题的过程,始于环境和身体内部的输入。强调身体本身也是问题的来源,是为了表明个体的感情和情绪对是否想要解决问题、如何解决问题有一定影响。

(2)注意过滤器

输入进入这个系统后,首先要经过信息过滤,不让所有外来信息都进入大脑。记忆贮存参与这一过程。这种选择信息的活动称为"注意"。值得关注的是,个

---

① J. P. 吉尔福特.创造性才能——它们的性质、用途与培养[M].施良方,沈剑平,唐小杰,译.北京:人民教育出版社,1991:110.

体记忆贮存中保留的某些偏见或先入之见,有可能妨碍人们觉察某些问题。

（3）认知

认知环节涉及两个重要活动:一是认识到问题存在,二是认识到问题性质。假定班上有位学生以前做作业一直很认真,但近来突然发生明显的变化,比如作业的差错很多。教师意识到问题的存在,诊断问题就是接下来要采取的认知步骤。这需要进一步从环境中寻找信息,获取新的输入。

（4）求异或求同思维

在发现问题解决方法阶段,通过求异思维,我们设想出一个又一个可能有助于问题解决的办法,同时通过搜寻记忆贮存的信息回想已有的相关信息。如果通过搜寻记忆贮存的信息,立刻回想起已有的相关信息,这时我们就避开了求异思维,直接运用求同思维去解决问题了。

有时,我们不能马上解决问题,仅仅是由于没有正确地认识问题,也可能是在固执地试图解决错误的问题,这就要求我们换个角度来看待问题。因此,在问题解决过程中,有时要退回原处,甚至退回到环境中,进行其他的事实调查。在重新认识该问题之后,就可以通过从事大量的创造性思维活动,重新搜寻各种可能的解决办法。因此,在获得理想的问题解决办法之前,可能会有一系列这样的循环往复。

（5）评价

我们在问题解决过程中可能会否定一些想法,这一事实意味着评价在起作用。来自记忆贮存的许多信息在沿途中受到评价,当然也有一些信息没有得到评价,才会出现问题解决的错误结果。

（6）记忆贮存

记忆贮存是一切心理运演活动的基础。记忆贮存不仅为每项心理运演提供已有的信息,而且始终不断地记录着问题解决过程中正在出现的各种情况。图中与记忆贮存相连的箭头表明了记忆贮存是如何运演的。在智力结构问题解决模式中,各个问题解决阶段朝下指向记忆贮存的箭头,是为了表明我们所采取的各种步骤都可能被贮存在记忆中,至少是暂时性的贮存。因为,要使问题解决活动进行下去,就必须对这些活动作出评价。如果不把这些步骤贮存下来,我们难免会一次又一次地犯相同的错误。

在吉尔福特看来,所有的创造性思维都包含着问题解决,创造性思维与问题解决很难完全分开。吉尔福特的创造性教学模式以解决问题为中心,以记忆贮存为基础,问题的整个解决过程始于环境和个体对系统资料的输入,其主要特点包括：记忆贮存是其他所有认知活动的基础，根据已有的知识贮存，对输入的信息进行加工和过滤后，才进入认知阶段，以获得对问题及其本质的最初了解；对问题进行发散性加工，只有通过对记忆贮存的检索，才能发现可能的解决问题的方法；对可能的解决办法进行辐合性加工，来自记忆贮存中的众多信息接受各方面的评价，决定是否适合用来解决问题，从而对其做出取舍；在求同思维阶段，有些信息越过了评价这一环节，没有受到评价，被称为"中止判断"。

吉尔福特的创造性教学模式使创造性教学成为一种问题解决过程，具有了较强的操作性。该教学模式使创造性教学以一种问题解决的方式得到落实，学生在问题解决或课题研究中发展了思维能力。尽管吉尔福特没有提供问题解决的具体操作方案，但他使创造性思维教学进入问题解决情境，为后来的研究开辟了道路。

3. 威廉姆斯的创造性思维与人格教学模式

美国创造性教学研究专家威廉姆斯（W. M. Williams）认为，个体的创造力由两个因素组成：一是创造性思维能力，属于认知范畴；二是创造性倾向，属于人格范畴。他认为，创造性教学的目标不仅仅在于发展学生的创造性思维能力，还应该致力于培养学生的创造性人格。显然，他强调创造性人格的培养，与吉尔福特的创造性教学模式形成了鲜明对比。

威廉姆斯认为，为了达到这两个目标，教学就必须是教师、学生和教学内容三者之间相互作用、相互影响的活动。以此为基础，威廉姆斯构建了一种培养创造力的三维教学模式，即"创造性思维与人格教学模式"（见图 7-2）。该教学模式分为三个层面（课程、教师、学生），强调教师运用创造性教学策略，通过现行学校的学科教学内容，促进学生创造性思维和创造性人格的发展。

第一个层面是课程（教学内容），列举了语文、数学、社会、自然科学、音乐、美术 6 门中小学学科。

第二个层面是教师的教学行为。威廉姆斯提出了 18 种教学策略。

（1）矛盾法

提出一些似是而非或自相矛盾的事物、命题，激发学生去思考。

（2）归类法

让学生注意事物的各种属性，并加以归类。

（3）比拟法

让学生比较类似的各种情况，发现事物之间的相似处，对不同的事物做适当的比拟。

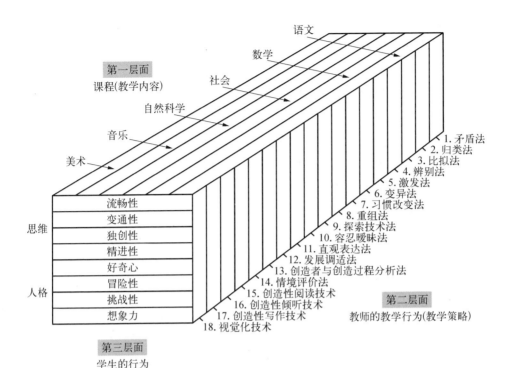

图 7-2 威廉姆斯的创造性思维与人格教学模式

（4）辨别法

让学生找出事物间的差异或缺失，寻觅各种信息中遗漏的环节，发现知识中未知的部分。

（5）激发法

鼓励学生多方面探求各种事物的新意义，引发他们探究知识的动机，探索并发现新知识，或产生新发明。

（6）变异法

提供变化的事例，演示事物的动态本质，培养学生的选择、变通、修正和替代的能力。

（7）习惯改变法

组织学生讨论习惯对创造性思维的影响，建立敏锐的感受性，防止功能固着和思维定势。

（8）重组法

用一种熟悉的结构，随意推论到另外的结构，从随意的一些新方法中获得一种新范例。

（9）探索技术法

组织学生进行历史的和现实的探索，掌握求知创新的技巧。

（10）容忍暧昧法

提供各种开放性问题或情境，鼓励学生进行发散性思考，允许他们有不适当的乃至错误的思考。

（11）直观表达法

进行直观性教学，使教学更加生动、形象和逼真。

（12）发展调适法

辅导学生从错误或失败中学习，鼓励自我发展胜于干预调节，允许学生有不一样的选择和追求。

（13）创造者与创造过程分析法

组织学生分析高创造者的心理特征，研究导致问题得到创造性解决、获得发明的过程，以获得某种感悟。

（14）情境评价法

组织学生观察、分析某种情境，判断利弊得失，得出正确结论。

（15）创造性阅读技术

组织学生进行阅读学习，发展敏捷、准确的心智和技巧。

（16）创造性倾听技术

引导学生从倾听中产生新见解，发展创造力。

（17）创造性写作技术

组织学生通过写作练习，学会良好的沟通，并表达自己的独到见解。

（18）视觉化技术

辅导学生用具体的图解或实例来学习和表达自己的思想感情。

第三个层面是学生的行为，包括属于认知层面的思维流畅性、变通性、独创性以及精进性，属于人格层面的好奇心、冒险性、挑战性、想象力等八个维度。

威廉姆斯的创造性思维与人格教学模式设计了完整的创造性教学策略，既考虑到了学生的创造性思维培养，又强调创造性人格的养成。这种教学模式强调使用现行学校的课程，不需要另起炉灶编写专门训练方案，得到了广大教师的欢迎。

（三）创造性教学的实现条件

任何教育改革都伴随着对传统教学模式的超越和对新教学模式的探寻，都会带来整个教学模式的根本变革,但它的转换进程又受诸多因素的制约,不可能一帆风顺。当务之急是研究影响模式转换的关键因素,分析创造性教学的推进条件,这样才能采取针对性的措施,行之有效地促进教学模式转换。

1. 建设一支充满创造热忱和生命活力的师资队伍

美国心理学家斯滕伯格认为:"对教师来说,发展儿童创造力的最有效方法是做出创造性的榜样。儿童不是在告诉他们要提高创造力的时候,而是在表现给他们看如何提高创造力的时候,发展了他们的创造力。"①发挥学生的创造力,首先要求教师必须具有创造力。实施创造性教学,必须先打造一支创造型教师队伍。然而,当前存在着大量"官僚型""教条型""经验型"等各种与创造性教学不相适应的教师,其中"官僚型"教师把民主平等的师生关系理解为"教"与"被教"的关系,板着面孔监视学生;"教条型"教师惯于机械模仿,照本宣科,缺乏思考能力,难以容忍学生的不同见解;而"经验型"教师则喜欢从经验出发,这些经验可能是先进的、正确的,也有可能是落后的甚至错误的。创造性教学呼唤创造型教师,这些教师思维活跃,联想丰富,善于设疑点拨,上课没有固定程式,热衷于教育科研,充满创造热忱和生命活力。

2. 进一步强化校本化研究

儿童教育家李吉林回顾自己的成长历程说过:"情境教育的探索之所以能一步步展开,是教育科研引领我不断前行,让我走上理论与实践相结合的道路。走在这样的路上,虽艰苦,但是更多的是快乐与充实,也像年轻人一样充满活力。这种活力让我乐此不疲,努力朝着彼岸前行。"②改革开放后成长起来的几乎所有的优秀教师都是教育科研的能手,他们都善于吸取教育理论丰富的营养。中小学教师对课程与教学改革有着非常深切的体验,其研究成果更切实际,更有针对性。我们要充分发挥这些优势,进一步强化校本化研究,尽快形成创造性教学内在的"推动器"和"校正器"。

3. 提倡并推行开放式的人性化管理

创造性教学的形成离不开良好的环境,尤其是学校管理改革所精心营造出来的精神氛围。学校环境氛围与教师创造力的形成和发挥有着密切关系。严厉紧张而消极的环境氛围,往往对教师的创造力起着压抑作用。相反,宽松和谐、积极进取的环境氛围则往往会成为创造成功的关键因素。时下不少学校对

---

① 斯滕伯格著.智慧·智力·创造力[M].王利群,译.北京:北京工业大学出版社,2007:143.

② 李吉林.情境教育三部曲(二)[M].北京:教育科学出版社,2012:425.

教师怎样备课、上课以及教学进度、方法、评价等都有统一要求和固定模式,检查评比频繁,量化管理过细,甚至将工作中一些不宜量化的东西也量化打分。这种管理,既限制了教师的教学自由,压抑了教师的教学个性,又浪费了教师的时间,加重了教师的负担。教学管理改革要让广大教师具有更多的自主教学时间、空间和权利,只有推行开放式的人性化管理,才能最大限度地发挥教师的创造性。

拓展阅读导航

[1] 基思·索耶.创造性课堂——为了 21 世纪学习者的创新教学[M].柴少明,译.上海:华东师范大学出版社,2022.

[2] 杰西·马斯里克.创客教育——在小学课堂培养创造力和创新能力[M].祝莉丽,孙若茜,译.北京:中国人民大学出版社,2020.

[3] 道格·约翰逊.从课堂开始的创客教育——培养每一位学生的创造能力[M].彭相珍,译.北京:中国青年出版社,2016.

[4] 张庆林,李艾丽莎.创造性培养与教学策略[M].重庆:重庆出版社,2006.

[5] 段继扬.创造性教学通论[M].长春:吉林人民出版社,1999.

[6] 潘裕丰.创新教学·教学创新——从幼儿园到高中的创意教学方案与课程设计[M].台北:华腾文化股份有限公司,2014.

[7] 周淑惠.创造力与教学[M].台北:心理出版社,2011.

[8] 龚春燕.创新教学策略[M].北京:北京师范大学出版社,2010.

[9] 汤超颖,鲁小凡,蒙科祺,等.整合式创造性教学[M].长沙:湖南大学出版社,2021.

[10] 韩琴.课堂互动与青少年的创造性研究[M].北京:科学出版社,2013.

第八章

创新性学习的主要特征与实践路径

中国学生会考试,这是全世界公认的。中国教育模式对会考试的人有利,而不利于动手但不会考试的人。

——杨振宁(中国科学院院士,诺贝尔物理学奖得主)

郑渊洁的《童话大王》影响了中国几代人的成长,《皮皮鲁与鲁西西》《舒克和贝塔》是孩子们耳熟能详的童话故事。郑渊洁凭借一个个孩子喜爱的童话成了家喻户晓的传奇人物。他只有小学四年级的学历,却荣登中国作家富豪排行榜。当我们解读郑渊洁的时候,不得不重新审视其独特的思维方式。

二年级作文课上,老师布置了一篇作文,题目是"我长大了干什么"。其他同学都写要当科学家、工程师、医生,郑渊洁却想写一篇和别的同学不一样的作文,题为"我想当一名掏粪工"的作文。结果,老师夸他的作文很有新意,与众不同,还推荐到校刊上发表了。

上四年级时,老师布置了一篇命题作文《早起的鸟儿有虫吃》,而郑渊洁写的作文却是《早起的虫子被鸟吃》。他说:"首先要弄清你是谁,你是鸟儿就早起,你要是虫子,早起就有杀身之祸,就一定要睡懒觉。就算你是鸟儿,有那么多鸟儿都早起了,有多少虫子能到你嘴里呢?你睡个懒觉,残余的虫子不都被你吃了?"

郑渊洁的作文与众不同,其主要特点是逆向思维和丰富想象力,这让他的文章别出心裁,和那些顺着老师思路写的同学形成了鲜明对比。可见,在同样的老师、同样的教学条件下,即使是一个班的同学,其学习方式也可能是截然不同的,多数人是维持性学习,而只有少数人是创新性学习。

苏霍姆林斯基曾说过:"在人的心灵深处,都有一种根深蒂固的需要,这就是希望感到自己是一个发现者、研究者和探索者。而在儿童的精神世界中,这种需要特别强烈。"①在蓬勃发展的中小学创造教育中,由于各种原因,不少学校

① 苏霍姆林斯基.给教师的建议(上)[M].杜殿坤,译.北京:教育科学出版社,1980:57.

往往忽视了儿童内心强烈的创造需要,将中小学生积极的"我要创造"硬是弄成了教育者的"要你创造",创造的主体颠倒成了客体,使他们"主动的创造"沦为"被动的创造",儿童创造教育的主体错位势必会影响教育功能的实现。儿童创造心理发展受个体成熟的影响,还受到教育与文化的影响,在此过程中,个体的主体实践是推动发展的直接和现实的力量。因而,承认儿童是创造心理发展的主体,创新性学习是创造心理发展的活动基础,教学创新只有和创新性学习具有内在一致性时,才能取得最佳成效。

一、维持性学习阻碍儿童创造心理发展

学习是凭借经验产生的比较持久的行为变化,根据不同标准,人们可以将学习分成不同的类型。罗马俱乐部(Club of Rome)在令人瞩目的研究报告《回答未来的挑战》中,将学习划分为维持性学习(maintenance learning)和创新性学习(innovative learning)。维持性学习,又称为适应性学习,旨在提高解决当前已经发生问题的能力或在现有知识范围内解决同类问题的能力。而创新性学习则通过学习提高一个人发现、吸收新信息和提出新问题的能力,以应对社会日新月异的变化。报告提出,人类正在积极走向学习化社会,必须积极推进创新性学习。

我国中小学生基本上都在进行维持性学习。多年来,由现代化所带动的青少年不断增长的求学需求与我国高等教育发展失衡的矛盾始终没有得到很好解决,一些学校把升学率的高低作为衡量教育质量的唯一标准,家长把孩子能否考上一流大学作为有没有"出息"的标志,中小学生被这个沉重的包袱压得喘不过气来,教什么学什么,死记硬背书本上的现成结论以应付考试,无暇顾及自己的兴趣、爱好和特长的发展,造成思维呆板,知识面狭窄,动手能力不强,分析和解决问题的能力差,阻碍了他们创造心理的发展。

可以说,维持性学习已成为我国中小学学生创造心理发展的重大障碍。据《北京晚报》报道,2009 年教育进展国际评估组织公布的对 21 个国家的调查结果表明,中国学生的计算能力是世界上最强的,但创造力在所有参加调查的国家中的排名为倒数第五。调查同时显示,我国中学生在校做数学题的时间是每周 307 分钟(而其他国家平均为 217 分钟),数学家庭作业时间为 4 个多小时(而其他国家平均不超过 1 小时)。在我国中小学生中,认为自己有好奇心和想

象力的只占 4.7%,而希望培养想象力和创造力的只有 4.9%。这是就数学学习而言的,语文学习的维持性同样令人担忧。上海市中考曾出过一道作文题"生活中的发现",按理说每个学生都有话可写、有情可抒,因为每个人都有自己的生活,只要在司空见惯的平常生活中发现别人未发现的东西,就能写出一篇有自己感悟的作文来。然而,考生写得并不好,有深度的佳作也不多见。某阅卷老师偶然发现一篇通过新旧沙发的对比,悟出"贵重也是负担"的佳作,打了 40 分的高分,接下去却发现有近 10 篇如出一辙的作文,原来都是从某作文选中"克隆"来的。这就给语文教师如何指导学生观察生活、培养独特见解提出了一个令人深思的问题。

平心而论,对今天的中国教育而言,维持性学习不能不说"功不可没",至少对培养儿童的社会适应能力起到了重要作用。但随着社会变迁的加速,创意经济时代的到来,它对中小学生创造心理发展的阻碍作用却越来越明显。

首先,它阻碍了中小学生创造意向的发展。创造意向是客观现实的反映,如果学习仅仅是"知识搬家",依样画葫芦,就会压抑学生的创造兴趣和创造冲动。

其次,它扼杀了学生的创造性思维。这种学习以课本为本位,一切由教师做周密的安排,学生缺乏独立钻研的机会,知识都是现成的结论,思维多采用集中思维、逻辑思维,发散思维、非逻辑思维就很难得到发展。

再次,它不利于学生创造性行为的训练。杨振宁教授指出:"中国学生会考试,这是全世界公认的,中国的教育模式是对会考试的人有利,而不利于动手但不会考试的人。""在研究方面,中国学生就显得吃力,创造能力不够,普遍存在动手能力差,胆小怕出错,不善于选择研究课题,怯于提出质疑,崇拜权威等缺陷。"[1]学习的绝大多数是学科课程,学习场所也多在教室之内,活动课程、课外校外教育对创造性行为的特殊训练价值就难以体现出来,从而培养了一批动脑不动手的"两脚书橱"。

最后,它影响了中小学生创造性人格的发展。标准化的学习内容与划一化的学习方法,使许多学生更加崇尚权威和先进人物,追求"普遍性",丧失了创造发展的"心理安全"与"心理自由"(托兰斯语)。传统教育抽走了教育中最生动、最丰富和最有活力的情感和人格因素,只剩下机械的冷冰冰的应试教育,而缺

① 叶松庆.杨振宁的治学经历对于科技教育的启示[J].教育学(人大复印资料),2000(3):56—59.

乏情感与人格参与的学习又怎能促进创造性人才的成长呢？

因而,促进儿童创造心理的发展,就必须在保存维持性学习的合理内核的基础上,大力推进创新性学习。

二、儿童创新性学习的主要特征

创新性学习具有两个基本特征：一是预期性,即有预见事物发展的能力,以满足未来的挑战；二是参与性,即学会有效参与各层次的、从局部到整体的重要决策过程。这是就整个人类而言的,中小学生的创新性学习既有人类一般学习的共同性,又有不同于人类一般学习的特殊性,是一种特殊化的学习。由于人们对创新性学习了解不多,研究得不够深入,所以对儿童创新性学习的看法也不一致,更没有形成共识。笔者认为,儿童创新性学习具有以下基本特征。

(一) 个性化

工业革命以后,流水线的工业生产和标准化的企业管理对学校教育产生了巨大影响,义务教育的普及使教育规模迅速扩大,以统一开学、统一课表、统一教材、统一上课、统一考试、统一毕业为特征的班级授课制诞生并很快推广开来,这种模式的教育效率固然很高,但因为对不同个性的孩子实施标准化教育,抹杀了不同学生的个性,直接导致了许多学生的学业失败。心理学研究表明,每个孩子的生命都是与众不同的,都有自己独特的天赋、偏好与潜在优势,如果能够按照他们的天赋和优势来培养,每个孩子都能成才。传统智力理论认为语言能力和数理逻辑能力是智力的核心,智力是以这两者整合方式而存在的一种能力。而美国心理学家加德纳认为对智力的定义过于狭窄,未能正确反映一个人的真实能力,每个人都有八种主要智能,即语言智能、逻辑数理智能、空间智能、运动智能、音乐智能、人际交往智能、内省智能、自然观察智能。按照加德纳的多元智能理论,具有不同智能优势的学习应该是有区别的,这就为个性化学习奠定了理论基础。或许我们可以从下述"百工坊"的案例分析中得到启示。

苏州自古人杰地灵,苏玉、苏绣、苏扇、苏灯、苏裱、苏式家具、苏式乐器、苏式盆景、苏式园林艺术闻名全国。早在宋朝,吴江就有着发达的百工文化。吴江经济技术开发区实验初中借助本地的百工文化资源,开辟校本课程"百工坊",通过开展"活力百工"活动,把创造教育的种子播向每一名学生的心田,培养"有专长、会工作、能创造"的创造性人才,成就了别具一格的创造教育模式。

目前,百工教育已全面铺开,"课程超市"的"菜单"已发展到中国印、中国结、扎染、剪纸、藏书票、镂窗设计、园林小品设计、民族刺绣、十字绣、丝网花、装饰画、家具模型、传统糕团制作和电子报刊制作等 30 多个项目,涵盖学术型课程、观摩型课程和成果型课程三类,全校每名学生都可以根据自己的兴趣进行选择,形成了"个个学生爱百工,个个学生能创造"的氛围。期末,学校会举办"百工节"活动,进行百工技能竞赛和创新作品展示,得到了学生家长和社会的好评。

从兴趣小组到校本课程,吴江经济技术开发区实验初中的"百工坊"是一个突破,标志着百工课程从过去的少数学生走向了全体学生。更重要的是,"百工坊"不是老师指定的,而是学生自主选择的,它充分尊重学生的兴趣和特长。每学期初,百工课的老师们推出"课程超市",课程说明、教学资料和项目作品都被陈列出来,学生们在老师们的"地摊"边走来走去,问这问那,然后回教室填写自己的志愿。尽管"百工坊"未能覆盖国家课程,但一所初中学校就能开出如此众多的校本课程让学生选修,这在全国已是十分难得,充分体现出创造性学习的个性化特征。类似这样的中小学还有一些,如上海市和田路小学在"创造学院"中开设了 58 门校本选修课程,而中国人民大学附中更是开设了 150 多门校本选修课程,为促进学生成长搭建发展平台,最大限度地激发学生学习的内在动力,使他们变被动学习为主动学习,创造能力获得了很大发展。

(二)自主性

只要粗略地分析一下青少年创新大赛的获奖学生,我们都可以发现一个共同点,就是自学能力特别强。不需要学校要求,不需要父母督促,他们就开始了自己的学习。让我们来分析一个典型案例。

2004 年,上海外国语学校的朱元晨从千余名参赛选手中脱颖而出,荣获国际科学与工程大奖赛的最高奖项"英特尔基金青少年科学精英奖"(Intel Foundation Young Scientists),成为亚洲 55 年来获此大奖的第一人,他也因此受邀出席了当年的诺贝尔奖颁奖典礼。他的获奖论文大多数中学生无法看懂,即使是计算机专家也无法完全领会。这应该归功于他出色的自学能力,15岁就利用互联网到麻省理工学院下载了大量的免费课程,开始自学美国大学的计算机和数学课程。因而,当记者问他成功靠天才还是靠勤奋时,他毫不犹豫地回答说"勤奋比天才更多一点"。

朱元晨中学毕业以后留学哈佛大学,很多人将他的成功归因于他的天赋。但在他的父母看来,童年时代的朱元晨并没有显山露水,因而没有去管他,更没有参加奥赛训练。后来,在读中学预备班时,他参加了上海少年科技活动中心的计算机兴趣班,编写了一个火炮打导弹二维打字练习游戏。这个软件编写的成功给了他很大鼓舞,他转向制作3D游戏的开发引擎,并逐渐进入计算机图形学领域。因而,是计算机兴趣班将他领进了计算机领域,但真正使他脱颖而出的,还是他对计算机的浓厚兴趣和超前超量的自学。

朱元晨的成长经历告诉我们,兴趣在创新人才的早期发展中起到了很大作用,它又分为两类:一种是直接兴趣,是儿童对一门学科的知识或方法感兴趣,他们就多看一点,看多了,看出门道了,就开始系统自学;另一种是间接兴趣,儿童未必是对这门学科感兴趣,而是因为做某一个研究项目或者某个发明,现有知识不够用,他们转而通过自学获取相关知识,这时的学习针对性很强,如果通过自学还不能解决问题,他们或许会寻找老师或专家的帮助。值得注意的是,有些孩子一开始确实是间接兴趣,但因为自学时间长了,他们发现了这门学科的乐趣,或者因为项目获奖了,得到老师和社会的肯定,间接兴趣也能转化为直接兴趣。因而,我们没有必要将直接兴趣与间接兴趣截然分开,更不要把它们对立起来,而应该认真探讨促进两者转化的条件和机制。

(三) 选择性

没有选择的学习,就没有创新的学习;没有选择的教育,就没有成熟的教育。西方国家有尊重儿童个性的传统,形成了相对成熟的选择性教育模式。这种教育模式为创新人才的早期成长提供了良好的环境,也给了他们更多选择的权利。"数学神童"陶哲轩的成长故事就是一个经典案例。

2006年8月22日,刚满31岁的陶哲轩从西班牙国王卡洛斯一世的手中领走了被誉为"数学界的诺贝尔奖"——菲尔兹奖。他是继丘成桐之后获此殊荣的第二位华人。

陶哲轩出生于澳大利亚。不到两岁时,他在看美国儿童剧《芝麻街》时学会了英文字母,在玩数字积木时学会了简单的加减法。父母意识到,儿子可能是个"神童",就鼓励他广泛阅读儿童图书,3岁时,他就展现出一个6岁孩子才有的读写算能力。因为怕耽误儿子的发展,父母将他送进了一所私立小学,却因为他不懂得如何与大孩子相处而退学。在上幼儿园的一年半里,他就在母亲的指导下学完了小学数学。

过完5岁生日,他再次迈进了小学的门槛,这次父母为他选择了一所公立学校。因为这所小学的校长承诺为他"量身定做"教育方案,他和二年级学生一起学习大多数课程,数学课却与5年级学生一起上。7岁时,校长发现他开始自学微积分,意识到小学数学已无法满足他的需要,便说服了附近一所中学的校长,让陶哲轩每天去中学听一两堂数学课。不久,陶哲轩就出版了自己的第一本数学专著,显示出非凡的创造力。

8岁半时,陶哲轩正式升入中学,一年以后他就用1/3时间到离家不远的弗林德斯大学学习数学和物理,12岁获国际数学奥林匹克竞赛金牌。1996年,年仅20岁的陶哲轩荣获美国普林斯顿大学博士学位,24岁成为加州大学洛杉矶分校有史以来最年轻的教授。他现为英国皇家学会院士、美国国家科学院外籍院士。

尽管陶哲轩的成长有过曲折,但从整体来看,还是相当成功的。究其原因,至少有三个方面:一是有慧眼识人的父母,他们能够在孩子的日常生活和游戏中敏锐地判断他的智商高低,并想方设法地给他提供最佳教育条件;二是小学校长为他提供的"量身定做"的教育方案,让他和不同年龄的学生一起学习,鼓励他跨年级上数学课,甚至让他到中学去听数学课,使他的数学成绩遥遥领先于同龄人,逻辑数理智能得到充分发掘;三是完善的天才教育体系,不仅有南澳大利亚天才儿童协会对他进行智力测试,而且有灵活多样的教育制度,将因材施教做到极致。如果没有体制机制上的保障,或许像陶哲轩这样的天才也会夭折。

早在1978年,邓小平就明确提出:"必须打破常规去发现、选拔和培养杰出人才。"伴随着中国科技大学少年班的创办,中国的超常教育在过去的45年时间里得到了很大发展。但从整体而言,由于体制原因,我国超常教育的空间依然很小,以致个别家长抱怨:"当你发现自己的孩子不是因为笨,是因为聪明而找不到地方上学时,那是什么感觉?"当然,我们谈儿童的创造性学习,决不能局限于语言智能、逻辑数理智能上有天赋的儿童,根据加德纳的多元智能理论,我们必须为儿童不同的优势智能发展创造最佳条件,只有这样,才能让有天赋的儿童在其特定领域都脱颖而出。

(四) 探究性

我们之所以坚定地批判和否定维持性学习,是因为它无视和压抑儿童的探究性。同样,我们热心倡导和推广创新性学习,也是因为它承认和张扬儿童的探究性。儿童有强烈的好奇心和大胆的想象力,他们的联想丰富,问题意识强,大脑中有许多成人根本想不到的问题,对于渴望解决的问题常常进行反复的、艰苦的、长时间的思索。这些都是重要的创造心理素质,应该像爱护生命一样去精心呵护。

江苏省如皋市白蒲小学三年级学生吴田甜是一位品学兼优的好学生,他不仅爱看科普书,而且爱思考。江苏省小学语文课本第六册《恐龙》一文将鱼龙和翼龙归于恐龙,小田甜发现这与他读过的课外科普读物观点不一致。

他向老师提出了疑问,老师一时也回答不出,便让他再仔细看看。从此以后,他便投入了恐龙研究之中。小田甜反复翻阅《小学生十万个为什么》中的数百页相关内容,进行了一番考证,并对恐龙、鱼龙、翼龙三种动物从出生方式、肢体特点、生活习性等多方面进行分析比较,最终得出结论:"鱼龙和翼龙,不属于恐龙家族,只是恐龙的亲戚。"

难道真是课本写错了吗?于是,小田甜给江苏省小语教材编写组的编辑写了一封求教信。不久,就收到了苏教版小学语文教材办公室主任汪晓铅的回信,信中说:"我们专门查阅了有关恐龙的几种资料,证实你的意见是对的……在修订时,第六册《恐龙》一课将重新改写。"

《扬子晚报》有关记者得知此事后进行了报道,对小田甜的勇于质疑、挑战教材的行为给予了高度评价。

一个年仅9岁的小学生,居然怀疑小学语文教材的科学性,这源自他广泛的阅读和思考,源自他的主动探究,大胆指出了教材上的错误,从而改写了小学语文教材。或许我们很难将他的研究成果认定为一种真正意义上的科学发现,但我们必须提倡这种敢于质疑、勇于探究的态度和方法。如果每个学生都能像吴田甜那样学习和思考,我们还有什么理由对当代中小学生悲观失望呢?

（五）参与性

儿童的创新性学习不同于维持性学习，一个十分重要的特征就是参与性。在基础教育中，参与性具体表现为三方面：一是能主动适应群体生活，知道并自觉遵守其规则，能为群体所接纳；二是具有人际交往的意愿和能力，和集体成员相互协作、互相尊重，根据集体需要自觉承担和转换自己的角色，参与集体活动并主动学习；三是积极维护社会的利益，对社会有强烈的责任感，在社会生活中自尊、自重，发挥个人独特的作用并享受自己应有的正当权利。

人类早期的创造发明大多是依靠个人的智力完成的，但随着现代科技的发展，创造的层次在深化，发明的难度在增加，"创新从来都不是一个独立的个体所带来的。相反，创造力依托于社会，最重要的创造性灵感来自合作性团队"。[①] 尽管科学家已经意识到团队创造的重要性，但还没有引起学校教育的足够关注。我们的研究团队对江苏省青少年科技创新大赛的获奖作品进行过实证分析，发现在获科技发明和科学论文一等奖的 76 件作品中，个体创造方式占绝对优势（73.7%），而群体创造方式比重较低（26.3%）。[②] 其实，群体创造力并非个体的创造力的简单叠加，因为群体具有共同的使命感、归属感和集体荣誉感，进而产生一种强大的凝聚力，使各位成员齐心协力，共同朝着一个创造目标而努力。今后要引导学生在科技创新中更多地采取群体创造的方式，这样不仅可以取得更好的竞赛成绩，还能培养学生的团队精神。

（六）开放性

之所以称为创新性学习，就是因为儿童的学习内容不是封闭僵化、一成不变的，创新性学习的开放性，一是指学习心态是开放的、自由的，不受束缚的；二是指学习内容不拘泥于教材和教师所传授的内容，他们善于自学，善于探索，善于开展研究性学习；三是指学习空间并不拘泥于课内、校内，他们将学习延伸到课外、校外，善于在大自然、大社会中学习；四是学习成果并不能满足于教材和教师的标准答案，他们经常进行交流和讨论，乐于辩论，在思想交锋中显示出超人的才华。我们不妨分析一下以下案例。

---

① 凯斯·索耶.天才团队——如何激发团队创造力[M].汤超颖，高鹏，译.北京：中国人民大学出版社，2009：8.

② 王灿明，张海燕.江苏省青少年科技创新的现状、问题与对策[J].中国青年研究，2009（1）：95—100.

绣针河是一条美丽而古老的河,因河水在阳光的照耀下银光四射,好像无数根绣花针,故名绣针河。江苏省连云港市赣榆区柘汪镇第二中心小学及所辖的 2 所小学、5 个教学点就分布在绣针河南岸,打小就在绣针河畔嬉戏、成长的同学们自然对这条母亲河多了一份依恋、一份爱意。学校领导和科技辅导员因势利导,大胆改革劳动课和自然课、科学课的教学,带领学生走向大自然、研究大自然,指导学生用研究的目光去观察每棵植物、每种动物。在近 4 年的时间里,他们带领学生拍了 3 000 多张照片,制作了 1 000 多种动植物标本,还重点研究了近 200 种野生植物的生长习性和药用价值,收集了上千个民间偏方、验方,最后写成《绣针河中下游野生动植物研究》一书。此项活动在全国青少年科技创新大赛中荣获一等奖,并被评为全国十佳活动。

大自然是儿童成长的摇篮。大自然是如此美丽,居里夫人在她脍炙人口的散文《我的信念》中说:“我不仅是一个技术人员,并且是一个小孩,在大自然的景色中,好像迷醉于神话故事一般。”儿童具有亲近自然的本能,大自然的一花一叶、一草一木都对儿童有着莫大的吸引力。柘汪镇第二中心小学因势利导,带领学生走向大自然,开展绣针河中下游野生动植物研究,把校内与校外、学习与研究结合起来,有效地促进了学生创造力的发展。

三、激发儿童创新性学习的实践路径

教学工作是学校的中心工作,“以教学为主”是我国学校教育的基本原则。紧紧抓住“教学与发展”这个中心,科学引导儿童创造教育的方向是十分重要的。

(一) 释放儿童的创造潜能

与其说是目前我国中小学生创造心理发展受阻,不如说是其创造潜能受到压抑甚至扼杀。陶行知先生早就说过,儿童的创造力是千千万万祖先,至少经过 50 万年与环境斗争获得而传下来的经验之精华,发挥或阻碍,加强或削弱,培养或摧残这创造力的是环境。陶行知先生认为中国数十年的教育是“知识贩卖的教育”,是“灌输的教育”,所以他提出了著名的儿童“六大解放”的主张,包括:解放儿童的头脑,使之能想;解放儿童的双手,使之能干;解放儿童的眼睛,使之能看;

解放儿童的嘴,使之能说;解放儿童的空间,使之能到大自然、大社会中去;解放儿童的时间,不逼迫他们赶考,使之能学习自己渴望学习的东西。① 这些主张至今看来仍然振聋发聩,如果学习的主体得不到解放,就很难产生创新性学习。

(二)坚持"生命在场"

创造是推动个体生命前进和发展的动力。儿童通过创造活动,才能探索生命的含义,实现生命的价值。长期以来,我们在教育实践上一直偏离"生命"这一基点,而衍变为"社会的教育""知识的教育"和"工具的锻造",唯独不是"人的教育""生命的教育",教育中出现的问题越来越多。学校、家长更多的是以自己的兴奋点当作学生的需求,以自己的兴趣代替学生的兴趣,一味地将自己的意愿强加给学生。由于学习内容脱离生活实际,儿童缺乏感性认识,不得不反复演练考题,唯题是攻,死记硬背,进而走入学习的歧途。久而久之,儿童旺盛的好奇心消失了,丰富的想象力消失了,自主探索消失了。

生命教育珍视生命中潜在的可能性,发掘儿童独特的禀赋,去培植它、成全它。生命化教育讲求"生命在场"。生命在场是指生活实践与所言所行一致,让自己信奉的真理真实地展现在生活中。让儿童创造教育落到实处,就要坚持"生命在场",这就需要一种从能够改变的地方开始改变的精神,哪里能改变就从哪里做起,从宽容孩子们的小小错误开始,从珍惜孩子们的不同见解开始,从赞赏孩子们的创造行为开始,一点一滴地改善,慢慢地积累。哪怕改变十分微小,哪怕只改变了一个学生,但只要坚持下去就是进步,就能看到希望。我相信,只要坚持"生命在场",关注儿童生命的自主和谐发展,让课堂充满生命活力,让课堂充满成长气息,就一定能发掘儿童独特的创造潜能,建构出创新人才成长的全新平台。

(三)建立新型知识体系

中小学生创造心理是在学习知识的过程中生成的,不能脱离知识的教学而另搞一套。知识经济中的知识可分为五类,包括"是什么"的知识、"为什么"的知识、"怎样做"的知识、"是谁"的知识和"在哪里"的知识。前两类知识被称为硬知识,后三类被称为软知识。翻开教材,不难发现,我国中小学生学习的主要是硬知识,软知识十分薄弱。可以说,他们对硬知识的掌握具有世界水平,但运

---

① 陶行知.陶行知全集(卷四)[M].成都:四川教育出版社,1997:571.

用硬知识的能力与世界水平还有很大差距。我们教给学生的应该是"软硬兼施"的知识,这是基础教育课程改革的题中之义。在相当长的时间内,硬知识可能还会处于霸权地位,所以必须探讨在教材处理上、教学设计上知识的"化硬为软"技术,形成"以硬为主,软硬结合"的知识体系,既继承人类优秀的文化遗产,又不断推进传统文化和经典理论的与时俱进。只有中小学课程具有越来越强的生产性,才能促进儿童创造性学习和创造心理的持续发展。

(四)突出方法和方法论教育

未来的文盲,不再是不识字的人,而是没有学会学习的人,教会学生如何学习已成为一股国际潮流。近年来,为推进科学教育改革,美国科学院依据《国家科学教育标准》,正在大力推行一种"动手做"(hand-on)学习方法,使学生通过科学家精心设计的活动,自己能够在解决问题的过程中学到科学知识。为了促进学生创造心理的发展,必须突出方法和方法论教育,不仅让他们掌握人类已经形成的知识,更要让他们知道这些知识是如何被发现的,在了解现成结论的同时,又设法突破现成结论,才能有所创造。

(五)促进和保护儿童的心理健康

心理健康的实质是个体各种机能的协调和完善,是各种心理机能的充分发展。在很长一段时间内,一些学者认为天才的创造力是建立在心理失调的基础上。这是一种误解,提高心理素质水平,促进心理健康是培养创造力的前提。美国心理学家吉尔福特认为,心理健康水平高的儿童比其他儿童更善于对待他人的批评和社会的压力,对他人的批评和社会的压力采取更合理的取舍,他们在创造力测验中的成绩更高。[1] 每个人都具有创造禀赋,但只有心理健康的人才能将创造力付诸实现。因此,只有保护和发展儿童的心理健康,他们的创造力才能像扑不灭的火焰那样燃烧起来。

儿童的创造活动,时高时低,时快时慢,除受到外部环境影响,还有来自内心的困扰,创新性学习受到心理情绪的制约。促进和维护儿童的心理健康,首先必须激发他们探索新事物的兴趣,使他们能够集中注意力,发挥想象,对创新性学习充满热情。其次要促进自我意识的协调发展,要教育鼓励学生,形成正确的自我认识,培养自尊心、自信心,帮助他们进行积极的自我教育,促使他们

① 董奇.儿童创造力发展心理[M].杭州:浙江教育出版社,1993:208.

的自我意识协调发展。再次要增进良好的人际适应能力。富于合作精神的儿童与一般儿童处于同等智力水平时,创造性解决问题的能力更强,因为具有合作精神的儿童更善于听取其他儿童的意见和建议。最后要注重塑造学生的创造性人格。儿童创造教育的终极目标是充分发挥人的个性特长,培养人格健全的创造者。这就要求教师更新教育观念,从理想、道德、兴趣、情感、意志等各方面来加强人格培养。

(六)加快评价制度改革

创造,意味着儿童的标新立异,想别人之所未想,做别人之所未做。对创造力如何评价?怎样的评价是正确的?如何进行发展性评价?这些问题对大多数教师来说,存在的失误与教训远大于成功与经验。一个最简单的例证就是每个教师手中所拥有的批改作业与试卷的"生杀大权"。每天我们都在批改作业,对那些符合老师或课本标准的答案打一个"√",对那些不符合的则打一个"×",似乎天经地义,没有任何值得质疑之处。但是,我们想过没有,当日复一日地重复这项工作的时候,同学们就形成了一种心理定势:凡是符合教师或课本所讲的内容、方法就是对的,值得肯定的;凡是不符合教师或课本所讲的内容、方法就是不对的,就不值得肯定。也就是说,我们鼓励的是盲从师道、笃信课本的求同思维,而否定和打击的恰恰是那些采取与众不同的解题方法的人,这些同学解题的结果可能是不对的,但如果他们打破惯性思维和心理定势,使用发散思维、求异思维,敢于大胆质疑,勇于提出新见解、新方法,难道不应该得到肯定与鼓励吗?所以,批改作业或试卷不能简单地打一个"√"和"×",只看到学生错误行为的表象和后果,在评价结果的同时还要评价解题的过程与方法,分析他们出错的原因。只有这样,我们才能在指出孩子们某些异想天开的行为危害的同时,对他们标新立异的创造性给予肯定和保护。所以,在评价尺度上,我们不仅看学生对知识的掌握程度,更要看学生提出问题、分析问题、解决问题的能力,鼓励学生独创性地解决问题,培养他们的创造性思维方式。如果我们多鼓励学生"无中生有""异想天开",哪怕是微不足道或幼稚可笑的想法,都会有益于发展他们的创新心理。

一位哲学家曾说过,从历史观来看,我们只能在我们时代下进行认识,而且这些条件达到什么程度,我们便认识到什么程度。对中小学生创造心理的发展与创造性学习,无论在心理学科或教育学科中,都没有进行过系统研究。因而,我们从创造心理发展的整体性这一观念出发探讨中小学创造教育,仅仅是一种尝试,许多命题还未被人们所认识,这就迫切需要理论与实际工作者和衷共济,共同开拓这块"金色的土地"!

拓展阅读导航

［1］ 牛亏环.西方创造性学习发展变革及启示［J］.教育学术月刊,2015(9).

［2］ 丁念金.论学生创造力培育的学习方式路径［J］.教育科学研究,2017(5).

［3］ 饶敏,胡小勇,张华阳,等.如何促进学生的创造力培养——从设计型学习初始模式到设计型学习实践模式［J］.现代教育技术,2018(9).

［4］ 龚春燕.创新学习论纲［M］.北京:人民教育出版社,2007.

［5］ 程胜.学习中的创造［M］.北京:教育科学出版社,2010.

［6］ 马芯兰.小学生创造性学习教学法［M］.北京:北京科学技术出版社,2004.

［7］ 林奇贤.新世代的创新学习模式——互联网＋PBL 理论与实施策略［M］.台北:高等教育出版社,2017.

第九章

让活动课程成为激发儿童创造潜能的平台

实际活动可以锻炼儿童解决问题的能力。在发现问题的基础上,儿童会积极动脑、动手,寻求解决问题的答案,解决实际活动中遇到的问题。儿童可以不受书本知识的束缚,思维具有较大的自由度,其创造潜能也因此能够得以充分发挥。

——董奇(北京师范大学原校长,心理学家)

2008 年 10 月 20 日,发明家协会国际联合会(IFIA)在上海市向明中学设立"青少年创新基地"。这是该组织首次在中国的中学设立创新基地。时任发明家协会国际联合会主席安德拉斯(Andras Vedres)这样解释:"向明中学学生的许多发明作品频频在国际发明展上获奖,并受到国际专家的广泛好评,非常不简单。到向明中学参观后,学生的发明作品和发明热情给我留下了深刻印象。选择向明中学,就是要让全世界都知道,中国有这样一个学校是培养创新人才的沃土,并希望这种发明的热情能传播到每一个教育机构。"

发明家协会国际联合会的"青少年创新基地"能落户向明中学,是因为该校 40 多年来始终重视学生的创新教育。"创造发明"课是高一学生的必修课,由沪上"神奇教练"黄曾新老师自编教材,开设 20 多门科技类拓展型课程,从一个个生动有趣的科学实验入手,培养学生的探究兴趣和能力。学校辟出一幢大楼,改建为学生"协会楼",每天下午 3:30 之后腾出时间,30 多个创新社团举行各类活动,学生们根据兴趣自主选择,在纳米技术、环境微生物、机器人等 10 多个实验室,挑选小课题进行研究。近年来,该校学生几乎拿遍全国各类青少年创新大赛的最高奖项,许多同学被破格保送到清华、北大等著名学府。

上海市向明中学的创新教育受到国内外瞩目,得益于"创造发明"课,更得益于该校众多的创新社团和活动课程,让每个学生在创造实践中成长,先后涌现出中国第一个中学生获得发明专利的朱灵敏、中国第一个获得国际奥林匹克数学奖的吴思皓和第一个发现新昆虫被命名为"中华鑫一号"的黄文华。

活动课程作为一种崭新的课程类型,崛起于 20 世纪 90 年代。1992 年,国家教委颁发《九年义务教育全日制小学、初级中学课程计划（试行）》，将活动课正式列入课程体系。这项改革改变了以学科教学为主的单一型课程模式，是基础教育改革的新突破。该计划规定，活动课是指学科课程之外的教育与社会实践活动，要求"各项活动都要结合其特点，发挥学生的主动性和创造性，使学生受到政治、思想、道德教育，扩大视野，动手动脑，增长才干，发展志趣和特长，丰富精神生活，增进身心健康"。进入 21 世纪以后，活动课程在新课改中得到了更多关注，目前活动课程的建设水平已提高到一个新阶段。

活动课程为创新人才的早期培养提供了一块肥沃的土壤，因为儿童的创新精神和实践能力培养是在丰富多彩的活动中实现的，而不是外界强加于他们的。从这个意义上说，儿童创造教育必须组织更多的活动，给儿童设计适宜的活动目标以及为达到这些目标所需的活动方法、条件和环境。在全面推进素质教育的浪潮中，以活动课程为突破口，合理设置活动课程，优化课程结构，有助于儿童创造心理的发展。本章拟从活动课程的发展线索入手，探讨它在创造教育中的地位，分析其中的创造教育资源，并对活动课程中实施儿童创造教育的基本原则与策略作初步探讨。

一、活动课程在儿童创造教育中的地位

（一）活动课程：一种新的课程类型

活动课程在中国的诞生，与杜威的活动课程论有关，更与对课外活动的深入研究存在着密切关系。

以杜威为代表的活动课程论是建立在对学科课程论的批判基础上的。学科课程论是人类历史上出现最早的课程理论，它主张分科教学。我国著名教育家孔子将奴隶制的文化典籍分为诗、书、礼、乐四个科目，可算是最早的分科教学。古希腊的亚里士多德（Aristotle）也主张分科教学。德国教育家赫尔巴特（J. F. Herbart）主张设置多方面的课程，以发展学生多方面的兴趣。分科课程理论重视教材的逻辑结构，注重学生对知识的系统认知，但不重视甚至忽视儿童的兴趣和需要，所以被称为"传统派"。

活动课程论是与学科课程论相对立的一种课程理论，反对分科教学，主张课程要适合儿童的需要和接受能力。杜威在《我的教育信条》中说："学校课程中相关的真正中心,不是科学,不是文学,不是历史,不是地理,而是儿童本身的社会生活。"①他认为"教育即生活",生活离不开活动,要求以活动为中心组织教学,故称为"活动课程"。杜威特别注意游戏、作业、手工、烹饪、缝纫、表演、实验,认为通过这些活动获取的经验,可以使学生更好地适应社会,克服知识的孤立性,为儿童提供完整的世界图景。

从学科课程到活动课程,是课程理论的重大转变。活动课程论的出现,使人们以一种全新的视角观察和思考教育问题,既解放了儿童,又使教育更加贴近社会发展。活动课程对美国乃至全世界都产生过广泛而深刻的影响,以致在教育革新中出现了一种活动运动。活动运动在当时大多只限于小学。在小学低年级,主要围绕儿童的活动来设计课程。例如,小学的一至二年级,完全没有"学科",其课程以儿童的兴趣为基础。整个课程计划都以活动为主,在活动的基础上进行智力学习,正式科目的安排尽可能推迟。在这些学校里,常常采用体操、音乐、手工、讲故事、感觉训练、表演、竞赛等活动来代替一般课程。杜威的活动课程固然有好的一面,但它夸大了儿童个人的经验,忽视了知识本身的逻辑性,结果使学生学到的可能只是一些片断、琐碎的知识,降低了教学质量。除此之外,科学技术发展的日新月异,现代化生产的高度复杂性,信息社会的来到,都暴露出这种理论的局限性。杜威和他的追随者完全以活动课程代替分科课程,彻底否定了分科课程,与我们所说的新型活动课程不是一码事。我国的活动课程试图从课程结构的建构上解决问题,使学科与活动课程相辅相成。

(二)活动课程的特点

活动课程是以发展学生的核心素养为目标,以学生现实需要的种种直接经验为主要内容,按照特定活动项目及特定活动方式组成的一种课程形态。

和学科课程相比,活动课程有其自身的特点。北京师范大学王策三教授在其《教学论稿》一书中区分学科课程与活动课程的不同:知识本位、社会本位和儿童本位;"教育准备生活"和"教育即生活";理论与实践、间接经验与直接经验;逻辑顺序与心理顺序;分化与综合;学习的结果与学习的过程。② 学科课程侧重前者,活动课程侧重后者。

---

① 赵祥麟,王承绪编译.杜威教育论著选[Z].上海:华东师范大学出版社,1981:6.
② 王策三.教学论稿[M].北京:人民教育出版社,1985:183—185.

华东师范大学施良方教授对活动课程与学科课程的差异进行了深入研究，在活动课程与学科课程两者之间进行了更为细致的区分，认为学科课程的基本特点是：知识本位；方法论上重分析；社会本位；传递间接经验；按逻辑顺序编排课程；重学习结果；班级授课；掌握"双基"。相应地，活动课程的基本特点是：经验本位；方法论上重综合；个人本位；传递直接经验；按心理顺序编排课程；重学习过程；教学方式灵活多样；培养社会生活能力、态度。①

以上所列活动课程与学科课程的区分是相对的，不能作绝对化理解，因为两者并非水火不容，只是有所侧重而已。

（三）活动课程在创造教育上的优势

活动是人的生存方式，儿童的生命活力和丰富的个性只有通过活动，并在活动中才能充分表现出来。活动课程对于儿童创造心理发展的促进作用体现在以下方面：

1. 活动课程有助于培养学生的独立思考、独立探索的能力

活动课程贵在"活动"，在活动中可以促进学生动手动脑，培养能力，增长才干。近年来，美国风行一种"木匠教学法"。由教师给学生一些木块和量尺，由他们去量木块的长、宽、高，然后拼造一些简单的物体。在此过程中，学生在实际操作中认识尺子的用途与用法，理解线段长短之间的加减关系，而教师只是布置任务和解答学生在动手操作中遇到的各种问题。"木匠教学法"使学生始终处在一种具体操作之中，极大地锻炼了学生自我发现问题和亲手解决问题的能力，而不是按教师事先规定的方法去做，从而给了学生充分的机会发展他们的想象力与创造力。

活动课程之所以能有效地培养学生的独立思考、独立探索能力，是与它的开放性密不可分的。相对学科课程而言，活动课程拥有更为开放的时间，学生可以依据自己的兴趣爱好，按照实际情况，选择参与活动的时间。在空间上，活动课程可以把教室、校园作为自己的活动空间，即使是在室内进行活动教学，有些学校也没有固定的桌椅，而以"学习区""兴趣区"和"展示区"等弹性空间取代功能固定的学习空间。因为以活动为主，教师也较少采用专断式教学，师生之间互动机会增多，易于形成民主融洽的师生关系，促进学生创造力发展。

---

①　施良方.课程理论——课程的基础、原理与问题［M］.北京：教育科学出版社，1996：279.

2. 活动课程有助于学生认识新知识、新事物和新思想

学科课程主要传授人类发展过程中必要的基础知识和基本理论,知识往往以定论的形式出现。活动课程贴近时代,反映的多是当前发生的社会现象和最新的科技成果。古希腊戏剧家埃斯库罗斯(Aischulos)说过:"聪明人不是具有广博知识的人,而是掌握有用知识的人。"今天看来所谓"有用"的知识就是最优化的知识结构,这种知识结构具有基础性、专业性和更新性,而最优化的知识结构的更新性,是指这种知识结构不是封闭、静止和僵化的,而是处于不断开放过程之中,随着实践变化和认识发展而不断完善。只有这种不断更新的知识结构,才能不断激活学生的创造性思维。

3. 活动课程有利于培养学生的创造性人格

创造力是儿童能力的最高表现,而能力作为人格结构中的重要组成部分,总是与人格其他因素处于复杂联系之中,它的发展必定在一定程度上受到人格结构中其他因素的制约。这些人格因素构成了儿童创造力发展的必要而充分的条件,可称之为创造性人格。活动课程更多地根据学生的兴趣需要和学生的具体情况而设置,为儿童创造性人格的发展开辟了一片沃土。

活动课程通过丰富多彩的活动,使学生扩大视野,增长知识,动手动脑,培养能力,发展个性特长,增进身体健康,能够生动、活泼、主动地得到全面发展。实践已充分证明,活动课程充实了学生的精神生活,他们的情感、意志和良好的品行是在感兴趣的活动中逐步形成、发展的。学生在喜闻乐见的实践活动中展示各自的才能,发现并逐步形成特长,有利于培养他们的社会适应性,促进其社会化进程。

4. 活动课程有助于训练学生的创造性行为

近年来,如何通过活动课程更好地培养学生的创造力,成为许多教师共同思考的问题。一些专门的创造性活动在各地陆续开展起来,这些活动又分为课内与课外两类,前者包括课堂戏剧活动、课堂竞赛活动和课堂小组活动等,对训练学生思维的敏捷性、广阔性和独特性很有益处,后者包括课外兴趣小组、科技制作小发明、参观访问、研学旅行和实验操作等,有的学校还开办了"创客空间""创造学院""创意剧场",积极参加这些课外活动,对于学生树立创造志向、训练创造思维、培养创造才能都具有重要作用。实践证明,儿童的创造力在很大程度上是通过专门的创造性活动表现出来的,要全面考察、评估儿童创造力发展状况,就必须抓住专门的创造性活动这一重要环节。

总之,活动课程是我国基础教育课程体系的重要组成部分,它与学科课程相辅相成,是儿童创造教育的重要途径。

二、活动课程中的儿童创造教育资源

活动课程中具有丰富的创造教育资源,并不意味着这些资源都可以得到合理开发与利用。目前中小学活动课程可以归纳为三种类型:第一种为娱乐型,这种类型的活动多为消遣性的,如看小说、读小报、玩球、玩牌和看电影电视,其主要目的是寻找快乐与刺激,释放学生过剩的精力和体力,放松学生紧张的神经;第二种为发展型,这种类型的活动主要是培养学生的兴趣,拓展学生的知识面,发展他们的特长,如加强阅读指导、积累资料卡片、开讲座、做实验、欣赏作品和组织兴趣小组;第三种是创造型,这种类型的活动目标不是学习,而是探索创造,比如写调查报告、写小论文、搞小制作小发明、创作美术作品和写影视评论等。我们无意否定前两种类型的活动,恰恰相反,创造型活动正是前两种活动的发展和升华。从创造教育着眼,对前两种活动要加强引导,加强渗透,但重点还是要重视开展专门创造教育活动,这些活动大致包括以下五种。

(一)科技创造发明活动

这是最常见的儿童创造教育活动,也是教育成效最好的一种形式。主要是运用数学、计算机科学、物理学、地球与空间科学、工程学、动物学、植物学、微生物学、医学与健康学、化学、环境科学等知识去解决生产生活中的一些实际问题,其成果主要表现为发明成果和小论文。截至 2023 年,以"创新·体验·成长"为主题的全国青少年科技创新大赛已举办 37 届,成为我国面向中小学生开展的规模最大、层次最高的青少年科技教育活动。

(二)文艺创作活动

学生在文学艺术方面的创造性活动,是运用形象思维来表达一定的思想、情感的活动。其内容十分广泛,如唱歌、跳舞、戏剧表演、书法、绘画、演奏、雕塑,创作小说、诗歌、散文和科幻画等。许多中小学定期举办"文学节""文化节""艺术节",这些活动为集中展示学生的文艺创造才华提供了极好的舞台。

(三)创造性社会实践

社会实践通常利用假期进行,学生在参观考察、社会调查、生产劳动、社会公益服务和志愿者活动等社会实践中表现出来的创造性活动得到了越来越多的关注,其成果形式有调查报告、合理化建议、改革方案、创造性的劳动方法等。

(四)创造性集体活动

随着城市化、信息化和全球化的迅速推进,传统的模式化班队会已经不能适应当代青少年的心理需求,如何把班队会的方案和节目设计得新颖、独特,设计出创意,已经成为我们必须面临的严峻挑战。

(五)日常生活中的创造活动

生活是创造的沃土,那些善于创造的人,从来不会抱怨生活的枯燥乏味,相反,他们总能找到生活的创意和乐趣,进而创造新的价值。生活环境可开发的领域是十分广阔的,日月星辰、雷电雨雪、潮汐波涛以永不衰竭的魅力吸引着一代又一代人,日食、月食、彗星的出现是不可轻易丢失的观察机会,有目的地组织学生到田野里走一走,到花园里逛一逛,到社区里问一问,都可获得许多意想不到的收获。

三、推进活动课程的路径选择

儿童创造教育对活动课程提出了更高要求,在推进活动课程时,应始终关注有效的路径选择问题。

(一)走进社会大课堂,丰富实践体验

长期以来,繁重的课业负担使学生缺少机会去接触社会,接触大自然,在一定程度上使学生的认识和思维局限在一个狭窄圈子里,不利于发挥他们的创造性和想象力。活动课程是实践性很强的课程,要引导学生在实践中动手动脑,取得对事物的亲身体验,掌握发现问题和解决问题的方法。以实践活动为主,意味着不要将过多的时间和精力放在知识上面,避免使活动课程成为变相的学科课程。要发挥学生的创造性,使他们勇于独立思考,标新立异,掌握从不同角度观察、思考和解决问题的方法,启发学生创造意识。除了像晨会、讲座、报告会这样一些教育活动外,还应尽力安排一些让学生接触实际、接触社会的实践活动。例如,可以让学生做一些社会调查,参观现代化的龙头企业和示范农场,

了解市场的繁荣情况和人民生活水平提高的情况,通过收集和整理数据,做些分析比较,使学生进一步理解在课堂里学过的知识。

(二)强化自主探索,发挥学生的主体作用

在活动课程中实施创造教育,必然注重学生的主动学习。学生的学习过程是主动探索、不断创新、不断改进已有的认识和经验、建构新的认知和情意结构的过程,而不是通过静听、静观接受现成知识结论的过程。为此,应特别强调学生的主体地位,学生通过亲身的活动,变被动消极地学为主动积极、富于创新地学,使活动成为以学生为主体的活动。学生通过自己的主动操作、亲身体验、探究加工等多层次的实践活动来发展他们的创造力。

学科课程的教学一般是由教师来组织的,在活动课程中应让学生充当小主人,教师退居辅导地位。例如,在组织游学活动时,可以将学生分成几个小组,选出负责人,活动前做出活动计划,活动中组织些竞赛,活动后由学生自己做小结,教师适时给予评价和鼓励。在科技小组活动中,更应该放手让学生大胆地去想、去试验,发挥他们的创造性。活动课的组织应给学生留有较大余地,任他们自己去创造,发展自己的兴趣爱好,展现自己的聪明才智。

(三)开展专题讨论,激发学生的创造潜能

西方教育的精华是专题讨论课。在活动课程中加强讨论是十分必要的,因为活动课程主要不是传授间接经验,而是引导学生开展丰富多彩的活动,在活动中培养学生的能力,开发创造潜能。加强活动过程中的讨论,能够取得多维教育成效:它可以引发学生争论,激荡思维,相互启发,相互质疑,取长补短;有利于训练学生的口头表述能力、归纳能力、归谬能力、逻辑思维能力和判断能力;有利于教师发现学生特长和优势,帮助学生发展优势;它还是一种学术交往的雏形,过去的"独学而无友,则孤陋寡闻"的做学问方式早已被淘汰,学术交往是当今获取情报的首推手段,是一个学者的必要基本功。

(四)弘扬教育民主,变革教师的领导方式

教师的领导方式对学生创造力的发挥具有较大影响。心理学家勒温(Kurt Lewin)最早对此进行实验研究。他将教师的领导方式分为专制、民主和自由放任三类,结果表明,民主领导组比其他两组都好,学生工作的质量很高,他们喜欢学习,喜欢同别人尤其喜欢与教师一道工作,学生之间相互鼓励,而且独自承

担某些责任。专制型教师喜欢个人说了算,使学生感到自己只是一个命令的被动接受者,易于养成缺乏独立思考和屈从于权威的坏习气。反过来,如果教师放任自流,不给学生提出目标,不作必要的指导,不参与学生的活动,学生就不知道什么该做、什么不该做,也不容易合作,因而也不宜提倡。为此,我们应充分发扬教育民主,营造有利于创造的民主氛围。在活动课程中,教师应起到组织、引导以及解惑作用,形成以学生为中心的生动活泼的学习局面,有利于激发学生的创造激情。

(五)克服创造性思维障碍,创设良好的心理氛围

我国中小学生普遍表现为过于谨慎、思维定势和从众心理,在很大程度上是因为教育缺乏宽松自由的心理氛围,表现在学习内容与作业方面缺乏选择机会、评价标准单一化、校园与课堂纪律过严等。美国心理学家托兰斯认为,创造力发展必须在安全和自由的气氛中才能进行。所谓安全,就是不对儿童的独特想法进行批评或挑剔,使其消除对批判的顾虑,敢于表达自己的见解;所谓自由,就是尽量减少对儿童的行为和思维的无谓限制,给其自由表现的机会。在活动课程中,尽可能地创设安全自由的学习气氛,会使儿童的思维处于积极活跃的状态,使其创造潜能得到最大限度的发挥。

著名教育家陶行知说过:"我们要打倒传统的教育,同时要提倡创造的教育。……所以我们主张'行动'是中国教育的开始,'创造'是中国教育的完成。"[1]随着我们对活动课程认识的不断提高和活动课程改革的进一步深化,在全面深化素质教育的历史进程中,儿童创造教育必将上一个更高的层次。

拓展阅读导航

[1] 张景焕.培养创造力——创造活动课设计原理与指导策略[M].济南:山东教育出版社,2003.

[2] 齐健,李秀伟,王钢城.活动建构——创新教育的教学革新[M].济南:山东教育出版社,2004.

[3] 钱明辉,秦侠,李跃等.研究性创新——青少年科技创新能力培养的原理与方法[M].北京:科学出版社,2009.

[4] 郭有遹.创造性的问题解决法[M].台北:心理出版社,2006.

[5] Carol E. Catron,Jan Allen.学前儿童课程——一种创造性游戏模式[M].王丽,译.北

---

① 陶行知全集(卷三)[M].成都:四川教育出版社,1997:529—530.

京：中国轻工业出版社，2002.

[6] Rebecca T. Isbell，Shirley C. Raines.幼儿创造力与艺术教育[M].王工斌，等，译.北京：北京师范大学出版社，2012.

[7] 袁爱玲.学前全语言创造教育活动设计[M].北京：教育科学出版社，2001.

[8] 万飞.创造教育为学生成长赋能——东莞市松山湖实验中学创造教育的探索与实践[M].北京：中国致公出版社，2022.

第十章

创造型班集体的组织设计和建设路径

把愿景和清晰的现实图像并列在一起,就产生了我们所谓的"创造性张力",即把两者拉到一起的力量,它是张力寻求释放的自然倾向。

——彼得·圣吉(美国麻省理工学院教授,学习型组织理论创始人)

　　班集体被喻为儿童出巢练翅,由小家庭走向大家庭的"人生驿站",是他们通过活动和交往实现社会化的一个"理想家园"。在这个理想家园中,如何促进儿童生动活泼、积极主动地发展,如何弘扬创造精神,培养创造性人才,是全面推进儿童创造教育的一个十分重要的任务。

　　然而,现实情况并不像我们想象的那么美好。

　　有一次,一个研究生到实验小学做创造力发展实验研究。由于实验内容是做游戏,班上的学生由于兴奋,乱成一团。孩子们吵闹的声音远远大过她的声音,无论她怎么努力也控制不住。

　　她感觉自尊心受到了伤害,将教棍狠狠地摔在桌子上。孩子们安静了一些,她以严厉的口气对他们说:"如果你们再不安静下来,以后每次上课,就让你们班主任参与,一起管理课堂。"

　　话音刚落,孩子们立即安静了下来。

　　正当她沉浸于成功的喜悦中时,一个学生突然站起来说:"老师,班主任来了,我们的创造力就没有了。"

　　孩子的这一声发自肺腑的呐喊,让她感到震惊,为什么班主任来了,孩子们就感觉自己的创造力没有了呢? 班主任的权威究竟给学生造成了怎样的压力? 她意识到,纪律控制和学生创造力的发挥就像跷跷板的两端,一端沉下去,另一端就翘起来。那么,怎么才能找出纪律控制和创造力和谐发展的平衡点呢?

　　日本学者恩田彰认为,创造型教师应努力形成创造型班集体。在创造型班集体中,全体同学互相尊重彼此的个性,尊重各自的创造性,互相交流各种思想和观点,并且互相鼓励彼此的独创性表现。[①] 这样的班集体,不仅能充分发挥个人的创造心理,而且还能促进班集体创造活动的开展。

一、班集体与儿童创造心理的发展

改革开放以来,我国广大班主任勤勉工作,不断开拓,做了大量卓有成效的工作。但由于主客观原因,在班集体建设中有目的地促进学生创造心理发展的班主任还不多,一些不良的班集体类型,应该引起我们注意。

(一) 求知型班集体

在这类班集体中,学生以提高学业成绩为主要追求目标,以获取高分和考进重点学校为最高荣誉。由于用分数作为衡量学生优劣的价值标准,学业成绩突出的学生担任班干部,成绩差的往往受到歧视。这种班集体的主流价值观是读书应试,从整体上压抑了学生创造心理发展。

(二) 娱乐型班集体

在这类班集体中,学生对升学缺乏信心,抱无所谓的态度。他们尽管对学习感到困难,但对人生并没有丧失信心,往往将兴趣、精力转移到各种文娱和社会活动方面,经常组织一些轻松的娱乐活动。在这种组织中,虽不乏另辟蹊径寻找成才之路者,但整体上缺乏成就动机。

(三) 监管型班集体

在这类班集体中,师生关系比较紧张,潜伏着情感危机,一旦放开控制,班级秩序就会遭到破坏。标准化、程序化是此类班集体的主导价值观,活动也少,学生的标新立异有时被视为"叛逆"。有些班主任观念陈旧,方法呆板,事必躬亲,班级管理表面上井然有序。这些人工作责任心强,一心扑在班级上,对学生关心体贴,但由于剥夺了学生动脑动手的机会,学生背后有许多怨言,可谓"吃力不讨好"。这种班集体属于"保姆型"班集体。在这类班集体中,同学之间基本团结,班干部有一定组织能力,但缺乏号召力,班级不能稳定发展,非正式群

---

① 董奇.儿童创造力发展心理[M].杭州:浙江教育出版社,1993:285—286.

体势力较大,班级规范得不到落实,主流价值观经常变动,学生缺乏归属感,因而多数班级没有长远计划,即使有,也难以落实。

由此,我们不难看出,在中小学班集体建设中尚存在着许多明显的问题,也没有形成儿童创造心理发展的良好氛围和自主发展的有效机制。因而,我们提出建设创造型班集体,并以此作为创新人才早期培养的重要机制。

二、创造型班集体的组织设计

中小学优秀班集体是多层次、多类型的。我们认为,作为一种区别于其他类型的新型班集体,创造型班集体应具有鲜明的组织特征。

(一)班集体的目标特征

班级成员应有一致的目标追求,这是班集体的重要特征。创造型班集体应高举创造的大旗,引导全班学生按照创新人才的要求来调整每个人的行为方向,让学生认识到:创造不是某些人的"天赋权利",而是每个人都具有的自然禀赋。从这种意义上说,人人都具有创造力。将创造作为班级目标,尊重儿童求新、求异和求变的心理需要,有利于形成班集体的凝聚力。

(二)班集体的价值特征

在同一个班集体中,可能会存在许多不同的价值观,甚至相互冲突的价值观。我们必须关注它的主导价值,因为主导价值直接影响到班级舆论的形成、班风建设,影响到每个学生的世界观、人生观。毫无疑问,创造型班集体的主导价值观是创造,以想创造、能创造和敢创造为荣,以死记硬背、墨守成规和循规蹈矩为耻,教师为创造而教,学生为创造而学。

(三)班集体的行为特征

创造型班集体不应以组织"压服"个人,应采用民主决策、参与决策和个性化决策等决策方式。因为创造在多数情况下是个性化的、个别的,甚至是偶然的,标准化不利于发展学生的创造心理。

（四）班集体的情感特征

创造型班集体的情感特征是彼此相悦相容，每个学生都为身在这个"理想家园"中而感到满意。班主任应该在组织和培养班集体中接纳各种个性的学生，让有才识的学生尽快成才，让学有余力的人自主发展，让不同个性倾向的人都能得到关心照顾。即便是固执的学生、孤僻的学生和学习困难的学生，甚至有过失的学生，都应该得到帮助，得到谅解，得到宽容，而不会受到排斥和歧视，从而在班集体中构筑一个洋溢着人性、充满着关爱的成长平台。

三、创造型班集体建设的实践路径

创造型班集体是一个活跃的、有序的和动态的有机体，它会经历一个从初建、转化、形成到成熟的发展过程。促进创造型班集体的组织发展，必须认识和解决好以下几个问题。

（一）更新文化观念，走出对创造的认识误区

来自心灵深处的消极文化观念和认识误区对教育改革的阻力是很大的。比如，科举制度遗留下来的考试文化，便是危害我国教育最深的传统遗产。尽管科举制度已经废除了近百年，但科举文化未因此断绝，它以学业成绩至上的方式，像幽灵一样从后门溜进了新式的学校教育，严重扭曲了教育理想，已成为许多班主任推进创造教育的无形阻力，成为创建创造型班集体的障碍。

（二）开展敏感性训练，克服组织发展的阻力

建设创造型班集体涉及班集体的目标确立、组织结构调整、规章制度的制订等诸多方面。在创造型班集体的创建过程中，人际关系会有较大的变化，学生的学习和生活方式也随之发生变革。因为创造型学生的思维新颖、独特，他们敢冒风险，独立性强，不唯上，不守旧，这些都会触及其他学生的价值观、生活习惯乃至利害关系。为了消除学生之间在思想、情绪和行为上可能出现的抵制，可以采用敏感性训练。这种训练最早用于训练企业、公司的管理人员、经理和行政人员，受训者集中进行一至两周的专门训练，其目的在于提高全班学生的人际关系和人文技能，包括：增强自身对他人情感的表达方式和敏感度；通过

注意自身和别人所流露的感情,提高观察创造性行为的后果并从中获取教益的能力;增强理解创造性人格的能力和技巧;提高解决人事矛盾、协调人际关系的能力等。可以通过夏令营、培训班等形式进行敏感性训练,但内容要有针对性,方法要活泼多样。

(三)发扬班级民主,营造良好的精神环境

应该精心创设适宜学生创造心理发展的精神环境。美国心理学家托兰斯研究认为,"心理安全"和"心理自由"是创造性人才成长的两个重要条件。为此,班主任应该变革班级管理方式。美国心理学家勒温(Kurt Lewin)曾把领导方式分成专制型、民主型和自由放任型,认为不同类型的领导方式与士气有着密切关系,其中民主型是最佳方式。因而,发扬班级民主对创造型班集体建设是十分重要的。

(四)强化组织诊断与治理,实现班集体的可持续发展

创造型班集体建设是一个很有挑战性的工作,不可能一帆风顺,也不可能尽善尽美,出现问题偏差不奇怪,这就要求通过组织诊断与治理来不断完善。根据行为科学的研究,组织诊断与治理通常有以下几种具体方法:

1. 过程咨询

一旦创造型班集体面临重大问题,应邀请有关专家、资深班主任进行诊断,从而提出解决问题的建议。

2. 调查反馈

通过问卷调查,向全班同学和其他任课教师搜集资料,取得数据,组织讨论,提出解决办法。

3. 相互作用分析

通过观察学生之间的相互作用,分析个体行为的心理状态,使学生学会分析团体内的交往行为,从而消除信息交流的障碍,建立相互信任的关系。

4. 解剖麻雀

选择班集体中的一个群体(如学习小组、兴趣小组、运动队),分析小群体的活动状态、内外关系,找出问题症结所在,进而明确改进整个组织建设的思路,实现组织的可持续发展。

（五）发挥班级的链接功能，开创绿色生态教育

不能过分夸大创造型班集体对促进儿童创造心理生成的作用，班级再好，毕竟很小，班主任要善于将班级与大自然、大社会链接起来，开创绿色生态教育。其要义在于以多维系统和协调发展的观念来看待人与人、人与环境、学校教育与社区教育的关系。凡是能促进学生创造心理发展的资源都是宝贵的教育资源，包括物质资源、文化资源、精神资源、人力资源和活动资源等，一定要善于将它们发掘出来，为我所用，为班集体建设所用。

（六）及时转换角色，提高管理行为的有效性

在创造型班集体的组织发展上，班主任起主导作用，这就决定了他们要不断加强自身修养，及时转换角色。在广大中小学中，目前仍然存在着包括官僚型、教条型、书生型、经验型等与儿童创造教育不协调的班主任类型：官僚型班主任把民主平等的师生关系理解为"管"与"被管"的关系，通常是板着面孔监视学生；教条型班主任惯于传达上级指示，机械搬用其他先进班集体建设的经验，自己不动脑筋，还听不进学生的意见或建议；书生型班主任儒雅，有涵养，课也教得好，在班级工作中拼命抓学习，但综合能力不强，缺乏魄力，班级活动搞不出声色，班集体缺乏生气；经验型班主任普遍爱岗敬业，班级工作也拿得起、放得下，但他们喜欢从经验出发，而这些经验可能是先进的、正确的，也有可能是落后的甚至错误的。这些班主任虽可能适应升学教育的要求，但不利于学生创造心理的发展。创造型班集体呼唤创造型班主任，正如陶行知先生所言，教师的成功，是创造出"值得自己崇拜"的学生；班主任最大的快乐，就是创造出"值得自己崇拜"的学生。

拓展阅读导航

［1］ 蔡珂.指向学生创新素养培育的班级建设［J］.现代基础教育研究，2023(3).

［2］ 保罗·B.保罗斯，伯纳德·A.尼斯塔特.团体创造力——通过合作创新［M］.罗玲玲，李家坤，译.沈阳：辽宁人民出版社，2008.

［3］ 艾普斯坦.创造力拓展训练——团体培训手册［M］.周丽清，许晶晶，等，译.北京：中国轻工业出版社，2005.

［4］ Susan Winebrenner.班有天才——普通班级中培养天才儿童的策略与技能［M］.徐希洁，徐美贞，译.北京：中国轻工业出版社，2003.

［5］ 罗瑾琏等.个体创造力和团队创造力的生成机制［M］.北京：科学出版社,2014.

［6］ 马璐,韦慧民,潘清泉.团队创造力的发展机制研究［M］.北京：经济科学出版社,2015.

［7］ 江东霞.无边的圆——创造型集体培育与形成的研究［M］.上海：上海教育出版社,
2001.

［8］ 杨连山,杨照,张国良.班级活动创新与问题应对［M］.重庆：西南师范大学出版社,
2013.

［9］ 李国汉.班集体建设与创新人才培养［M］.重庆：西南师范大学出版社,2013.

第十一章

创造型教师与儿童创造心理发展

一个墨守成规的教师对于学生创造力的发展无疑是一种近乎灾难的障碍。

——叶澜(华东师范大学终身教授,中国教育学会原副会长)

　　2019 年国庆节前夕,在教育田野辛勤耕耘 70 年的特级教师于漪获得了"人民教育家"的国家荣誉称号。这一光荣称号是与她几十年的教育工作联系在一起的。

　　每次上语文课,于漪都要探索新的教学方法。她不重复自己,即使是同样的课,也绝不重复,她的每节课都是美丽动人的人文景观。

　　"时代的活水要在课堂上流淌。"于漪注重结合时代特点,从身边获取教学资源,提高教学效果。得知很多学生喜欢周杰伦的歌,于漪没有简单地批评孩子,而是找来有关专辑认真听,终于找到了周杰伦吸引孩子的原因:《青花瓷》等歌词从古典名章中寻找灵感,借鉴了传统文化元素,让学生乐意亲近。独生子女无人倾诉,烦闷时哼哼周杰伦的说唱音乐,是一种很好的宣泄。得到了于老师的理解,学生高兴地说:"再告诉您第三个原因,周杰伦的歌,好就好在学不像。"半个多世纪的代沟一下子消除了,从此师生关系更加融洽,课堂教学也有了更强的感染力。

　　于漪认为:"教育的生命力在于创新。"教师的一肩挑着学生的今天,一肩挑着祖国的未来。她长期从事中学语文教学工作,把教书育人作为教师工作的制高点,把语文教学和情操熏陶、知识传授、智力开发融为一体,形成了自己独特的教学风格。《于漪语文教育论集》《于漪文集》向我们展示的正是她对语文教学的探索和思考。然而,就是这么一位学识渊博、著作等身的教育家,却"从不重复自己",看到许多学生喜欢周杰伦的歌,她也去听周杰伦的歌,分析周杰伦之所以吸引学生的原因,以此来调整自己的教学内容和教学方法。如果有人要问,什么样的教师才是创造型教师?于漪就是一名创造型教师,是我国创造型教师中的典范。

美国学者史密斯（R. Smith）认为，创造型教师就是那些善于吸收最新教育科学成果，将其积极运用于教学中，并且有独特见解、能够发现行之有效的新方法的教师。[①] 我们的家长和全社会都殷切希望中小学教师能够及时、敏锐地发现和培养孩子的创造潜能，孩子们也深情地期望老师能够成为他们成长的表率，以一个创造型教师的优良品质引导他们健康成长。

一、阻碍儿童创造心理发展的教学因素分析

（一）教育内容失衡，放弃学生的创造力

失衡就是指彼此之间的不平衡，其典型表现：一是培养缺失。即片面地关注一方面，有意或无意地忽视另一方面的不健康状态。我们不少教师的课堂教学已变为一种分数至上的教学，由于过分追求分数，教师在教学方法上填鸭式、灌注式盛行不衰，学生的大脑成了储存知识的容器，这样做的结果是最终剥夺了学生创新发现的机会。二是培养过度。比如过度的统一，统一的课程、大纲、教材，统一的入学年龄，统一的考试和评分标准，最终必然造成教学模式的整齐划一，人才类型上的单一化；再如过度的负担，为了追求高分，超时、超纲、超量成为理所当然，最终使学生在不断的重复和大量的练习中成为善于解题和背诵的"熟练工人"。在"双减"背景下，这些问题得到一定遏制，但要从根本上解决，尚需一些时日。

（二）教育观念存偏见，轻视学生的创造力

所谓偏见，是指教师只根据自己的主观经验或特定价值需求的满足状况，对学生采取不同的对待方式，即倾向某些人、冷淡另一些人的思想或行为。比如，那些把老师讲的东西都认真理解、记住，静静地听老师讲课，遵守规章制度的、听话的学生常被认为是"好"学生；有些学生喜欢自己探索未知的事物，一考虑起什么事，连老师的话也听不见，对老师讲课有反响，喜欢提问题，不承认权威，时常违反制度等，往往得到的评价较低，甚至被认为是后进生。这就是一种偏见，在这种偏见下培养出来的学生，只能是温顺服从的小绵羊。

---

① 俞国良.创造力心理学[M].杭州：浙江人民出版社,1996：318.

（三）教育环境专制，遏制学生的创造力

在有些教师看来，教师是一切教育教学活动中的绝对权威，学生是知识的被动接纳者，个别教师甚至无视学生的人格尊严，对学生冷嘲热讽、训斥恐吓，甚至体罚。这样必然导致师生关系的阻隔，最终，要么给学生心理造成创伤，严重遏制了学生个性的发展；要么使学生盲目服从教师的权威，致使学生千人一面和整齐划一。这种教育环境已沦为学生创造力的"屠宰场"。

教师在学生创造力培养过程中的上述状况，已导致培养过程中人际关系的不良、培育氛围的消极，尤其是学生创造力发展的不畅，所以很有必要对此类现象进行防治。要防治此类现象，首先要认识其中缘由，具体可以从内源性和外源性致病因素中探寻。

1．内源性因素

（1）忽视自身创造力开发

学生的创造力要靠创造型教师来培养，教师有什么样的教学思想，用什么标准评价学生，采用何种形式的教学方法，营造怎样的课堂气氛，布置什么性质的家庭作业，拟订什么形式的测验考试，组织什么样的课外活动，建立何种类型的师生关系，对学生创造力的形成有着举足轻重的作用。但由于种种因素，不少教师把教学工作变成纯粹的例行公事，敷衍凑合，麻木不仁，长此以往，自己的创造力逐渐枯竭，也就不能时常调整自己的角色和教学方法，更谈不上去开拓学生的视野，培养学生的创造性思维。

（2）缺乏良好的鉴赏力

创造型学生喜欢刨根问底，常常会提出一些非常规的问题，有时问得教师张口结舌，并以此为荣；创造型学生还会做些令人哭笑不得的实验，来证明自己的异想天开；创造型学生思维敏捷，灵活变通，喜欢自己动手，其"淘气"行为连续不断，防不胜防；创造型学生在生活中往往不盲从权威，家长和教师除非以理服人，否则不会取得好的教育效果。面对上述学生表现出的行为特征，如果教师不能公正地评判学生的能力和成果，最终只能损害学生的创造力。

（3）缺少宽容、理解的心境

对于哪些比较淘气、个性强、比较特殊的学生，有些教师往往看不到他们的长处，不能给予宽容理解，甚至还生厌，有些教师遇到学生意见与自己相左，则一棍子打死，只准求同不许存异；有些教师不能设身处地地理解学生，当学生犯了错误时，一味指责和抱怨，给学生造成心理负担；还有些教师靠专制、恐吓手

段维护自身的权威形象,使学生失去充分发表意见的机会。这类现象最终必然压抑了学生的创造力。

（4）没有合理的智能结构

创造型教师必须有足够实力,才能得心应手地引导学生。不少教师由于没有在广度和深度上占有知识,缺乏合理的知识结构和能力结构,面对种种挑战时不能熟练地把知识融会贯通,不能较好地接纳、引导学生,最终只能牺牲学生的创造力。

2. 外源性因素

（1）评价机制的欠缺

多少年来,社会对好教师的评价其实是和教育的真正目标相背离的。社会对一个学校的评价主要看它的升学率,升学率也就成了学校的生命力,而校长衡量一个教师的指标除了升学率就是论文数,谁在这两个指标上下功夫谁就得到承认;谁多花力气去做那些看不见的工作,谁就有可能是冒傻气,最后结果很可能是冒傻气的人被急功近利的人否定。这是一件十分残酷的事,它使许多本来想为学生创造素质的开发提高,实实在在地去搞一些研究的教师不得不放弃自己的初衷,成为急功近利的人,与真正的教育目标相背离。

（2）招生机制的欠缺

高考双轨制出发点是好的,它拓宽了人才成长的渠道,但也面临着许多困境,分数对于家长而言,不仅仅是子女的前途,更是现实的"钱途",分数的价值实在是太大了。在这种心理支配下,校长教师不敢怠慢,家长更是千方百计地为孩子买资料、请家教,学习负担压得孩子喘不过气,升学压力使教育教学退化为压迫和征服,莘莘学子还能有多少想象、创造的空间与自由!

（3）研究机制的欠缺。关于儿童创造心理培养的研究,已有一些时代的先驱在实践中作出了艰苦探索,然而这一切还刚开始,创造教育理论特别是基础教育中儿童创造心理培养方面的研究成果不足,即使有一些成果也没有引起足够重视,学校、家庭、社会还没有形成注重创造心理培养的氛围。教育研究的滞后引起的后遗症,严重制约着一线教师对儿童创造心理的培养。

另外,影响教师对学生创造力培养的外源性因素中还包含家庭教育机制的欠缺、劳动就业人事制度的欠缺,乃至传统教育积淀成型的被动的国民性的消极影响和旧有残余观念的阻力等等,使学校教育缺乏形成儿童创造心理的基本环境,教师、学生很难将自己的思想和活动向更广阔的领域拓展。

总之,由于内外因素的浸染,教师在儿童创造心理培养方面存在不少问题,导致培养出的学生知识面狭窄,思维方式简单,思想保守,缺乏开拓创新精神。所以,防治教师在儿童创造心理培养中的痼疾,势在必行。

二、创造型教师的成长过程

创造型教师的成长过程是一个由一般教师成长为优秀教师的过程,是一个长期积累、由量变到质变的变化过程。研究创造型教师的成长过程,分析其成长的共同特征,可从中总结、概括出成长规律。通过对成长过程中可控因素进行调整、控制,可以优化教师成长的过程,促进教师的专业发展。

(一) 创造型教师的成长是多阶段的连续过程

由于各学科领域有其专业的特殊性,不同专业对教师的素质要求不同,因而不同学科领域中创造型教师的积累期、成熟期、创造期表现出有早有晚;又由于影响创造型教师成长因素的广泛性、多样性,各因素在不同时期所起作用的差异,因而创造型教师的发展速度有快有慢;此外,由于创造型教师自身主观努力程度的区别,使得自身的发展速度不一。但从总体上看,创造型教师的成长是一个长期的过程,是各因素综合作用的结果。有人曾对教师教学专业能力成长进行了分析,结果发现,教师的成长并非师范教育阶段就可完成,教师的许多专业技能是在工作过程中形成的,甚至大学前的事件、经历对教师成长的影响都很大。全国首届十杰教师提名人韩学庆说:"一个教师,特别是要成为一个优秀教师,应当有比较坚实的生活基础。这是因为,学校是社会的一个组成部分,学校里进行的一切教育活动,不可能脱离生活实际而孤立地进行。生活基础应当包含两个意义:一是自己的亲身经历,并把这种经历变成一种教育行为;二是间接经验。通过这种方式,充实自己的生活知识。作为我经历的'下海捕捞,上岸加工',对我的影响是多方面的:体验了劳动的艰辛,渔民的勇敢顽强,大海的浩瀚和它所给予的力量……每当回忆起这些,还是让人有一种生活的充实感。一个毫无生活基础的人是很难成为一名优秀教师的。"可见,创造型教师的成长是多阶段的连续发展的过程。

(二) 创造型教师的成长是从关注自我、关注教学发展到关注学生

创造型教师在成长的不同阶段关注的重点是不一样的。在工作初期,关注

较多的是自我能否适应,怎样维持课堂纪律,如何备课、上课、批改试卷,如何评价学生等。他们有强烈的自我发展意识,但由于师范教育阶段所形成的教育理想与现实课堂生活的冲突,使他们感到困惑。他们或将理论与实践进行一定程度的"结合",或求教于有经验的教师,或在实践中"试误",最后找到了维持教学的最基本的能力。经过一段时间的积累后,教学经验逐步丰富,进入业务水平的提高和发展阶段。创造型教师由关注"我能行吗"转到关注"我怎样才能行",他们发现教学中必须有学生,教学内容必须适应学生的水平和需要;他们对自身的专业发展比较重视,但多是为了完成教学任务。与前一阶段对比,创造型教师专业态度比较积极稳定,从心理上接纳了教学工作,能主动阅读有关教学资料,与他人进行交流,争取外出进修,反思教学行为,自觉寻找促进专业发展的活动。到了最后阶段,教师的业务能力成熟,教育科研水平和教学实践能力增强,并有个人的独创。他们能确立科学的学生观,认识到学生不仅是教学的对象,而且是学习的主人,鼓励学生去发现、建构事物的意义,帮助学生获得知识并在互动中获得多方面的发展。同时,他们对教师劳动的认识充分,能确立科学的教育价值观,自觉地进行角色转换,认识到自己既是教育者又是研究者,既是学习者又是创造者,既是课程的消费者又是课程的开发者。在教育研究中,他们能对教育实践经验进行总结、概括并上升到理论高度;能提出新的教育假定,发展和创造丰富的教育价值;能将一定的教育价值感和教育方法渗透到教育思想中,达到创造教育的实践水平。在改革教育教学的过程中,他们改变了自己,促进了自己的发展。正如有的教师所说:"开始教学的时候,我是一个学科本位的教师,总是把学科放在首位,随着时间的推移,我感到我是教艺术的。"这一段话反映了教师教学中关注点的变化。

(三)创造型教师的成长过程是与教育环境积极互动的过程

影响创造型教师成长的因素很多,其中,教育环境对创造型教师的成长影响最大。这些教育环境主要包括:学校的特征、关键人物、教研组、课堂教学中的关键事件、学生的需求等。

就学校特征而言,由于经济、文化等因素的影响,学校的资源配置存在着差异,教学条件、实验设备不同,学校的地理位置不同,社会对不同类型学校的期望值存在高低,这在某种程度上支持或削弱着教师的专业发展,造成教师发展的差异。此外,学校的管理制度、教育教学观念、校风、学风等都影响着教师的成长。创造型教师能充分利用学校的各种资源和条件,争取各种条件和机会,促进自己的发展、成长。

关键人物在教师专业发展的早期影响很大。初任教师在最初教学时,总是自觉或不自觉地选择自己认同的对象作为参照,并在此基础上不断改造和更新。山西省牛亚玲老师说:"遇到一位好校长,是我的幸运。他使我进一步坚定了专业思想,使我在自己的岗位上做出了一定的成绩,假如不是这样,恐怕至今我还沉湎于自己的'作家梦'中。"可见,关键人物在教师成长中作用很大。

教研组是教师进行专业活动的经常化的学术团体。教师在这里备课、批改作业、讨论问题、传递信息、交流思想,它决定着教师工作的情绪和心理状态,对提高教学业务水平起着很重要的作用。创造型教师能与教研组成员友好相处,共同分享教育资源,交流教育经验,切磋教学技艺,反省教学结果,开拓新的教学理念,在集体的发展中发展自己。

此外,课堂中的关键事件、学生的需要等对教师的成长所起的作用也不可忽视。创造型教师能积极利用教育环境,在与教育环境的互动中促进自己的发展。

(四)创造型教师的人格特征在其成长中起关键作用

教师优秀的人格特征不仅是完成教育工作的基础,而且有利于教师创造力的发挥。人们对普林斯顿创造力测试中心的测试量表进行总结,认为创造力强的教师具有如下人格特征:有见识,能从差生中发现具有创造才能的学生;有献身精神,创造活动目标明确,不畏困难,勇往直前;有敏锐的观察力和分析能力,见微知著,富有预见性,能想象和推断出学生的发展趋势和未来的成就;有独立性,不囿于教学的清规戒律,敢于打破传统;在人际关系方面,耿直、坦率,不拘小节。[①] 创造型教师的人格特征使教师在充分认识自己力量和水平的基础上,相信自己并充分挖掘自己的潜力,对教学内容、教学方法精心组织、加工,对教学活动创造性地设计;促使教师不断充实自己的知识,提高自己的能力,弥补自己的不足,从而增强自己成功的体验;使教师始终保持反思者的形象,将行动与研究融为一体,促使其不断检查自身行为与教育目标的差距,持续地、长久地改进自己的工作。由此可见,创造型教师的人格特征在其成长过程中起着关键作用。

---

① 朱永新.创新教育论[M].南京:江苏教育出版社,2001:125.

三、创造型教师自我修炼的路径选择

创造型教师的成长既要符合儿童创造教育的需要,又要符合创造心理发展的需求,这就要求我们花大力气来改革师范生的职前培养,但更重要的还是加强在职教师的自我修炼。诚如美国麻省理工学院彼得·圣吉(Peter M. Senge)所言:"不能强迫任何人进行自我超越的修炼,强制手段一定会产生事与愿违的后果。"①彼得·圣吉认为,心智模式的修炼要从审视自己开始——学习如何把我们内心的、有关世界的图像披露出来,让它们"浮出水面",并严格仔细地加以审查。这项修炼把对对方好奇的探寻与对自己想法的宣扬相结合,在有效地表达自己思想的同时,也开放自己的思想,接受他人的影响。那么,创造型教师应该怎样进行自我修炼呢?

(一)打破路径依赖,不断超越自我

创新,就是要不断创造新的东西,强调与时俱进。毋庸置疑,每位教师身上都有一些与生俱来的跟创新格格不入的东西,"一块黑板一本书,一支粉笔一张嘴,一张文凭度一生"的思想观念,在一些教师身上还大量存在,甚至根深蒂固。创造教育提倡多年,但时至今日,在我们的教师队伍中,按部就班、墨守成规者成群结队,他们对新的东西视而不见、漠不关心,甚至麻木不仁,低效率的满堂灌屡见不鲜、比比皆是,对创造心理发展起到的不是促进作用,而是阻碍作用。究其原因,"路径依赖"是一个非常重要的心理机制。

新制度经济学中,"路径依赖"是一个使用频率极高的概念,说的是人们一旦选择了某个制度,就好比走上了一条不归之路,惯性的力量会使这个制度不断自我强化,让你轻易走不出去。举例来讲,美国铁路两条铁轨之间的标准距离是4英尺又8.5英寸,这是一个很奇怪的标准,究竟是从何而来的呢?原来这是英国的铁路标准,美国的铁路原先是由英国人建的,那么为什么英国人用这个标准呢?原来英国的铁路是由建电车轨道的人所设计的,而这正是电车所用的标准,电车的铁轨标准又是从哪里来的呢?原来最先造电车的人以前是造马车的,而他们是

① 彼得·圣吉.第五项修炼——学习型组织的艺术与实践[M].张成林,译.北京:中信出版社,2009:171.

援用马车的轮距标准。那么马车为什么要用这个轮距标准呢？因为如果那时候的马车用任何其他轮距的话，马车的轮子很快会在英国老路凹陷的路面上磕坏的。为什么？因为这些路上的辙迹的宽度是 4 英尺又 8.5 英寸。这些辙迹又是从何而来的呢？答案是古罗马人所定的，因为欧洲，包括英国的长途老路都是由罗马人为他们的军队所铺的，所以 4 英尺又 8.5 英寸正是罗马战车的宽度。如果任何人用不同的轮宽在这些路上行车的话，他的轮子的寿命都不会长。我们再问，罗马人为什么以 4 英尺又 8.5 英寸为战车的轮距宽度呢？原因很简单，这是两匹战马屁股的宽度。故事到此还没有完结，下次你在电视上看到美国航天飞机立在发射台上的雄姿时，你留意看看在它的燃料箱的两旁有两个火箭推进器，这些推进器是由一家公司设在犹他州的工厂所提供的。如果可能的话，这家公司的工程师希望把这些推进器造得胖一点，这样容量就可以大一些，但是他们不可以，为什么？因为这些推进器造好之后是要用火车从工厂运送到发射点，路上要通过一些隧道，而这些隧道的宽度只是比火车轨道宽了一点，然而我们不要忘记火车轨道的宽度是由马的屁股的宽度所决定的。因此，我们可以断言：可能今天世界上最先进的运输系统的设计，也要受两千年前两匹马的屁股宽度限制。

第一个使"路径依赖"理论声名远播的是道格拉斯·诺思（Douglass C. North）。由于用"路径依赖"理论成功地阐释了经济制度的演进，道格拉斯·诺思于 1993 年获得诺贝尔经济学奖。诺思认为，"路径依赖"类似于物理学中的惯性，事物一旦进入某一路径，就可能对这种路径产生依赖。教育活动与物理世界一样，也存在着报酬递增和自我强化的现象，这种机制使许多教师依赖于过去成功的经验或者他们的领导、家长熟悉的教学方式。近年来，以各种方式出现的教育改革模式，实际上就是应试教育的翻版，虽然它们节约了教师的精力和时间，也避免了改革可能带来的风险，但最大的问题在于它们毁灭了教师的创造性。面对日新月异的时代变迁，面对变幻莫测的教育大局，我们怎能无动于衷、坐以待毙呢？我们过去的那种"勤能补拙"观念、"题海操练"招数、急功近利策略，如今都已经成为创造教育的羁绊。要创造，就要学会自我否定，要避免这样的悲哀：身上陈旧的东西多了，新生的东西少了；保守的东西多了，鲜活的东西少了；积淀的东西多了，派生的东西少了。打破"路径依赖"，不断否定自我，虽然是很痛苦的，却是我们"脱胎换骨"的前提。

（二）坚持终身学习，不断更新知识

早在 20 世纪 70 年代，国际上就提出了终身学习的新理念。当代社会科技

发展日新月异,知识更新的周期愈来愈短。绵延已久的"一次性学习"时代已宣告结束,学历教育正在被终身教育取代,教师更应该成为学习的表率。但有的教师几年甚至是十几年不看一本教育教学理论专著,平时也不关注世界科技的发展变化,看电视主要是看娱乐片,我们天天在对学生强调信息社会对人才的新要求,而自己在不断升级的机器人面前却束手无策,表现出言行不一的特点。从这个意义来说,教师不再是知识的权威,教师应和学生一起学习新知识,学习新技术,吸纳新的教育思想。知识的爆炸和不断更新,使得一个人不可能在短短的上学期间就掌握人类创造的全部知识,那种以几年所学试图长期甚至终生受用的年代早已一去不复返了。教师的"一桶水",不仅在于它的多与少,更重要的在于是否是"活水",唯有"活水"才能源源不断地给学生以启迪、激励,才能使教学洋溢着激情和生命力。

(三)推进动态生成教学,提升教育智慧

当前,深化基础教育课程改革正在稳步推进,新课程的实施在实现"为每一位学生发展"的同时,也在促进教师的成长。它不仅给教师提出了新的要求,赋予教师新的历史重任,同时也为创造型教师的发展提供了广阔舞台。传统课程的实施是"预成式"的,而新课程的实施是"动态生成式"的。所谓"动态生成教学",就是充分重视师生生命活动的多样性和教学环境的复杂性,把每节课都视作是不可重复的激情与智慧的综合生成过程。课堂教学不是机械地按预先确定的一种思路教学,而是凭自身的素质,根据不断变动的教学环境和学生学习的现实情况,灵活地对教学内容、教学方法进行及时调整,使课堂教学处在不断生成的过程中,从而建构起开放的、充满活力的、能促进学生全面发展的课堂教学新模式。动态生成教学不再是教师主宰,学生跟着教师走,教师一个劲儿地按预定的教案往下教,而要根据学生的实际情况,随时调整教学过程,使学生成为课堂教学的中心。在传统的课堂教学中,教师把教学过程当作一种理想状态来设计,不允许出现任何偏差,动态生成式教学不图省事和形式,追求真实自然,敢于"暴露"意料之外的情况,师生的思想情感能得到淋漓尽致的表达,因此课堂再现的是师生真实而自然的生活。因为长期受应试教育的影响,动态生成教学一时难以得到广泛理解和认真落实,如果教师没有先进的教育理念和先进的教学方法,课程改革是难于上青天的。通过对新课程的学习、思考和实践,教师要真正认识到教学是师生交往、共同发展的过程,是互教互学的过程,是沟通和交流的过程,并不断催生学习的需求和愿望,获取新的教学体验,享受动态生成教学所

带来的愉悦,不断增长教育智慧,提高教育的艺术性,进行更有创造性的工作。

(四) 注重教学反思,提高教学效能

在实际教学活动中,每个教师都会形成一些对教学的理解和认识,但是这种理解和认识往往与我们所倡导的教育理论是不一致的。教师有时通过在职培训或自我学习,也知晓了一些新的理论,但由于缺乏深刻的理解和具体操作规程,这种理解和认识常常是不到位的。教师本人常常无法意识到这种差别,照样按原观念支配自己的教学行为,结果教学水平原地踏步,教学质量很难提高。只有通过反思,他们才能不断更新教育观念,如每天写教学反思,总结经验和教训,与理论工作者或其他教师交流讨论,共同研讨课堂教学问题,用理论知识对已有的认识和实践作对照分析和评价。

彼得·圣吉曾以"自我超越"(personal mastery)一词来描述个人成长和学习的修炼,认为"自我超越水平高的人,能不断为创造自己真心追求的生命成果而扩展自己的能力"。[①] 只要我们将创新人才的早期培养始终作为自己的时代使命,不断反思自我,加强自我修炼,就一定能不断超越自我,从而实现自己的生命价值。

(五) 强化校本研究,走上幸福之路

苏联教育家苏霍姆林斯基说过,如果你想让教师的劳动能给教师一些乐趣,使天天上课不致变成一种单调乏味的义务,那你就应当引导教师走上从事研究的幸福道路上来。教育研究的根本目的就是回答:为什么不这样做? 为什么要这样做? 为什么"这样做"比"那样做"更有效? 教育科研解决的是一个个最基本的问题。所有成功的教师都是教育科研的能手,都是善于钻研的创造型老师。教育研究早在20世纪80年代中后期就走出了高校和科研院所的高墙深院,形成了以实践为中心的群众性教育科研运动,呈现出持续的强势、高位发展的态势,并演变成为基础教育课程改革中的"校本研究",并逐步形成"课例研究""集体叙事"和"行动研究"三种典型的校本研究范式。中小学教师是教育实践的直接参与者,对实践有着深切的感受,只要我们掌握了科学规范的研究方法,其研究成果往往比那些对实际情境缺乏了解的外来研究者更切实际,更有针对

---

① 彼得·圣吉.第五项修炼——学习型组织的艺术与实践[M].张成林,译.北京:中信出版社,2009:139.

性。教师要充分发挥这些优势,结合自己实践工作与对象,开展行之有效的校本研究,逐步培养自己的科研意识、科研方法和科学精神,从而走上幸福之路。

我国教育家陶行知反对做政客的教育家,反对做书生的教育家,反对做经验主义的教育家,提倡具有开辟和创造精神的第一流教育家,要有敢探未发明的新理,敢入未开化的边疆的创造开辟精神。为了儿童的明天,我们应谨记陶行知先生的教诲,带着一身浩然正气,勇往直前,去开辟,去创造,成为具有创造精神的第一流教育家。

拓展阅读导航

[1] 李玉华,王桐,刘悦,等.教师创造性教学行为与小学生创造性思维的关系:有调节的中介模型[J].心理发展与教育,2022(4).

[2] 王双龙.教师的教学风格对学生创造力的影响研究[J].中小学教师培训,2017(9).

[3] 吴洁清,董勇燕,周治金.教师创造性教学行为对中学生创造性问题解决的影响[J].应用心理学,2015(3).

[4] 王灿明,吕璐.幼儿教师创造教育内隐观的调查研究[J].南通大学学报(社会科学版),2015(3).

[5] 张景焕,刘翠翠,金盛华,等.小学教师的创造力培养观与创造性教学行为的关系:教学监控能力的中介作用[J].心理发展与教育,2010(1).

[6] 张景焕.创造型教师:心理特征及成长历程[M].济南:山东教育出版社,2010.

[7] 姜丽华.学生创新能力培养与教师文化构建[M].北京:中央编译出版社,2016.

[8] 刘江.怎样成为创新型教师[M].南京:江苏美术出版社,2011.

[9] 王民川,娄红.教师创造力拓展训练[M].南京:江苏美术出版社,2011.

第十二章

儿童创造教育的测量与评价

要改革现行的教学评价体系和制度。目前,用单一的分数衡量教育结果、衡量学生的现象还很普遍和严重,制约了创新人才的培养。

——张武升(中国发明协会中小学创造教育分会原会长,

天津市教育科学研究院原院长)

德国学者弗尔辛(Albrecht Foelsing)在《爱因斯坦传》中披露,爱因斯坦回忆他的学生时代"几乎是充满创伤的"。

有一次,他的父亲问中学的训导主任,自己的儿子将来应从事什么职业,这位主任直截了当地回答:"做什么都没有关系,你的儿子将来是一事无成的。"后来,这位训导主任干脆向爱因斯坦宣布,由于败坏班风、不守校纪,他被勒令退学了。

经过补习,爱因斯坦最终被苏黎世工学院录取。由于迷恋麦克斯韦、赫兹等物理学家的最新成果,他只顾埋头自学,很少去听教授上课,即使去听也常常在课堂上批驳老师。因为离经叛道、不守规矩,即使当时最负盛名的韦伯教授也未能发现他的才华,致使毕业后他连份稳定的工作都很难找到,还是在朋友的帮助下,才在专利局里谋到了一个小职员的位置。

就是这么一位处处碰壁、穷困潦倒的人,五年之后居然以令人难以置信的速度和惊人的创造力,完成了五篇具有划时代意义的科学论文,成为20世纪最伟大的科学家。

"为什么我们的学校总是培养不出杰出人才?""钱学森之问"曾经引发国人的广泛关注。实际上,这种现象不仅存在于中国,在西方国家同样存在。爱因斯坦的遭遇告诉我们,对创新人才进行评价是一桩相当复杂也相当棘手的事情,今天我们提倡儿童创造教育,究竟应该由谁来评价?其依据的标准是否合理?历史上有太多的教训表明,有许多只能是由专业人士或社会大众经非正规方式,历经长时间才能作出的评价,不应该由教育管理部门轻率地组织人员进行简单评价,因为教育管理部门有行政权力介入之嫌,由他们组织人员进行评价，即使是费了劲、用了钱，也只是历时很短的评价，往往缺乏充足的证据。儿童创造教育作为全面推进素质教育的核心，正在全国各地蓬勃兴起，理论研究和改革措施很多，但关于儿童创造教育的评价问题却没有引起人们的关注。本章尝试运用教育评价的有关理论，探讨儿童创造教育评价中的一些关键问题。

一、尽快改变测量与评价滞后的现象

教育评价是一门发展中的新兴学科，对教育评价的概念，人们的理解不尽相同。"教育评价之父"、美国俄亥俄州立大学的泰勒（R. W. Tyler）教授提出的定义是："评价就是确定教育目标实现程度的过程。"美国教育评价学者毕比（C. E. Beeby）则把评价定义为："系统地收集和解释证据的过程，在此基础上做出价值判断，目的在于行动。"美国 12 个与教育评价相关的组织组成的评价标准联合委员会，对教育评价下的定义为："评价是对教育目标及价值判断的系统调查，是为教育决策提供依据的过程。"不管如何界定，理解教育评价，必先抓住教育评价的"价值判断"这一本质特征。

儿童创造教育评价不仅要测量一个学校、一个班级或一定特殊团体学生的创造力，而且要从教育目标、教育过程和教育资源等各方面分析影响创造心理发展的各种因素。创造心理测量是对创造力进行数量上的测定，而创造教育评价是根据教育目标对创造力测量结果给予价值上的分析和判断。创造心理是一个具有多维结构的复杂的心理品质，应当从多方面、多角度进行系统、综合的研究。某个学生的创造心理如何，可以通过测量，得出该生的成绩，但这个结果只是描述，并没有进行价值判断。事实上，只有把这个结果与这次测验的难度、效度、信度，与全班学生的情况以及该生的学习条件、基础联系起来，进行全面的综合评定与分析，才能看出这个结果的实际价值。虽然我们可以通过心理测量获得一些客观的数据，但必须通过教育评价将定量的测定与定性的描述结合起来，才能解释事实，作出价值判断。

儿童创造教育评价具有以下几项功能。

（一）导向功能

教育评价是通过系统地收集信息，按照严格的科学程序，有计划有组织地进行测量和调查，从而对教育活动进行价值判断的过程，儿童创造教育预设目标十分重要。通过评价，找出实际活动与预设目标的逼近程度或偏离程度，从而通过信息反馈，促进实际活动尽可能地实现目标。正因为如此，儿童创造教育的评价，实际上起着"指挥棒"的作用，有利于中小学树立科学先进的创造教育思想，全面推进素质教育。

（二）鉴定功能

评价是对儿童创造教育是否满足一定需要的效用作出判断。通过评价，可以区别儿童创造教育工作的优良程度，确定一所学校、一个班级或某一位教师的创造教育工作成绩和贡献大小，或者衡量他们是否具备了创造教育活动的基本要求，从而分清优劣，对成绩卓著的给予荣誉和奖励，给予支持或培养，对那些达不到标准的给予教育和帮助。评价的这一功能对于加强儿童创造教育的宏观控制、改革用人制度具有现实意义。

（三）激励功能

评价的激励功能是评价分等鉴定的必然结果。从心理学上分析，儿童创造教育评价会产生一系列心理效应：首先是促进确认的效应，即通过评价促进师生确认创造教育的效果和创造性学习的成绩；其次是激发动机的效应，通过评价确认创造性教学的成果，会激起师生更大的努力，而评价的结果指出了存在的问题、缺陷和不足时，有助于激发师生改进不足和革新教学活动；第三是强化成功经验的效应，强化儿童创造教育的有效经验，使其巩固原有的长处；第四是消退失败的效应，消退儿童创造教育中的某些失误，避免重犯以前的各类错误；第五是赋予安全感，通过确认儿童创造教育成果，可以使教学双方获得一定的安全感。

（四）调节功能

儿童创造教育评价的过程也是相互交流的过程，专家和领导评价让被评者认识到自己的特色，与其他先进单位的差距，同行评价事实上也是彼此之间的交流，有利于取长补短，共同进步。

虽然评价具有以上各种作用，然而这并不意味着评价越多、越经常化就越好，因为儿童创造教育与教育中的其他评价不同，具有自身的特殊性，儿童创造心理的发展需要一种适宜的外部环境让他们自由表现出来。美国人本主义心理学家罗杰斯（Carl Rogers）认为，评价总是一种威胁，总是会使人产生一种提防,这就会拒绝某些经验,就会迎合他人的要求,无疑这对儿童创造心理发展是十分有害的。相反,如果我们没有可供依赖的标准,我们就会对自己的经验更加敞开,更能认识到自己的好恶、活动的性质以及可能导致的后果,从而更好地走向创造。正因为如此,我们提请读者不要滥用儿童创造教育评价,确有必要使用时也要选择好时机和方法。

二、走出儿童创造心理测量的困扰

自从吉尔福特倡导创造力研究以来,有关创造心理的研究不断发展,但创造力的测评问题一直困扰着许多研究者,主要原因是对于创造力本质的认识以及评价方法不一所致。由于学者们对于创造力理解不同,对创造力的定义多达百余种。托兰斯指出,由于创造力的概念复杂,很难提出一套涵盖所有创造力特质的评价工具。

我国台湾地区著名学者陈龙安教授认为,创造力测评至少有下列困扰有待解决:第一,创造力理论叙述存在分歧,对于创造力的定义复杂不明确,而大多数创造力测量,均系根据研究者创造的理论编制,很难有令人信服的验证结果。第二,创造力测量大部分是根据作品的特质来评定的,但评价标准往往受到许多主观因素的影响,而且标准如何制订也是件颇难的事。第三,创造力绝非单纯的发散思维,除认知方面外,非认知的因素以及早期的个人经验、环境因素等均会影响到创造力表现,但这在创造力测评上往往被忽略了。第四,创造力测量的效度考验往往缺乏有力的效标,其预测效度仍需进一步研究。第五,创造力的解释简单化,容易造成误解。[1]

哈佛大学心理学家霍华德·加德纳出版了《大师的创造力》一书,对吉尔福特理论提出以后的几十年里关于创造力的各种研究进行回顾与反思,发现了创造力测验的"两重性"。一方面,创造力测验是可信的。如果一个人重复参加同一种创造力测验,他可能会得到相似的分数。即使参加不同的创造力测试,同一个人的分数之间具有很高的相关性。另一方面,人们无法只依靠纸笔考试的方式准确测量创造力。"某个人的创造力测试得分很高,并不意味着他在实际的工作或业余活动中具有同等重要的创造力。也没有令人信服的证据表明,那

---

① 陈龙安.创造性思维与教学[M].北京:中国轻工业出版社,1999:337—338.

些在学科或文艺活动中被认为具有创造力的人,就一定能在创造力测试中表现出发散性思维的技巧。"他断言,除了某些特定的研究目标(如认知的研究)以外,"创造力测试(或者创造力测试所蕴含的思维方式)在更广泛的科研和教育领域中并没有起到多大作用"。①

尽管创造心理的测量存在着不少困扰,心理学家们依然开发着各种测量工具,试图从多方面测量儿童的创造力。2021 年,由经济合作与发展组织(OECD)开发的 PISA 测验,开始将创造性思维加入测试领域,期望通过 15 岁学生创造性思维能力状况的国际比较,推动全球范围内的创造力培养。现将儿童创造力的测量工具及方式,归纳为以下几类:

(一) 托兰斯语文创造性思维测量

本量表系美国心理学家托兰斯所编《托兰斯创造性思维测量》(Torrance Test of Creative Thinking,简称 TTCT)之一。托兰斯测验是目前最著名、应用最广泛的创造力测验。本量表旨在测量受试者对新关系的发现和对问题解决方法的创造能力,采用开放式问题,每题都没有标准答案,可用来测量受试者的发散性思维。测量包括七项作业:发问;猜测原因;猜测结果;产品改进;不平凡的用途;不平凡的疑问;假设看看。由上述 7 项作业判断变通性、流畅性和独创性等三项创造性思维指标。

(二) 托兰斯图形创造性思维测量

本测量也是托兰斯所编《托兰斯创造性思维测量》的一部分,包括甲式和乙式。甲式旨在测量受试者对新关系的发现和对问题解决方法的创造能力,采用开放式问题,每题没有确定的标准答案,可用于测量受试者的发散性思维,了解其创造思维过程、创造成果的品质。乙式让受试者随意地画出图形,包括图形结构、图形完成和圆图三种,请受试者运用想象力想出一些新奇的构建,借以评价受试者的图形发散思维能力。

(三) 吉尔福特发散思维测量

由美国心理学家吉尔福特和他的同事研究出的许多发散思维的测量,运用

---

① 霍华德·加德纳.大师的创造力:成就人生的 7 种智能[M].沈致隆,崔蓉晖,陈为峰,译.北京:中国人民大学出版社,2012:20.

发散思维(Divergent thinking,D)将图形(Figural,F)、符号(Symbolic,S)、语义(Semantic,M)、行为(Behavior,B)的材料加以运作,而产生单位(Units,U)、类别(Classed,C)、关系(Relations,R)、系统(Systems,S)、转换(Transformations,T)和应用(Implications,I)的结果,总共有 24 种组合。例如:DMT 即语义转换的发散思维测量,测试者给一个故事,请儿童为这个故事定一个新奇又幽默的标题。

(四)威廉姆斯创造力测量

美国心理学家威廉姆斯(F. E. Williams)所编《Creativity Assessment Packet》(简称 CAP),是创造力测量的一个有效工具。这是一套测量组合,包括三种测量工具:发散性思维测量,有 12 幅未完成的画,要受试者在规定时间内画完并命名,发散性思维测量目的在于测量左半脑语文能力和右半脑非语文视知觉能力,可获得流畅性、变通性、独创性及精进性四种特质的程度;创造性倾向测量,有 50 题自陈式问句,由受试者依适合自己的情形,分"完全符合、部分符合、完全不合"三项选答,创造性倾向测量评价受试者好奇心、想象力、挑战性和冒险性 4 项特质;威廉姆斯评价表,有 48 题选择题和 4 题开放式问题,是供教师和家长观察儿童创造性行为的检核表。

(五)芝加哥大学创造力测验

芝加哥大学心理学家盖策尔斯(J. W. Getzles)和杰克森(P. W. Jackson)对儿童创造力进行了大量深入研究,编制了《芝加哥大学创造力测验》(Chicago University Test of Creativity,简称 CUTC)。该测验共有五项课题,有的取自吉尔福特的创造力测验,有的是他们自己发展出来的。具体内容包括:第一,语词联想。要求被试对"螺丝""口袋"一类普通词汇尽量多地下定义,根据定义的数目和独特性记分。第二,用途测验。要求被试对 5 个像"砖块"一类的物品说出尽可能多的不同用途,根据用途的数目和独特性记分。第三,隐蔽图形。向被试呈现 18 张画有简单几何图形的图片,要求其从隐蔽着这些简单图形的复杂图形中找出它们。第四,完成寓言。呈现 4 段没有结尾的短寓言,要求被试给每个寓言续上 3 种不同的结尾,根据结尾的数目、恰当性和独创性记分。第五,组成问题。向被试呈现 4 篇复杂的短文,内容都是关于买房子、建游泳池等有关数学问题,要求被试根据所提供的信息尽可能地多地组成从文中能找到答案的数学问题,根据问题的数目、恰当性和独创性记分。

（六）态度与兴趣量表

这是根据有创造心理的人显露的兴趣和态度较利于创造的理论编制的量表。例如，罗凯（T. J. Raokey）所编的《宾州创造倾向量表》（Pennsylvania Assessment of Creative Tendency，简称 PACT）所列的题目代表一个人的生活态度或对事情的看法，让儿童依自己同意的程度作答。

（七）人格量表

这种量表是利用人格特质测量量表来测量创造心理，通常所采用的工具主要为传记式的自陈量表，或较无结构的心理测量工具，如投射测量，或为较具结构性的心理测量工具，如卡特尔人格测验量表。我国学者刘文的科研团队编制《幼儿创造性人格教师评定问卷》，由态度、动机特征、智力特征、情绪情感特征、意志特征、能力特征等因素组成，涵盖 45 条题目，具有较高的信度和效度，可通过接触幼儿半年以上的教师来评价 3—5 岁儿童的创造性人格。[①]

（八）同伴提名

由于同学之间相处的亲密性，同伴之间的创造心理判断或许更真实。这种方法由测试者提供一些同伴提名时的效标，如"谁的主意最多""在你班上哪一个说话最多"，让同学们提名，分析高创造力儿童的行为特质。

（九）视导者评定

在工商业机构中，这种方式常被用来甄选有潜力的员工接受训练。引用到学校教育中来，可由校长、教导主任或年级主任提名后评定，或在更大范围内比较，可以提高测量效度。

（十）作品评价

依据儿童成品有没有流畅性、变通性、独创性和精致性，来评价他们是否具有创造力。这些作品不必拘泥于发明成果、获奖作品，也可以通过一些看似平常的作品如作文、稿件、小论文和小制作来分析。

---

① 刘文，齐璐.3—5 岁幼儿创造性人格结构研究［J］.辽宁师范大学学报（社会科学版），2006（1）：50—53.

(十一)名人研究

根据儿童目前所处的社会地位、身份等作为评价的标准和依据。当前这些学生中的"名人"数量逐渐增多,如小发明家、小作家、小画家等,分析他们的成长经历和创新素质具有重要意义。

(十二)创造活动及其成就的自我报告

对学生的创造活动及其成就的自述性报告内容加以分析,这种自我报告有一定的主观性,要注意鉴别。

(十三)创造力环境测评

社会心理学家倾向于创造力发生的环境进行测评,从而预测其中个体的创造性行为。如我国学者程黎、郑昊开发了《中小学创造性课堂环境评估量表》(教师版)。

以上多为一些常用的创造心理测量的方式,从中可以看出,创造心理测量既包括客观的量表测验,也包括观察式、提名式、作品分析等带有一定主观性的测评方式。邵瑞珍教授曾说过:"学生自我估计难免夸大,不甚正确。教师估计也不很令人满意,因为教师往往凭一般印象,估计的可靠性不大。看来比较可行的办法是专家的判断,更为妥当的应是多种方法相互参照。"所以要尽可能地提高测评的全面性、准确性,今后可考虑如何将多种测量方式综合运用起来,更重要的是正确使用科学的评价方法。

三、儿童创造教育评价的多元路径

开展儿童创造教育评价必须考虑儿童的发展特征。儿童思维非常活跃,想象力十分丰富,但从整体上讲,不能过高估计他们的水平。儿童的创造与科学家、艺术家的创造是有区别的,前者只是指通过对中小学生施以系统的教育和影响,使他们作为独立个体,能够着手发现、认识有意义的新知识、新事物、新思想和新方法,掌握其中的基本规律,具备相应的能力,为将来成为创新人才奠定基础。所以,开展儿童创造教育评价,不能仅仅从他们的"工作样本"来衡量,重要的是考察他们的创造潜能和创造心理的成长方面,着重考察创造教育的条件、过程。因而,儿童创造教育评价宜将多种方式结合起来。

1. 根据评价在创造教育中的作用,创造教育评价可分为总结性评价、形成性评价和诊断性评价

教育评价早期的目的,多是评价教育活动达到教育目标的程度,一般安排在教育活动结束之后进行,所以把这种评价称为"总结性评价"。在儿童创造教育评价上,这种评价主要就是中小学学生创造力测量,它不能提供教育过程中的反馈信息,不能直接起到优化创造教育过程的作用。如果我们仅仅从儿童创造的产品和结果去判断创造力的高低,就难以深入研究其创造性思维的过程和条件。

其实,在教育评价实践中,人们逐步认识到总结性评价的不足之处,认为早期评价的目的在于"选拔适合教育的儿童",认为教育评价的主要目的是用来诊断问题、改进教育,是"创造适合儿童的教育"。换句话说,教育评价的目的不在于证明,而在于改进。因而,创造教育评价的结果主要是用于提出建议,促进创造教育发展。除了总结性评价之外,还应有一种在教育过程中进行的评价,其评价目的主要是提供大量的反馈信息,用以调节、控制、优化教育过程,创造更加适合教育对象的教育。这种在教育过程中的评价,被称为"形成性评价"。目前,形成性评价已受到普遍重视,并被应用于儿童创造教育评价中。

根据评价在教育过程中的作用不同,儿童创造教育评价中还有另一种评价方式——诊断性评价,这种评价是在学期教学开始或一个单元教学开始时对儿童现有水平的评价,它有利于弄清儿童创造心理素质、已有的知识和方法、创造的特点、优点与不足,以便更好地实施创造教育,实现因材施教。

2. 根据评价所运用的标准,创造教育评价可分为相对评价和绝对评价

相对评价是用常模参照性测验对儿童创造教育成果进行评定,它依据教师(或学校)的成绩在某一成绩序列中或常模中所处的位置来评价和决定工作优劣,而不考虑是否达到目标的要求,因此相对评价也称为"常模参照性评价"。小规模的常模可以通过简单的计算得到。相对评价宜在一所学校或相对较小的范围内进行,评价结果便于比较。这种评价简洁易行。

绝对评价用目标参照性测验进行评价,它依据儿童创造教育的目标和教学内容编制评价问卷来进行,判断是否达到预设目标的要求,所以又称为"目标参照性评价"。它宜在较大范围内进行,评价结果可作为评选先进教师、优秀教学成果等的依据。

相对评价主要依据被评者在团体中的"排名"来进行,不考虑是否达到目

标,有一定的局限性。而通过绝对评价,可以找到教育效果高低、得失的原因,评价结论可信性强,有助于被评对象改进工作。因而中小学创造教育评价宜侧重于绝对评价。

3. 根据评价的组织,创造教育评价可分为校园评价和社会力量评价

儿童创造教育如何评价,确定评价组织十分重要。一般由管理部门聘请教育科研院所的专家学者和用人部门组成专家组直接进行评价,专家组通过审阅有关材料、实地开展调查,然后对评价对象做出结论。在这种非当事人实施的"社会力量评价"中,由于专家组人员相对比较超脱,同被评对象无直接利害关系,又多系知识界权威,掌握创造教育领域的全面信息,因此对提高创造教育评价的客观性、准确性是十分有利的。专家评价是目前教育评价中的重要组织形式,但这类评价多用于总结性评价,而如何通过评价改进工作是亟待研究的课题,经常性地组织校园评价(包括同行评价、自我评价、领导评价和学生评价)是解决这个问题的有效办法之一。目前,儿童创造教育评价应侧重于校园评价,这是因为:第一,创造教育评价的根本目的是改进工作,校园评价人员为"自己人",较少掩盖真相;第二,校园评价易于安排,操作相对比较方便;第三,校园评价便于相互交流,相互促进。

4. 侧重于目标、过程评价,同时考虑条件评价

儿童创造教育应侧重于目标、过程评价。因为目标设置得是否科学、是否合理是提高创造教育效能的前提,而取得良好的结果又必须有最优化的过程。儿童创造教育过程包括教育者、受教育者、教育内容和教育方法四个基本因素,评价可从这四个要素入手,考察它们的状态以及各要素之间的联系形式。

中小学创造教育之所以必须考虑条件评价,是因为条件状况在很大程度上决定了儿童教育目标的设置和教育过程的运行情况。创造教育不是无条件的,而受着多方面的影响,例如学校经费的投入情况、领导的重视情况、情报资料拥有的情况、学术信息的交流情况、专家的指导情况、家长的配合情况等等。因此,儿童创造教育评价不要绝对地比较效果高低,要尽量多地找出影响中小学生创造心理及其发展的"自变量",科学地处理"自变量"与"因变量"之间的关系,通过评价,也可以促进儿童创造教育的条件得到提高。

实践证明,搞好多元化儿童创造教育评价工作,必须正确处理好以下关系。

第一,心理测量与教育评价的关系。

受智力测验影响,现代心理学编制了大量的心理测量量表,但是这些测量的结果往往并没有表明学生的实际水平,而只是用他跟其他人的差异(即在正

态分布中的不同位置)的比较来表示,显然只反映了儿童在团体中的名次,而不能表示他们是否达到了创造教育目标。测量结果不能表明因果联系,也不能告诉人们用何种方式能有效地提高儿童的创造力。由于创造力测量是一种相对评价,而在一个集体中,学生的创造力总是有差异的,低创造力的儿童虽然也很努力,他们常常仍处在最后位置,因此心理测定在一定程度上会扼杀他们的积极性。正因为如此,笔者认为不能将心理测量绝对化,只有将创造力测量与教育评价结合起来,才能客观地反映学生的实际创造心理发展水平,以及达到目标的具体程度,才能在评价过程寻找因果关系,这不仅有助于调动师生积极性,而且有助于贯彻评价的教育性原则。

第二,静态评价与动态评价的关系。

静态评价是横向的评价,是对评价对象已经达到的创造心理水平或已经具备的创造条件进行事实判断。它在评价时不考虑儿童的情况和今后的发展趋势,只考察评价儿童在特定的时间和特定的空间中的现实状态。其目标设计和实施上片面强调远景目标、终结目标,而不讲阶段性目标,不讲中景目标和近景目标,忽视儿童主体的价值选择。因此,单纯的静态评价的局限性是显而易见的。动态评价则是一种纵向的评价,是对创造心理的发展状态做出评价,它可以在与纵向比较中做出具有发展趋势的结论。因而,动态评价是一种发展性评价。儿童创造教育评价应根据静态评价与动态评价相结合的原则,在评价中小学生创造心理发展时,既看他们现实素质以便横向比较,同时也看他过去的情况以便纵向比较。两种评价方式的结合,才构成全面、客观和准确的评价,更重要的是有助于指导、激励儿童的进取精神。

第三,教育评价与元评价的关系。

元评价的概念最早出现在美国。美国评价理论专家麦克·斯克里温(Michael Scriven)首次提出"元评价"(metaevaluation)这一概念,目的是描述一个对教育产品设计的评价之评价,即对评价进行再评价的过程。20世纪70年代,美国实施元评价的工具、标准和方法都获得了不同程度的发展,发展到八九十年代,教育评价的元评价标准已日趋成熟。元评价理论的提出,是教育评价理论发展的必然产物,也是教育评价走向成熟的重要标志。元评价一般是指对评价技术的质量及其结论进行评价的各种活动。元评价就是对于评价的评价,其目的是向原来的评价者们提出他们工作中的存在问题,这就要求我们对既定的评价活动做出必要的鉴定和监控,使它与评价的目的要求更加吻合,与目标更趋一致。元评价有同时评价和事后评价两类。同时评价有助于原来评价活动的正常进行,事后评价明确指出评价的优劣,有助于指导今后的评价,但对改进正在进行的评价作用不大。这两种评价方法,在实施元评价时应适当掌握,使评价更好地发挥效用。元评价包括教育评价研究的评价和对具体评价活动的评价,主要从可靠性与准确性、适用性与可行性、实效性与合理性等方面来衡量。儿童创造教育中引进元评价是十分重要的,它有助于保证教育评价的健康发展。

第四,教育评价与指导的关系。

儿童创造教育的评价不仅仅是终结性评价,也不仅仅是对儿童进行分等鉴定以确定优劣、进行奖惩,更重要的是通过评估,对儿童创造教育进行问题诊断、目标调节,获得改进工作的依据,这些必须始终贯穿于评价的全过程。专家组要从严把关,不搞仓促评价,不搞人情评价,从而防止评价失真。在评价结论的处理上,既要有定性分析,又要有定量分析,无论是对办学质量较高的学校,还是对多方面工作薄弱的学校,都要客观公正,一分为二地予以合情合理的评价。对于一些在创造教育方面有特色的中小学,要以高屋建瓴的眼光去充分肯定,使之充分认识到自身教育活动所蕴含的科学价值,认识到教育规律之根源,从而发挥优长,再创辉煌,做出更为显著的贡献。

以上我们对儿童创造教育评价做了一些初步探讨,结论是否科学可行,还有待于实践检验。值得一提的是罗杰斯对自我评价的高度重视,并把自我评价作为创造性的内部构成之一,"对创造性人才来说,他们的创造物所具有的价值,是不受他人的赞扬或批评而左右的,是他自己形成的。因此,必须由创造性人才自己鉴定自己,也就是说,评价一下'我已创造了我感到满意的东西吗? 它表现了我的某个部分——我的思想、我的痛苦或我的狂喜吗?'"[①]这是否意味着创造性人才可以目空一切,一点都不顾忌到外在的评价呢? 或者说儿童创造教育的评价就毫无意义呢? 当然不是,罗杰斯想表达的基本观点是,评价的基础是创造性人才自身,在于他对自己产品的机体反应或评价。如果一个人能够清晰地感觉到自己身上的潜能得到了实现,那么这就是创造性成长了,任何外部的评价都不能改变这个事实。这对我们研究儿童创造教育的评价或许不无启发。

拓展阅读导航

[1] 田友谊,李荣华.创造力测评研究 70 年:回顾与展望[J].中国考试,2022(5).

[2] 唐科莉,张娜.PISA2021 评估新领域:创造性思维[J].人民教育,2020(11).

---

① 周天梅,杨小玲.论罗杰斯的创造观与创新教育[J].外国教育研究,2003(11):9—12.

［3］ 程黎,郑昊.中小学创造性课堂环境评估量表(教师版)编制和施测[J].教师教育研究,
2017(4).

［4］ 胡卫平.青少年科学创造力的发展与培养[M].北京：北京师范大学出版社,2003.

［5］ 莫雷,陈哲.幼儿科学创造力的微观发生法培养研究[M].广州：暨南大学出版社,2006.

［6］ 沈之菲.激活内在的潜能——学生创新素养的评价和培养[M].上海：华东师范大学出
版社,2012.

［7］ 潘永庆,孙文彬,路吉民.多元评价创新教育的有效机制[M].济南：山东教育出版社,
2005.

［8］ 马莉萍.中学与大学教育的衔接——创新人才培养项目评价的视角[M].北京：知识产
权出版社,2019.

［9］ 邱江,李亚丹,杨文静.情绪就是你的创造力[M].杭州：浙江教育出版社,2023.

第十三章

田野研究:来自儿童创造教育一线的调查

所谓优秀学生就是要有创新。没有创新,死记硬背,考试成绩再好也不是优秀学生。

——钱学森(物理学家,中国航天科技事业的先驱)

中国已经走在创新经济的十字路口,应深入实施创新驱动发展战略,加快国家创新体系建设。中国能否在未来发展中后来居上、弯道超车,关键是在创新驱动发展上迈出新步伐,而拥有一大批创新型人才,是国家创新活力之所在,也是科技发展希望之所在。改革开放四十多年来,我国创造教育的实践探索得到了空前发展,全国各地涌现出一大批创造教育特色学校。通过对中国人民大学附属中学、上海市和田路小学、江苏省南通师范第二附属小学和北京市幸福泉幼儿园创造教育的田野调查,我们希望能够总结出儿童创造教育的先进经验,使读者能从中有所借鉴、有所启发。

一、让拔尖创新人才脱颖而出
——中国人民大学附属中学

"为什么我们的学校总是培养不出杰出人才?"这是钱学森生前的疑问,也是他的临终遗言。"钱学森之问"迅速引发了全社会对教育的讨论和思索,如何培养拔尖创新人才成了教育关注的焦点。《国家中长期教育改革和发展规划纲要(2010—2020年)》明确提出,要"培养造就数以亿计的高素质劳动者、数以千万计的专门人才和一大批拔尖创新人才"。党的二十大报告更明确地提出"着力造就拔尖创新人才",极大地推动了拔尖创新人才的早期培养。

中国人民大学附属中学长期致力于拔尖创新人才的早期培养,取得了优异成绩。原校长刘彭芝形象地把自己和教师比作"拉开大幕的人",她说:"在学校这个人舞台上,主角永远是学生。校长、教师都是为孩子们'拉开大幕的人',一切都要以能使学生自由、全面地发展为中心。我希望所有的孩子都能在舞台上闪亮登场,展示他们的精彩。"她将办学目标定为"国内领先,国际一流,创世界名校。"办学思想则是"尊重个性，挖掘潜力，一切为了学生的发展，一切为了祖国的腾飞，一切为了人类的进步。"在这些理念的指引下，人大附中拔尖创新人才的早期培养工作逐步深入。

（一）以改革家的气魄，开辟超常教育试验田

培养拔尖创新人才，需要有改革家的气魄，敢于走前人没有走过的路。仁华学校是人大附中进行拔尖创新人才早期培养的绿色通道。仁华学校的前身是人大附中超常儿童实验班，之后逐步发展为华罗庚数学学校、华罗庚学校、仁华学校。几十年来，仁华学校在学制、学习内容、学生选拔、教材编写等各个方面不断探索，使之成为人大附中超常教育的实验基地。

在学制上，仁华学校走过了一条从小学、初中、高中十年制，到十一年制，再到十二年制的回归之路。学制变化不是一种简单的回归，它体现出对教育规律、培养目标的重新认识。教育要开发的不仅仅是学生的智力因素，还有非智力因素；教育培养的不仅仅是智力超常的人，而且是德智体全面发展的人，要一步一个脚印打好基础。

在学习内容上，仁华学校从重视数学到注重多科发展，以发挥学生的特长与兴趣为目的，进行了一系列课程改革，增设了与现实生活联系紧密而又能提高学生各种能力、有利于学生可持续发展的选修课，以培养学生的创新思维和实践能力。除思维训练课外，还有其他科目，如语言课、创造发明课、计算机课、兴趣课（乒乓球、音乐、绘画、围棋、思辨等）、心理健康课等。

在超常学生的选拔方面，学校从重视学生的学习成绩到注重各种特长和潜能，从偏重智力因素发展到智力与非智力因素兼顾考虑；在选拔方式上，从形式单一的结果判断，发展到培养与选拔相结合的过程性评价。在二十多年的实践中，学校逐步形成了一套科学合理的选拔方法。

如今，仁华学校已成为新教材和课程改革的实验基地。人大附中目前已在全校普遍开设科学实践课、创造发明课、现代少年课、社会实践课、心理导向课、形体课等特色课程，以及音乐与创作、数字图像处理、计算机、化学与生活、智能机器人、日语、法语、俄语、德语、西班牙语、英语数学课、英语物理课、英语化学课等一百五十多门选修课，绝大多数都是从仁华学校开始实施的。

（二）以军事家的战略眼光，用"小投入"换来"大产出"

很多人以为人大附中取得如此辉煌的成绩，是"大投入"换来的"大产出"。

而实际上,人大附中取得的许多成绩,都是白手起家,由弱到强,坚持走创新发展之路逐渐形成的。

人大附中至今还流传着"一个孩子和一个舞蹈队"的故事。多年前,聪明美丽、能歌善舞的小姑娘杨夏男引起刘彭芝校长的关注。爱才如命的刘校长,把杨夏男作为人大附中第一位舞蹈特长生招进了学校,同时成立了学校舞蹈队,并让她做队长。张淑贤老师现在还清楚地记得当初的情景:"当时,没有学生来报名。刘校长就把我和杨夏男叫到一起说:'从今天开始,我们以检查课间操的名义,到操场挑舞蹈队员。'杨夏男跑得快,不停地在队伍里穿梭着;刘校长眼睛快,不停地在队伍里点将;我则紧跟着做记录。就这样,连着选了 3 天。然后,刘校长亲自面试,组建了我校第一支舞蹈队。"人大附中舞蹈队就这样上路了,而且这一上路就冲出了北京,走向了全国,走向了世界!杨夏男在 16 岁时成功地举办了全国中学生首场个人音乐舞蹈专场。中学毕业后,她进入美国布瑞摩尔学院深造,被那里的教授和同学亲切地称为"一个有思想的舞者"。

接着,学校又为一个孩子建立了学校健美操队,廉政同学在这个舞台上奋力拼搏,成长为健美操的少年世界冠军。如今,人大附中艺术教育全面开花。人大附中艺术团由交响乐团、舞蹈团、合唱团、行进乐团、电子轻音乐团、健美操队、武术队组成,已在国际国内取得了一连串令人不可思议的成绩。学生们在人大附中"尊重个性,挖掘潜力"的教育理念下,兴趣特长获得充分尊重,潜能得到深度开发和超常发挥。

(三) 以教育家的情怀,对"非常之材"用"非常之策"

培养拔尖创新人才,需要学校领导者有改革家的气魄、军事家的眼光,更需要有教育家的情怀。刘校长管理思想的核心就是"爱"和"尊重"。她说:"爱是教育的最高境界,爱是自然流溢的奉献,尊重是教育的真谛,尊重是创造的源泉。"[①]学生在校虽然只有短短几年,但我们要对学生的一辈子负责,对中华民族的几百年负责。她带领教师实现了中国基础教育领域的多项突破,诠释了新时期素质教育的内涵。

8 岁时迷上卡丁车的程丛夫同学,一直希望自己将来做一名 F1 车手。进入人大附中后,虽然他的学习成绩一般,还要经常参加训练耽误上课,但学校对这个天赋特殊、极富冒险精神的孩子给予了充分尊重,允许他不按时上课,落下

---

① 陈达.刘彭芝校长的教育情怀[Z].新华社,2011 - 09 - 21.

的课由老师个别补上，甚至特批他不参加中考，将其保送进人大附中高中部。中学6年间，程丛夫14岁即获得北京卡丁车锦标赛年度总冠军，15岁开始参加欧洲卡丁车赛事，16岁获得国际A级个人最佳车手，17岁获得国际方程式赛车年度总决赛亚洲方程式冠军、法国方程式冠军，18岁获得雷诺方程式挑战赛总成绩亚洲第三。从人大附中毕业后，他远赴英国，成为麦凯伦车队的签约车手，一步一步践行着自己的人生理想。他说："没有人大附中，没有校长和老师、同学对我的支持帮助，我很难走到今天这一步。"

人大附中曾为热爱并立志从事台球运动的学生开辟专门的台球室，为热爱健美操运动的学生组建健美操队。在与体育相关的课程中，除了常规的篮球、排球、羽毛球等球类课程外，还有美式非冲撞橄榄球、网球、游泳、剑术、健美操、桥牌、国际象棋、围棋、五子棋、日本将棋、跆拳道、瑜伽、街舞、陈氏太极拳等近30门选修课程。学校开出了涉及自然科学、社会科学、综合实践活动、文体活动以及11种第二外语和18门学科英语的150多门选修课。

"每个人都希望有一个表现自我的舞台，每个人都希望能尽情地展示自己的精彩，而学校就应该是那个搭建舞台、为学生'拉开大幕的人'。"有了这样的教育理念和教育追求，有了这样的教育情怀，我们才能为国家担当培养杰出人才的重任！

反思人大附中在拔尖创新人才早期培养方面所做的探索，以下几点经验值得分享。

1. 实施弹性化教学，培养学生的自主学习能力

创新人才往往具有很强的自学能力和独特的自学习惯。人大附中学生中，有中国人民大学教职工的子弟，有来自周边社区就近入学的孩子，也有来自友好学校的学生。对这些有差异的学生，学校始终坚持因材施教，具体做法是：调整必修课，丰富选修课，推出特色课，增加校本课，使学生在学习中学会选择。

在学习内容和学习深度、广度上，学生可以完全根据自己的感觉走，教师只起辅导和指导作用。对超常儿童实验班的学生来说，自己已经掌握的知识可以免修，会做的题可以不做。对个别天赋极为优异的学生，特例特办，允许他们去图书馆自学，去实验室做实验，给他们充分的自主支配时间。有的学生在初中已自学完高中课程。当某些学生因为参加科研实验、专业训练、社会活动等耽误上课、考试时，学校允许他们不参加考试，并派教师对他们进行个别辅导。弹性教学方式适合实验班学生的个性特点，增强了他们主动学习、自主学习的能力。

2. 引导学生进行研究性学习,培养其独立精神和创新能力

在首届超常儿童实验班的教学中,学校尝试把"教参"发给学生,指导学生采用课本、教参、测试题三结合的方法,自己梳理知识、研究习题;采用启发式、讨论式、激发式、研究式等多种方式,改变传统课堂上"老师讲,学生听"的模式,激发学生的学习兴趣,收到了很好效果。实验班的学生,最先尝试了学校的科学实践课、劳技与创造发明课、研究性学习课、外教学科英语课等带来的研究乐趣。用学生自己的话说:"在研究性学习中,我们学会了如何独立思考、大胆质疑、自主学习、获取知识。在信息爆炸的今天,我们有信心永不落伍。"

3. 建立开放课堂,培养学生的科学精神和人文素养

多年来,学校注重开发利用周边优质的教育、科研资源,弥补了课堂教学的不足,形成了课内与课外结合、校内与校外联系,相互补充、相互促进的开放式教育教学模式,使超常儿童的智能得到充分发展,素质得到全面提升。

(1)成立"少年科学院"

学校以实验班学生为主,成立了少年科学院,把课堂延伸到科研院所,让学生亲身参与科学研究,接触前沿课题,体验科学研究的艰苦和魅力,提高科学素养及科研能力。目前,参加此项活动的实验班学生已累计达上千人,取得了多项成果。

(2)举办"科学名家讲座"

每周一次,邀请北京大学、清华大学、北京师范大学及中国科学院的著名科学家或院士给学生作报告,参观实验室。每次报告后,还安排 30—60 分钟的时间,让学生与科学家面对面交流。

(3)参与国家重点实验室的科学实验

学校创造机会,让超常儿童实验班的学生有机会走进国家高端科学实验室,参与科学研究,以培养他们的科学素养和动手能力。

(4)举办自己的电影节

每年,人大附中的电影节都会诞生自己的最佳导演、最佳男女演员等,成为学生体验艺术、孕育梦想的摇篮。2006 届高三学生杨迪,拍摄了班级英语电影《无间道》和《一般无贼》,这两部电影均在学校第一届校园电影节中获奖。杨迪凭着这两部作品,被世界 6 所著名大学的影视专业录取,最终他选择了美国纽约大学电视电影专业。

(5)启动学生"留学计划"

学校积极创造条件,让学生开阔眼界,定期选派学生到国外留学,接受先进

国家的文化教育。

（6）开展各种国内外校际交流活动。主要由实验班学生参与接待、翻译、研讨等活动，使学生开阔眼界，锻炼能力，提高素养。

人大附中培养拔尖创新人才的成功办学经验告诉我们，站在什么历史方位上认识我们所肩负的社会责任至关重要。只有用历史的和世界的眼光来审视教育，来培养人才，才能完成民族复兴的历史使命。

二、点燃创新之火
——上海市静安区和田路小学

上海市静安区和田路小学是中国陶行知研究会最早的实验基地之一。早在20世纪80年代，该校就以陶行知创造教育思想为理论支撑，走上特色发展之路。40年来，该校着眼于小学生创造教育启蒙，进行小学生创造力培养的实践探索，取得了显著成绩。

2018年起，和田路小学根据陶行知先生的"生活即教育""社会即学校""教学做合一"教育理论，对项目化学习进行系统设计与深度统整，推进创造性学科活动的"小先生制"，引导学生自主参与学习与研究，培养学生自主学习能力、创造性思维和创造性解决问题的能力，为学生的个性化发展提供了良好的成长环境。

2019年至今，和田路小学将"走向创造无边界"的教育理念落实在课堂教学与活动实践，研究成果荣获2022年度基础教育国家教学成果二等奖、上海市基础教育教学成果特等奖。

（一）围绕人的发展，点燃每个人的创造

陶行知先生说过，解放儿童的创造力，就是要解放他的头脑，使他能想；解放他的双手，使他能干；解放他的眼睛，使他能看；解放他的嘴，使他能谈；解放他的空间，使他能到大自然大社会里去取得丰富的学问；解放他的时间，不把他的功课表填满，不逼他赶考，不和家长联合起来在功课上夹攻他，要给他一些空闲消化所学，并且学一点他自己渴望要学的学问，干一点他自己高兴要干的事情。

和田路小学实施创造教育的宗旨是充分激发学生的创造力，在探究学习活

动中将学生的头脑、双手、嘴、空间和时间都解放出来,形成自主学习、自主创造的方法,让学生积极参与学习,可持续性学习。

1. 解放四大创造源,贯彻和诠释陶行知教育思想

校园里节水,如何从"节"做起?从一个节约用水的要求,到发现学校水费单上的疑问,学生对校园里不同水龙头的用水量进行实验对比,发现感应式水龙头每秒出水 186 毫升,开关式水龙头每秒出水 264 毫升,他们将自己的探究成果用各种方式向其他同学进行宣传,将自己的研究过程绘制成一图读懂,再进一步深入研究,又发现校园中的用水器具可以做一些改造,通过测量水箱的体积测量用水量,确定抽水器的定时定量方案。他们还调查同学们在喝水、用水时有哪些浪费行为,提出相应的建议。在整个活动过程中,我们可以清晰地看到学生自主参与学习,帮助别人开展学习,这个学习的过程就是创造的过程。

(1) 每个人都可以创造

陶行知先生认为,创造力最能发挥的条件是民主。在创造性学科活动中,让学生担任组长,所有学生分别组成团队,参与整个研究过程。在学习活动中,组长给予学生自由发表意见的空间,对每个学生的想法不做任何干预,每个学生都可以各抒己见,充分阐述自己的发现和理由。

围绕"如何节水"这一真实问题,每个学生都能提出自己的想法和见解:调整水龙头的出水方式,更换更节水的水龙头,用海报等标识宣传,设计节水装置等。不同的问题解决方式基于学生个体的知识基础和能力支持,学生们各有各的想法,每个不同的答案都是一次创意的体现,整个活动让每个人的创造力都能得到表现,让解决问题更有创造性。

(2) 好奇是创造的起源

早在 2006 年,和田路小学就开始推行以问题为核心的创造型课堂。2017年起,在创造性学科活动中"问题驱动研究"的价值与作用更凸显得淋漓尽致。比如,"校园里节水,如何从'节'开始"的问题就来源于学生的发现,源自学生细心的观察、敏锐的直觉和强烈的好奇心。围绕核心问题,同学们找到了很多可以研究的探究点:"校园每天会浪费多少水?""如何节约用水?""如何通过水费单了解每天的用水量?""如何测量不同的水量?"强烈的好奇心引发了一个个问题,一个个问题又形成了研究性学习的支架,引导学生自主开展后续活动。

有了好奇心就有了问的基础,让学生在自主发现问题的过程中,以问题为导向,循序渐进地进行深度探究,最终指向解决真实问题,从而达到促进创造力发展的目标。

（3）创造从兴趣体验、实践操作开始

在学习和生活中解决问题，有了问题就要付诸行动。利用身边的材料设计量水工具，分析水费缴纳单上的数据，比较用水量的大小，运用工程思维对水箱进行改造，每次实践的过程都让学生兴趣盎然，把自己解决问题的过程和方法展示给其他同学，成为其他同学的参考，让自己体验到成为"小先生"的乐趣。

（4）创造可以在任何时间、任何地点展开

创造性学科活动的项目来自校园的各个角落，"如何为校园绿化选择合适的草皮？""如何为自己选择合适的校服？""数据怎样帮助我们保护视力？"发现问题的焦点并不局限课堂，每个学生在大自然、大学校、大社会中时刻学习，时刻发现，让学习过程伴随校园生活、社会生活的每一天。走出课堂，走进校园，只有解放学生的时间和空间，才能解放学生的创造力。和田路小学的实践告诉我们，一个生活中的小发现、小问题，就是小朋友学习的切入口，这样就让学习过程变成了发现和创造的过程。

2. 九个创造好习惯，演绎陶行知教育思想的时代新意

围绕着人的发展，和田路小学提出以"让创造成为乐趣""让创造成为习惯"和"让创造成为理想"为教育理念，指向九个创造好习惯，即"多说说自己的发现，多看看不同的做法，多试试新奇的创意，多想想解决的方法，多学学创造的榜样，多玩玩新鲜的活动，多做做勇敢的尝试，多找找相关的信息，多听听他人的说法"。九个创造好习惯一直伴随着创造性学科活动，渗透到学生自主学习的每个环节，从而潜移默化地成为学生的创造性思维习惯，并逐步成为创造性行为评价的依据和标准。

（1）自主观察，借助表达展示成果

"多说说自己的发现""多看看不同的做法""多听听他人的说法"都属于观察的行为表现，是儿童最擅长的探究方式。要解决"如何节水"这一问题，就要研究水龙头有哪些种类和功能，这些功能和类型是否会影响用水量的大小。学生仔细观察，记录自己的发现，在团队中讲解自己的想法，为他人提供思考的线索和证据，对他人做出的判断进行思辨，最终做出最优化的安置方案。

善于观察，乐于观察，有目标有策略地观察，认识不同特点，将自己的发现告诉别人，给予他人启发，撬动他人的创造力，让学生真正成为课堂活动的主人和学习的主人。

（2）积极参与，勇于尝试教学合一

"小先生制"是陶行知先生倡导并推广的一种教育组织形式，有利于启发学

生运用创造力开展探究性学习,它在和田路小学的创造性学科活动中发挥了举足轻重的作用。

项目活动的最终目标指向节水,那么如何节水就成为学生展现研究成果、体现创意的重点环节。不同团队采用的创意方式不尽相同,标识设计用于提醒和宣传,改变水箱结构是试试能否减少水量的输出。以往没有尝试过的想法在学生的互相沟通、交流中一次次碰撞,"更换更合适的水龙头""设计节水标识,引导节水行为""改变水箱的结构,提高水资源的二次利用",不同的思维方式产生了不同的创意方案,让人茅塞顿开,创造性解决问题的方法更具有魅力,学生更愿意主动尝试。

老师引导、鼓励学生参与各种参加过的活动,在新的体验中发挥创造力,大胆地说出自己的想法,充分发挥创意,这本身就是一种相互激发创造力的过程。

(3)掌握方法,学会学习体现自主

"多找找相关的信息""多改改设想的方案"更多地体现团队探究的结果。当前,新课程提倡"自主、合作、探究"的核心理念,将以教师教为中心,转向以学生学为中心,鼓励因材施教,这也是创造性学科活动在探究过程中要充分体现的核心理念。"地球有多少水资源?""如何看待水资源的紧缺与节水方式之间的联系?""不同场域的功能和特点会影响日常用水量的大小吗?"收集信息的过程也是自主学习的过程,学生通过不同的方式搜集大量的资料,从中筛选出有用的信息,为方案的设计和优化寻找知识与技能的支持,激励学生积极主动地思考解决问题的方法,培养了学生思维的敏捷性,达到"即知即传"的效果。

自主学习,凸显学生学习的主体,充分发挥"小先生制"在创造教育中的实践性,师生形成"交互的主体",有利于学生形成持续学习、终身学习的能力。

(二)围绕学校的发展,做面向人人的创造

"面向人人的创造教育"是一种无边界的创造教育理念。为了实现这个教育理念,和田路小学自 2019 年起打破学科壁垒,跨界学科领域,营造共享环境,延展创造空间,立志办一所"有日常创新力的学校"。

在和田路小学,每一节课、每一个活动、每一项研究都能让每一位学生体验成为"小先生"的乐趣;每一条走廊,每一处绿化,每一间教室,每一个角落都能成为发现问题、探究学习的公共空间,为同学带来自己的发现,让学习时时处处发生;每一位老师,每一位家长都成为学生学习、生活的导师,为学生的创造性学习提供全方位的引导和支持。

历经 40 年的创造教育,和田路小学的学生用自己的创意点亮创造的乐趣,已形成学生专利课程 200 多个,产生 400 多项创造发明,获得 128 项国家专利。"创造学院"举办 11 年间,已对全市十万余名小学生开放。学生自主自导的课堂探究活动、综合实践活动多次参加市区级乃至全国的公开展示活动,受到党和国家领导人的高度评价,实践成效多次被"学习强国"平台、新华社等百余家媒体报道宣传。

"处处是创造之地,天天是创造之时,人人是创造之人。"这是陶行知先生的创造教育愿景,也是和田路小学一直坚持、从事这件有价值有意义的事的精神所在。在加快建设科技强国的伟大征程中,和田路小学坚持用创造的力量,做纯粹的教育,为培养更有创新力的社会主义事业建设者和接班人续写了壮丽的时代篇章。

三、让情境催发儿童的创造力
—— 江苏省南通师范学校第二附属小学

2014 年荣获首届基础教育国家级教学成果特等奖,让江苏省南通师范学校第二附属小学(以下简称"通师二附")的李吉林再次声名远扬。作为改革开放后"中国教育改革的第一批弄潮儿",她终生致力于情境教育的研究,形成了蕴含民族文化意蕴的教育学派,被誉为"教育创新的一面旗帜"。① 基于情境教育的发展脉络,我们可以将通师二附的创新教育思想大致划分为孕育、发展和成熟三个时期。在孕育期,情境教学着眼于创新思维的发展。1978 年,李吉林将中国传统文论中的"意境说"和"境界说"创造性地转化为情境教学,并启动了第一轮实验。实验班所提出的"发展"内涵,并不局限于知识,而是包含着语文基础知识的教学、能力的培养、智力以及情感意志等心理品质的整体和谐发展,明确提出"以发展思维为核心,着眼创造性"。在新时期小学语文教学中,是她最早倡导儿童创造性思维的培养。在发展期,情境教育注重创新实践的训练。1993 年,李吉林在中国教育学会纪念邓小平同志"三个面向"发表 10 周年学术研讨会上做主题发言,提出从"情境教学"到"情境教育"的新构想,呼吁"不能用

---

① 卓晴君.李吉林：教育创新的一面旗帜[M].顾明远.李吉林和情境教育学派研究.北京：教育科学出版社,2011：6.

分数将儿童拴在教室里,捆在作业本里,阻隔在学校的高墙之内,要在实地操作中增长才干,落实创新,只有那样才能更好地面对未来"。这个时期,通师二附特别注重创新实践,着力训练儿童的创新能力。在成熟期,她将全部精力投入情境课程的开发与实验之中,将情境课程聚焦于创新精神的培养,其长篇论文《教育的灵魂:培养学生的创新精神》堪称她的"创新教育宣言",是中国当代最具影响力的创新教育成果之一。无论是情境教学、情境教育研究,还是情境课程开发,通师二附都始终强调创新教育,在儿童创新教育领域不仅做了大量的卓有成效的探索,而且提出了许多发人深省的教育主张,对我国基础教育尤其是小学教育产生了深远的影响。

关于创新教育的目标,通师二附经历了从"创新思维的培养"到"创新实践的训练"再到"创新精神的培养"的演化,最终定位于"创新精神的培养"上。应该说,这种定位针对了儿童的年龄特征,更加贴近小学生的实际,有利于打破创新教育的"神秘性",克服一线教师对创新教育的"畏难情绪",从而自觉地将创新教育"嵌入"各门学科的课堂教学中去。在理论建构上,李吉林创造性地提出以优化情境为目标的课堂操作要义,①即以"美"为境界、以"思"为核心、以"情"为纽带、以"儿童活动"为途径、以"周围世界"为源泉,并贯穿于通师二附的创新教育,形成了独树一帜的情境驱动模式。

(一) 以"美"为突破口,培养儿童的创新精神

苏霍姆林斯基说过:"教育,如果没有美,没有艺术,那是不可思议的。"早在20世纪80年代初期,李吉林就开始了审美课题的研究,提倡"让艺术走进语文教学",1997年更明确地主张教学应当倡导"美感性原则"。李吉林常说,"美是创新的出发点,美让孩子走向创新"。在她看来,创新是人的情感与智慧交融的结晶,通过美,我们不仅可以培养学生健康高尚的审美情趣,而且可以熏陶、感染学生的幼小心灵,进而在学生获得美感的过程中,产生创新的欲望和动力,所以她一直将美作为儿童创新潜能开发的突破口。四十多年的探索,通师二附总结出"再现美的教学内容""选择美的教学手段""运用美的教学语言""表现美的教师仪态"等多种方式,构建了一个个独特而充满灵性的"审美场域",以催发创新种子的萌芽,培养儿童的创新精神,进而影响到儿童的整个精神世界。

①　李吉林.谈情境教育的课堂操作要义[J].教育研究,2002(3):68—73.

（二）以"思"为核心，培养儿童的创新思维

李吉林说过："想象，便是会飞的思维，我们就是要让儿童的思维飞起来，使他们成为具有创新精神、创新能力、创新乐趣的一代新人，教育才能成为培育未来创新人才的摇篮。"想象是儿童最宝贵的思维品质，是开发儿童创造潜能的金钥匙。情境教育着眼创造，不失时机地为他们的思维飞向创新的高地添翼。首先，要持续积累表象。想象是由表象组合成新形象，情境教育十分注重儿童表象的积累，精心设计许多让师生终生难忘的观察活动。一棵小树、一丛花草、一只小动物，哪怕是窗外的一处景点、一种瞬间的现象都可以成为儿童的观察点，从中获得表象，天长日久形成习惯，逐渐培养起敏锐的观察力。其次，要即时嵌入契机。儿童的想象不会凭空产生，需要引发契机，情境教育必须为儿童提供"需要的推动"，形成想象的欲望。比如在语文教学中，强调启发儿童走进情境，让其设计想象人物的对话："假如你是××，你会怎么想、怎么做？"这不仅能够丰富课文内容，加深学生对知识的理解，而且能够发展他们的创造性思维。最后，要引入广远意境。古人用"思接千载""视通万里"形容文学创作，想象空间是非常宽阔的。为了开发儿童的创造性思维，必须打破程式化思维的定势，让儿童在没有束缚和统一规定中，将课堂激起的情绪和教材中的意象、学科训练结合起来发展想象力。实践表明，培养儿童的创造力，只有在学科学习中结合能力训练，发展儿童的想象力才能得以落实。即使在音、体、美学科，也应该将想象与技能技巧的训练结合起来，在自我表现中发展儿童的创造性思维。

（三）以"情"为纽带，激活儿童的创新潜能

作为中国的文化象征，"师道尊严"由来已久，但"师道尊严"必然导致教师的权威以及随之而来的学生主体性的沦丧。多少年来，我们所培养的人才亦步亦趋，畏首畏尾，不敢逾越雷池一步，折射出的恰恰就是这种长期被扭曲的师生关系。李吉林深有感触地说，一个爱学生的教师应该学会"宽容、宽厚、宽松"。"'宽容是一种伟大的精神'，有了这点精神，教师就不再是凌驾于学生之上的知识传授者，不再是'唯我独尊'、'唯我独是'。"在她的指导下，通师二附采取了一些切实可行的具体措施，其一是倾注期待，老师倾注的殷切期待会积极作用于儿童的内心世界，使他们从中汲取力量，进而形成创新驱动力。其二是真情交融，通过建设和谐的师生关系，使教学充满生命活力。其三是合作互动。强调儿童在学习中相互倾听小伙伴的发言，从各个不同的角度去思考、去发现，并在

这种互动交往中引发新的思考。在这样亲和互助的环境中,培养他们敢于创新的勇气、乐于创新的热情和"我能创新"的自信,最终使创新潜能得以激活。

(四) 以"儿童活动"为途径,注重创新能力的训练

新课改强调用活教材,教活学生,让课堂充满活力,这无疑是教学的一大进步。但仅仅把学生教"活"还不够,还要讲究"实",训练是培养创新能力的必由之路,通师二附的"训练"绝不是题海战术,而是实践能力的训练,注重的是为创新打下必要的基础。首先,训练要与思维结合,强调灵活。情境教学始终把学科能力训练与发展思维相结合,既引导学生用形象思维展开联想、想象,甚至浮想联翩,又引导学生进行推理的、判断的逻辑思维,引导学生沉思冥想,以培养思维的深刻性。其次,训练要与生活结合,强调应用。尽管"学以致用"早已成为学习的普遍原则,但通师二附主张从"学"到"用"要经过训练的过程,训练只有与生活结合才是最有效、最实际的。最后,训练要与儿童活动结合,强调自主。儿童正是通过自身的活动去认识世界、体验生活、学会创造,所以训练必须与儿童活动相结合。

(五) 以"周围世界"为源泉,整合研究性学习

在中国当代所有的教育家中,李吉林的浪漫气质和人文情怀是最独特的,她憧憬庄子的"道法自然"思想和孔子"梨树之下""杏坛之上"的教学方式,推崇卢梭的"自然主义课程论"和苏霍姆林斯基的"蓝天下的学校",并积极汲取建构主义情境认知与学习理论的最新成果,在国内首开"野外情境课程"之先河。她尖锐地批评基础教育远离生活、远离大自然,不知不觉地割断了儿童自然保持的两个信号系统之间的联系,使之失去了平衡,认为"一个在封闭环境里长大的孩子,和一个在开放世界里长大的孩子,绝对是不一样的,而后者必然胜于前者。因为周围世界是儿童认知的源泉,这个源泉应该让它汩汩地向课堂流淌。我认为那是天地赐予儿童的最珍贵的、最美的无可替代的滋养。"[①]她形象地称野外是一部"博大精深的教科书",称赞大自然是儿童创新的不竭源泉。

在儿童教育家李吉林的引领下,通师二附的野外情境课程实施遵循了"求近、求美、求宽"三条基本原则,使儿童在优选的野外情境中进行观察说话、情境

---

① 李吉林.为儿童的学习——情境课程的实验与建构[M].北京:外语教学与研究出版社,2008:369.

作文,探究生态发展,开展社会调查,在优美的情境中观察、想象、思考、切磋、交流,在这独特的、宽阔的、丰富的野外情境中,顺乎自然地把认识周围世界与研究性学习有机结合起来。尽管"野外情境课程"发轫于 20 世纪 70 年代末的语文情境教学,但真正产生全国性的影响应该得益于新课改所倡导的"研究性学习",得益于它与"研究性学习"从形式到内容的完美整合,从而使"野外情境课程"成为我国创新教育中独树一帜的课程范式。

近年来,我国的中小学创新教育发展迅速,涌现出不少创新教育特色学校,但多数学校缺乏成熟的教育思想和行之有效的操作模式。与此形成鲜明对照的是,通师二附的创新教育是在李吉林情境教育思想主导下,围绕美、思、情、活动与周围世界五个轴心进行精心构建,既选准"突破口",突出"核心",牵动"纽带",又不断优化"途径",开掘创新的"源泉",在优化的情境中发展儿童的创新能力,操作路线十分清晰。尤为可贵的是,情境驱动模式摆脱了创新教育与学科教学"两张皮"的尴尬局面,实现了小学学科教学与创新教育的"无缝衔接",两者水乳交融,相得益彰,既提升了学科教学的境界,又让创新人才的培养得到了落实。

四、让儿童赢在创新时代
——北京市幸福泉幼儿园

改革开放以来,特别是实行了三期"学前教育三年行动计划"以来,我国学前教育的普及率已达到发达国家平均水平。在突飞猛进的发展历程中,总是需要有些人沉下心来,潜心研究时代变迁对教育的影响,未来社会对人才的需求,关注和回答处在百年未有之大变局中教育变革的一系列重大理论和实践问题。这不仅需要使命情怀,更需要战略眼光和脚踏实地的奋斗精神。

在近 30 年的发展历程中,北京市幸福泉幼儿园始终以构建具有中国特色、世界水平的现代学前教育体系为使命,在儿童创新教育理论与实践方面进行了深入的研究和探索,取得了丰硕成果。幸福泉秉持"不争第一,创造唯一"的教育哲学,以创新教育为核心、促进儿童全面和谐发展,成为学前创新教育的领跑者之一。原国家总督学顾问陶西平在幸福泉幼儿园成立 20 周年时曾赞叹:"在幸福泉幼儿园,我们看到了这样一种教育,他们培养出了这样一群孩子,让我们看到了我们所期待的未来。"

（一）以培养儿童创造幸福的能力为核心开展教育工作

在幸福泉幼儿园建立初期,面对日趋国际化的早期教育浪潮,如何吸收前沿科学特别是脑科学的最新研究成果,如何科学传播和实践儿童早期发展与教育的理念,如何有效地培养儿童的创造力,拥有多学科、跨领域背景的幸福泉创始人程淮教授,以前瞻的眼光,带着使命感与责任感,毅然辞去大学教授的职位,投身于儿童早期发展与教育的时代潮流中。

数十年来,幸福泉幼儿园倡导并践行"幸福教育",即以培养儿童创造幸福的能力为核心,促进儿童全面和谐且富有个性发展的幸福教育。1995 年,在程淮主编的《同步成长全书——3 岁前儿童发展家庭教育指南》中就提出,应当把早期教育作为我国的一项基本国策。在实验研究基础上,程淮创建了"创造幸福学"的系统理论,阐述了教育的终极目标、核心价值与功能是培养具有创造幸福能力的人;提出了幸福能力的"三环理论"(即健康的体魄、创造的智慧和健全的人格);发展了区别于"多元智能理论"的"核心智慧论或创造智慧论"的智力理论;构建了"儿童潜能发展学"——一门以培养幸福能力为核心,揭示儿童潜能发展规律、开发儿童潜能的应用科学;探索出培养儿童幸福能力的重要途径,培养儿童创造力的方法论——巧思法(QEOSA)。多年来,程淮主持或参与教育部、科技部、国家人口计生委、全国妇联等各类科研课题 20 余项,其中多项研究成果获全国一等奖。

在实践上,幸福泉幼儿园创建了 0—6 岁一体化的办园实践模式;建立幸福泉经营、管理、保教运营体系;出版了婴幼儿潜能开发系列课程教材以及数字化管理平台。早在 2000 年 11 月,幸福泉幼儿园便成为获得英国皇家认可委员会(UKAS)授权颁发的 ISO 9000 国际标准质量体系认证"国际证书"的中国幼教机构,其认证的内容是幸福泉幼儿园教育的特色——"0—6 岁一体化的婴幼儿潜能开发、个性化教育与保育",成为得到国际标准认证的高质量托幼一体化的教育机构的典范。

（二）建立中国特色的"巧思创新教育体系"

多年来,幸福泉幼儿园主动服务于国家教育强国战略的重大需求,努力践行创新人才培养从小娃娃抓起的理念,致力于中国特色儿童创新教育体系研究。幸福泉幼儿园依据事业发展的底层逻辑进行科学的顶层设计,开创了不同于西方学派,以传承中华优秀传统文化中庸智慧的"巧思法"为核心,建立了具有中国特色的比较完整的"巧思创新教育体系"。

　　一个比较完整的教育体系的理论建构,需要顶层思考与设计。既要传承历史文化又要彰显时代精神;既要体现国家战略和社会需求(教育的社会属性),又要兼顾家庭需求和个人发展(教育的人本属性);既要有宏观哲学思维观,又要有微观操作方法论;既要阐明教育本质和原理,又要提供教育方法与工具。它应当包括教育思想、教育理论、核心课程、教学模式、师资培训、评估指导系统以及可推广复制的操作系统和丰富的实践成果,以形成一个不断进化的可持续发展的开放式的教育体系。以巧思法为核心的"巧思创新教育",正是这样一个教育体系。

　　巧思创新教育以既基于传统文化又体现时代精神的幸福教育思想为核心,以创造幸福理论为指导,以巧思法课程为核心课程,以预设和生成课程相统一为学习模式,以全面的创新素养测评与个性化指导为基础,以进阶式师资培训为支撑,以多样化的实践成果和可复制的实践模式为依托,成为具有文化特性、创新性、操作性、综合性、开放性的系统的教育创新成果。在国内外学术期刊发表多篇论文,编辑出版了多部创新教育领域的学术专著。在 2018 年的第四届中国教博会上,"巧思儿童创新教育体系"从全国 1 658 项申报成果中脱颖而出,荣获"SERVE 奖",成为获奖项目中唯一一个学前教育创新成果。

(三) 巧思法帮助幼儿学会创造性解决问题

　　巧思法(QEOSA)将创造性问题解决过程分五个阶段(Q 问题—E 探索—O 优化—S 展示—A 行动),以培养儿童创新素养即创新思维、创新人格和创新实践能力为基本途径,以儿童自主发现生活中的真实问题为起点,以问题解决为导向,通过引导儿童主动探索、优选思维,激发创意,实现最优解决方案,展示创意成果,学会创造性地解决问题,成长为"创造性问题解决者"。巧思法的核心是"优选思维",即在解决两难或者多难等复杂问题时,选择最优(但未必唯一)解决方案的创造性思维。这种思维方式源于中华优秀传统文化中庸智慧,倡导"既要……又要……""鱼和熊掌兼得"的处世哲学,力求所有问题相关方的利益最大化。若从小就培养儿童这种思维方式,将会提升儿童处理复杂问题的能力,也将提高儿童创造幸福生活的能力。

　　为了让孩子更好地理解和运用巧思法,程淮发明了"巧思板"(Q - Pad),上面用鲜明的色彩划分了区域,包括问题区、分析区、决策区;选择卡、分析卡(优点卡和缺点卡)和优选解,帮助儿童更直观地寻求复杂问题的优选解。

　　此外,幸福泉幼儿园汇集教育专家、幼教名师和一线骨干园长教师,共同研发了创造性问题解决专项课程——"巧思课程"(探究解决 96 个生活中的问题),旨在让儿童学会运用巧思法创造性地解决问题。

　　在幸福泉幼儿园,随处可见"中国娃娃好创意　十万个怎么办"活动设计,幼儿园开设了"巧思课程""新创意阅读""生活数学家""神笔童画""音乐巴士"等创造力课程,通过"巧思创意节"、"每周一问"活动、"我的人生第一本书"等家—园—社协同育人活动,努力激发孩子们的想象力和创造力,培养他们的创造性解决问题的能力。这些课程和活动不仅丰富了孩子们的学习生活,也让他们在轻松愉快的环境中不断探索、学习和成长。

　　在幸福泉创新实验幼儿园里,曾发生了这样一则故事。重阳节就要到了,小朋友们在讨论可以为爷爷奶奶做点什么。点点小朋友说,爷爷体弱多病,需要吃许多药,但常常忘记吃药。爷爷的两难问题是,他有两种选择:一是选择让家人提醒吃药,它的优点是会按时吃药,缺点是会麻烦家人;二是选择自己吃药,它的优点是不麻烦家人,但有时会忘记吃药,耽误病情。让爷爷纠结的问题是,究竟是选择"要"还是"不要"让家里人提醒他吃药? 解决两难问题的"优选思维"导出的最佳解决方案是将两种选择的两个优点"合二为一":既要按时吃药,又不麻烦家人。沿着这一研究思路,通过集体讨论,头脑风暴,点点小朋友创意发明了"多功能语音提醒药盒",把一周要吃的药事先放在药盒里。只要一到吃药的时间,药盒就会播放点点小朋友提醒爷爷吃药的声音:"爷爷,该吃药啦!"同时,药盒还会播放带闪光的音乐,像救护车的闪光灯,爷爷听到或看到后,只要一按闪光灯,音乐就不响了,同时闪光灯是一个开关,这一顿要吃的药就会自动弹出来,解决了爷爷的烦恼(该"语音提醒药盒"已获得国家专利)。

　　科技部中国 21 世纪议程管理中心原副主任、创新方法研究会副理事长周元曾这样评价:"巧思法是具有中国特色的创新方法,孩子们的创意是在巧思法的指导下产生的,这点至关重要。他们的努力和取得的成就将铭刻在中国自主创新的历史上。"

(四)加强高素质专业化创新型教师队伍建设

　　建设一支高素质、专业化的创新型教师队伍是幼儿创造力发展的重要保证。幸福泉幼儿园在总结多年办园经验的基础上,首创了"五彩路教师专业成长计划",逐步实施培养学科带头人的"创造性领军人物培养计划",通过建立"学分银行"制度,助力教师不断提升自己的专业水平,进而打造一支能够胜任培养儿童创造力的创新型教师的"梦之队"。

　　建立创新教育"名师工作室"，开展区域大教研活动，不断提高创新型师资培养的质量。例如，幸福泉幼儿园以中国发明协会学前创新教育分会为依托，为北京市特级教师沈心燕专门成立了沈心燕名师工作室，将通过问题导向、专家培训、深度教研、实地观摩和交流研讨等活动，开展一系列儿童创新素养的相关研究，提高工作室成员教师的专业素养和自主创新能力。

　　近年来，幸福泉幼儿园举办和参与的全国性教研和培训活动（如"中国学前创新教育科普万里行""教育觉醒论坛""学前创新教育与人工智能技术应用"等）达 52 场之多，吸引并邀请 592 家园所参与线上和线下的研学培训，参与的园长和教师计 71 928 人次，交流发表创新教育论文近 300 篇。

　　幸福泉幼儿园的创新教育成果斐然。5 岁的小男孩颜百宽设计了一项"适用于色盲人群的人行横道灯"。创意设计原理是基于色盲患者不能识别色彩却能识别形状符号，在不撤换红绿灯的前提下，在红绿灯上贴上一层膜，色盲人可以识别"X"（代表不能通行）、"O"（代表可以通行）以及"△"（代表需要等待）的形状符号来判断红绿灯，从而决定是否过马路，解决了色盲患者的安全自主地过马路问题。这项创意发明获得实用新型专利证书，并在参加第 43 届克罗地亚国际发明展时获得金奖，并荣获全场唯一一个国际青少年发明大奖。得益于巧思创新教育体系的培养，幸福泉幼儿园已有近千名幼儿在中国宋庆龄基金会举办的幼儿创造力大赛中获奖，20 多名幼儿获"宋庆龄儿童创意发明奖"，100 余位儿童创意发明获得了国家专利，500 余位儿童获中国发明协会小小会员称号，150 余位小朋友在国内外发明展上获奖，巧思法也荣获 2017 年举办的"世界华人发明大奖金奖"。

　　2023 年 2 月，幸福泉幼儿园成为百度"文心一言"的首批生态合作伙伴。在巧思馆数字化可视互动大屏上，孩子们的创意成果正在不停地旋转展示。想观看哪一个奇思妙想，只要用手指轻触大屏上的创意画面，孩子们自己录制的精彩创意将在互动大屏上"自己说话"。孩子们可以观看这些创意，相互启发。在幸福泉幼儿园，孩子们正在享受着人工智能技术带来的个性化关怀和引导，也让科技更深层地赋能创新教育。

拓展阅读导航

［1］　课题组.刘彭芝教育思想与实践［M］.北京：中国人民大学出版社，2010.

［2］　刘彭芝，王珉珠.头脑创新思维训练［M］.北京：中国人民大学出版社，2010.

［3］　张军瑾.让创造成为习惯［M］.上海：上海教育出版社,2011.

［4］　张军瑾.创造的力量——一所学校40年的创新坚守［M］.上海：上海教育出版社,2020.

［5］　张军瑾.劳动创造幸福——创造性劳动项目设计与实践指南［M］.上海：上海文汇出版社,2021.

［6］　李吉林.情境教育三部曲［M］.北京：教育科学出版社,2012.

［7］　王灿明等.情境教育促进儿童创造力发展：理论探索与实证研究［M］.北京：中国社会科学出版社,2019.

［8］　王灿明等.情境教学的力量——促进儿童创造力发展的25个典型课例［M］.上海：华东师范大学出版社,2022.

［9］　程淮.婴幼儿潜能发展的理论探索与实践［M］.北京：北京师范大学出版集团,2009.

［10］　程淮.巧思法：让孩子赢在创新时代［M］.北京：清华大学出版社,2022.

附录一　全国主流媒体刊发的部分教育随笔

文选1　观念革新"给力"创造教育

　　首先,我想和大家分享一个故事。有名高才生去美国读研究生,她非常珍惜这来之不易的学习机会,和国内一样,学习非常刻苦,上课认真记笔记,考前认真背笔记,一个学期下来,她所有功课的成绩全部为B。

　　尽管有些伤心,但她想,或许是因为自己的学习还不够刻苦,所以,在接下来的一个学期里,她更加刻苦学习,笔记记得更全,整理得更好,考试的内容如果教授讲了六点,她绝不少一点,保证按教授讲的内容答题。然而,她所有功课的成绩依然为B。

　　在中国,这样的学生应该得满分,而她却只拿了B。这次她留心了一下,有个同学只有开学露面了一次,第二次来就参加了考试,他根本不知道教授教的内容,却得了一个A。还有一个同学,平时从不记笔记,考前也没有认真复习,考试时只能东写一段,西写一段,前言不搭后语,结果也得了一个A。而她学习非常用功,考试的答题几乎与教授完全一致,却只得了一个B。

　　她找到了系主任,将自己的遭遇说了一遍。系主任微微一笑,告诉她说:"那个同学尽管只来了两次,根本不知道教授教的内容,但他所有的答案都来源于自己的思考,他应该得A。至于另一个同学,教授讲了六点,他只能答一两点,那可能是因为教授讲的其他几点他不同意。换句话说,他对教授讲的内容是有选择的,他有自己的思考,他也应该得A。而你尽管答全了六点,可是这六点都是教授讲过的,你还讲它干什么呢?教学的目的不在于告知教授的研究结论,而在于启发学生的思维,形成自己的思考,得出自己的结论。"

　　这是一个真实故事,它深深震撼了我,给了我许多启示。

　　启示一,教育的效应不是短期的,而是长期的。尽管这个学生已经毕业离校,但她的思维方式和行为方式是她在上小学、中学和大学期间形成的。青少年时期的教育效果不会因为学生的毕业而消逝,相反,它可能还会影响相当长的一段时间乃至学生的一生。我去泰国的时候,曾亲眼看到一个令人惊奇的现象,就是泰国的大象尽管力大无比,却是由一根细麻绳拴住的。之所以大象挣脱不了一根细麻绳的束缚,是因为这根麻绳从小就拴住了它。同样,如果我们从儿童时期就开始束缚学生的创造性思维,他们长大以后可能再也学不会创造性思维。因此,创造教育必须从早期抓起,越早越好。

启示二,决定创造教育绩效的不是教师的教学方式,而是学生的学习方式。无疑,美国高校教师的教学方式比中国更自由,也更有创造性,但这个学生并没有因此而更有创造性,因为她固执地坚守着她所信赖的学习方式——死记硬背,所以总不能取得理想的成绩。因此,我们不能天真地认为,创造型教师一定可以教出创造型学生,关键在于学生有什么样的学习方式。因此,推进创造教育,必须从学生的学习方式变革抓起。

启示三,影响创造教育成败的不仅有显性的因素,更有隐形的因素。前者主要指我们看得见的师生教学行为,后者更多的是隐含在这些教学行为背后的教育观念,包括他们的人才观、知识观和学习观,等等。每个人的教学行为在很大程度上都可以从他内隐的教育观念上得到诠释。在这个故事中,该生之所以坚守死记硬背的学习方式,是因为她的传统观念在作祟,尽管她在西方的校园生活了一年有余,却没有接受先进的教育理念。因此,推行创造教育,须从根本上更新教育观念。否则,推行将步履艰难。从这个意义上说,创造教育是我们灵魂深处的一场革命。

(原载于《中国社会科学报》2011年1月13日教育学版,作者:王灿明)

文选 2 让课堂成为儿童创新的沃土

随着《李吉林和情境教育学派研究》一书的出版,关于本土教育学派的话题再次成为我国教育界关注的焦点。中国教育学会原会长顾明远认为,情境教育思想具有浓郁的中国文化特色,是"具有中国特色、中国气派、中国风格的教育思想体系"。中央教育科学研究所原所长卓晴君认为,李吉林的思想和行为总是走在时代的前列,"为我们教育工作者树立了一个教育创新的典范,她是教育创新的一面旗帜"。

人们常把教师比喻为"园丁",李吉林却认为农民的耕作,对教师有更深一层的启发。农民首先是一个播种者,他要为了种子的发芽,把土地深耕细作,施好底肥;为了种子萌发,培育好土壤。儿童的创造力正如"沉睡在土壤中的种子",需要教师去"精心耕种"。唯其如此,"教师已不再仅仅是一般意义上的知识的传授者,而是播种者,唤醒者,鼓舞者——去播撒创新的种子,去唤醒创新的潜能,去鼓舞创新的志向"。为此,李吉林做了许多思考和探索,使课堂真正成为创新人才早期成长的沃土。

创新人才早期培养的突破口

苏霍姆林斯基说:"教育,如果没有美,没有艺术,那是不可思议的。"早在20世纪80年代初期,李吉林就开始了审美课题的研究,提倡"让艺术走进语文教学",1997年更明确地主张教学应当倡导"美感性原则"。

李吉林常说,美是创新的出发点,美让孩子走向创新。在她看来,创新是人的情感与智慧交融的结晶,通过美,我们不仅可以培养学生健康高尚的审美情趣,而且可以熏陶、感染学生的幼小心灵,进而在学生获得美感的过程中,产生创新的欲望和动力,所以她一直将美作为儿童创新潜能开发的突破口。

历经三十多年的探索,李吉林总结出"再现美的教学内容""选择美的教学手段""运用美的教学语言""表现美的教师仪态"等多种方式,构建了一个个独特而充满灵性的"审美场域",培养儿童的创新精神,进而影响儿童的整个精神世界。"当他们长大以后,会因为追求美的境界,而不惜代价地为事业、为民族、为人类去创造,真正成为有益于社会的创新人才。"她以为,这才是我们今天培养创新人才的终极目标。

给孩子一个宽阔的思维空间

没有思维就没有创新可言,思维迸发出来的最灿烂、最具价值的火花就是创新。培养儿童的创新能力,首先必须开发儿童的创新思维。

李吉林认为,这种思维并非传统意义上一味注重抽象、概括、归纳、演绎的逻辑思维,并非追求统一答案的定向思维,教师应引导、鼓励儿童想得远些,想得快些,想得与过去不一样,想得与别人不相同。

她创造性地提出"要给孩子一个宽阔的思维空间"的教育主张。在她的心目中,"宽阔的思维空间"就是可以随意地想,甚至可以想入非非,想错了也无妨,不受约束,没有规定,不需剪裁,唯有这样,才能促使儿童无拘无束地思考。

她说,儿童思维空间的"宽"与"窄"与教师的主导思想紧密相连,所谓某老师把学生教"活"了,某老师把学生教"呆"了,这是与教师提供思维空间的"宽"与"窄"相关的。

情境教育创设的"优化的情境"具有和谐的美感、广远的意境以及情感的驱动,因而它成为最适宜儿童展开幻想的思维空间,凭借情境激起的想象,儿童可以视通万里、思接千载,在臆想中揣摩,在幻境中创新,创新思维也就从中得到了锻炼。

建立实践创新的运行机制

诺贝尔经济学奖获得者、瑞典科学家赫伯特・亚历山大・西蒙(Herbert Alexander Simon)和瑞典心理学家安德斯・埃里克森(Anders Ericsson)认为,任何领域里天才的产生都是本人坚持不懈努力的结果,"任何人在自己感兴趣的领域中经过 10 年时间的训练,都可以有天才般的表现"。李吉林从天才成长的"十年定律"中得到启示,认为训练是创新能力培养的必由之路。

新课改强调用活教材,教活学生,让课堂教学充满活力。但李吉林认为,小学阶段的课程是基础性的,基础的形成依赖于学生的亲身实践,在实践中体验,在实践中感悟,在实践中熟练,在实践中提升。因而,在把学生教"活"的同时,务必要讲究"实"。

但她所讲的训练绝对不是"题海战术"。她说,我们绝不能将训练和那些单向的习题练习混为一谈,"训练,是能力的训练,说得更明确一些是实践能力的训练,实践是创新的基础,创新是实践产生的价值"。在她看来,实践训练的目标就是为儿童的创新打下必要的基础。

凭借优化的情境,她为学生设计了观察、探究、审美、评判、语言等活动,既引导学生用形象思维展开联想、想象,甚至浮想联翩,又引导学生进行推理判断的逻辑思维,让学生沉思冥想,通过多样性的教学手段,让学生在趣中学,在做中学,使得看似矛盾的"活"与"实"相互交融,相辅相成。

构建"宽容、宽厚、宽松"的师生关系

作为中国的文化象征,"师道尊严"由来已久,但"师道尊严"必然导致教师的威权以及随之而来的儿童主体性的沦丧。多少年来,我们所培养的人才亦步亦趋,畏首畏尾,不敢逾越雷池一步,折射出的恰是这种长期被扭曲的师生关系。

"这虽然不是教师的本意,但这种有距离、有鸿沟的师生关系,却严重地摧残了学生处于萌芽状态的创新潜能。"李吉林深有感触地说,一个爱学生的教师应该学会"宽容、宽厚、宽松"。"宽容是一种伟大的精神,有了这点精神,教师就不再是凌驾于学生之上的知识传授者,不再'唯我独尊''唯我独是'。"

她提出了一些切实可行的具体措施,其一是倾注期待。她从"罗森塔尔效应"中得到启示,认为教师倾注的殷切期待会积极作用于儿童的内心世界,使他们从中汲取力量,进而形成强大的创新驱动力。其二是真情交融。李吉林说,情感可以在无意间激活儿童的创新动机,美好的情感会使人变得聪明起来,因而建设和谐的师生关系应以情感为纽带,让教学充满生命活力。其三是合作互动。儿童在学习活动中相互倾听小伙伴的发言,从各自不同的角度去思考、去发现,并在这种互动交往中引发新的思考。在这样亲和、互助的环境中,培养儿童敢于创新的勇气、乐于创新的热情以及"我能创新"的自信,这对

释放他们的创新潜能无疑是大有裨益的,也为他们日后事业的成功奠定了"第一块基石"。

　　(原载于《中国教育报》2012 年 4 月 3 日第 8 版,作者：王灿明。收入本书时略有改动)

文选 3　玩是儿童的精神旅行

　　欢快活泼、高能量的调皮孩子，或许经常会让你烦恼、生气甚至愤怒。我们常常看到他们在音响店里淘碟、在操场上玩球、在网上冲浪，那么兴趣盎然，而老师却往往批评他们"玩物丧志"！他们在地上和稀泥、捏泥巴、玩打仗游戏，不亦乐乎，而父母却常常呵斥他们："这么脏，不准玩儿！"

　　要知道，孩子是很喜欢玩耍的，玩是所有孩童的本能，孩子们基于他们天生的嗜好来玩，以自己快乐而神秘的方式四处游逛，对周围世界表现出极大的好奇心。

　　达尔文上学时是一个成绩不好的孩子，父亲在绝望之中对他说："你除了打猎、养狗、抓老鼠以外，无所事事。这样下去，会给自己和全家丢脸。"不仅家长，老师也认为他智力低下，表现平庸。

　　但少年达尔文毫不介意，他沉醉于英格兰的乡村风光，一有机会就到树林里闲逛。他喜欢养狗、种花草、钓鱼，采集了许多风干的植物和死了的昆虫，还有硬币、图章、贝壳和化石等许多种东西。小达尔文富于幻想，他宣称自己收集的几块化石是价值连城的"宝贝"。同时，达尔文对每一个标本都做了简单的记录，有时还画一些插图，从中体验到科学探究的基本过程。正是这样一个不务"正"业、四处游荡的孩子，后来提出了著名的进化论。

　　类似事例在人类历史上不胜枚举，许多文学家（如巴尔扎克、大仲马、萧伯纳、钱钟书）、艺术家（如达·芬奇、巴赫）童年时都是非常淘气的孩子。

　　因为爱玩好闹，这些淘气的孩子在学校和家庭中经常受到批评责备，甚至体罚，得不到自由成长的机会。有一则经典的故事，让我至今无法忘怀，说的是有位母亲，因孩子把她刚刚买回家的一块金表当成玩具拆卸摆弄坏了，就狠狠地揍了他一顿，并把这件事告诉了孩子的老师。老师幽默地说："恐怕一个中国的爱迪生被枪毙了。"接着他进一步分析说："这种行为是孩子创造力的表现，您不该打孩子，要解放孩子的双手，让他从小有动手的机会。"

　　"那我现在该怎么办呢？"这位母亲听了老师的话，觉得很有道理。

　　"补救的办法还是有的，"老师接着说道，"你可以和孩子一起把金表送到钟表铺，让孩子站在一旁，看修表匠如何修理，这样，修表匠成了先生，你的孩子就成了学生,修表费成了学费,孩子的好奇心就得到了满足。"

这个故事发生在半个多世纪以前,故事中的老师就是我国著名教育家陶行知先生。他并没有因为孩子把一块名贵的金表当成玩具拆卸而大动干戈,而是独具慧眼,从中发现了儿童身上最可贵的探究精神,认为如果这种可贵的探究精神能够发扬光大,说不定还能诞生一个"中国的爱迪生"呢!

尽管时代发展了,学校教育方法也有了很大的进步,然而,当下大多数顽童的处境依然是不理想的,甚至是不人道的。如果让他们继续处在受排斥的地位,我们就会扼杀人才。正如陶行知先生所告诫的那样:"你的教鞭下有瓦特,你的冷眼里有牛顿,你的讥笑中有爱迪生。你别忙着把他们赶跑。你可不要等到坐火轮、点电灯、学微积分,才认他们是你当年的小学生。"

精神分析大师弗洛伊德在《诗人的白日梦》中曾这样说过:"每一个正在做游戏的儿童的行为,看上去都像是一个正在展开想象的诗人。你看,他们不是在重新安排自己周围的世界,使它以一种自己更喜欢的新的面貌呈现出来吗?谁也不能否认,他们对这个新世界的态度是真诚的,他们对自己的游戏十分当真,舍得在这方面花费大量精力和注入自己最真挚的感情。"从这个意义上讲,任何形式的玩耍都是一种智力活动,都是儿童通向成人世界的精神旅行。

顽童并非纯粹的玩耍,游戏是他们的生活方式。相对于其他儿童而言,他们的游戏具有更大的体验性和创造性。通过游戏,他们释放大脑潜能,感受世界万象,体验人间冷暖,形成多元智能。正是在这些快乐的游戏中,他们发现了自己的特长,明确了人生的"风向标"。从医学角度讲,在户外游玩的过程中,人体会分泌出一种脑啡肽,而这种物质是使情绪保持愉快、使大脑得到休息的最佳良药。

冰心曾说过:"淘气的男孩是好的,调皮的女孩是巧的。"请不要以成人的眼光来苛求孩子,也许这些游戏在我们看来是"低级"甚至"无聊"的,然而,对他们来说却是快乐的,是放飞想象的一种办法。

请将玩的权利归还孩子,让他们去拥抱自然,感受阳光,享受快乐的童年吧!

(原为《江苏教育》2007年第6期卷首语,作者:王灿明)

文选 4 帮助孩子找到属于自己的位置

朽木真的不可雕吗

在传统观念中,人们常把顽童当成"坏孩子",认为他们是"朽木不可雕""顽石不成材"。很多教师在接受新生后,马上就想方设法向曾经教过他们班的老师打探学生的一些情况,将班上一些顽劣的学生视作整治的对象,打入另册,让该生一到自己门下就抬不起头来,或者先入为主干脆来个下马威,让其尝尝自己的厉害。如果批评几次仍不见明显转变,教师便认为该生是"朽木不可雕",继而经常当众或当家长的面数落该生。这些学生在学校生涯的失败体验,可能会彻底摧毁他们的自信心,在被分数打倒的同时,他们也在心理上打倒了自己。

难道朽木真的永远都不可雕吗?回答是否定的,这已被古今中外的事实所证明。德国大诗人海涅(Heinrich Heine)曾经是学校里众人皆知的后进生,老师常骂他对诗"一窍不通";达尔文读中学时,因成绩不良而被教师、家长视为"智力低下的人";大诗人拜伦(George Gordon Byron)在小学读书时,成绩也是全班倒数第一;举世闻名的发明家爱迪生在读小学时被视为"爱捣蛋的孩子",仅仅读了3个月的书,就被老师撵出校门……这些当年不被看好的孩子,在成年后都做出了一番成绩,在现实生活中这样的事例也不少。

每个孩子都有可能成为人才,每个人都应该找到各自的位置,而教师和家长的任务就是帮助他们找到属于自己的位置。

让每个孩子都抬起头来

在顽童培养问题上,很重要的一点就是转变教育价值观。著名教育家阿莫纳什维利(Amonanshwilly)认为,淘气是儿童智慧的表现,是儿童可贵的品质,如果一个儿童一点儿也不顽皮,就意味着他内在的智慧和创造潜能在沉睡,没有得到发展。著名儿童文学作家冰心也曾说过:"淘气的男孩是好的,调皮的女孩是巧的。"

在这种赏识淘气的背后,隐藏着完全不同的人性假设,即顽童"性本善",他们的一切行为并非为了最大限度地满足个人的不合理需要,他们同样是努力上进、有雄心壮志和遵纪守法的,因而应该采取激励性的教育措施。

教育成功的秘诀在于尊重学生。顽皮学生自尊心强,内心存在着一种强烈的排他意识。如果教师批评教育他们的时间、地点、语言、语气不当,师生之间便会产生不可逾越的鸿沟,有时,他们会与教师公开对抗,使教师处于被动局面。因此,对他们要特别注意批评的艺术。如果教师能尽可能多地找出他们的闪光点,及时肯定他们的进步和成绩,使他们感到自己并非一切都坏,然后再分析其犯错误的原因,和他们一起商量纠正的办法,他们就会认为老师是真诚的,从而对老师心悦诚服。改变顽童,首先应当让他们抬起头来走路!

放飞顽童心灵的翅膀

孩子顽皮,有奇特的想法,与其他孩子非常不同,请不要责备他们的"胡思乱想",而应当给予理解、鼓励和引导。其实,顽皮的孩子有着与其他孩子不同的想法,他们的兴趣更为广泛,不为传统的内容所束缚,有自己独特的个性。不要小看孩子的顽皮行为,他们其实是通过幻想在体验人生,体验生活。

逗玩是儿童的一种游戏,而这种游戏反过来又成为孩子想象的动力,拓展他们的思维,丰富他们的知识,提高他们的学习兴趣。这就是说,不要让孩子的思维固定在某一个方面,而是应该让其思维发散开来,看似这些调皮捣蛋和学习无关,其实在不断的想象中他们已获得更多……因此,让我们善待孩子的淘气和贪玩,要知道在这些令人烦恼的行为中,包含了不少孩子的智慧。

幻想是孩子想象力的发源地,我们要扩大孩子的视野,丰富他们的生活经历。当孩子对你说:"我长大了要到太阳上去探险。"你千万不要对他说:"傻瓜,太阳那么热,上去还不把你烤成灰?"当孩子说:"我将来要成为宇宙飞人,在天空飞来飞去。"你千万别说:"不要瞎说,你去得了吗?"我们一定要用心倾听孩子们每一个"可笑"的幻想,不要嘲笑他们,因为每一个奇妙的想象在若干年后都有可能变成现实,让我们为"异想天开"的孩子喝彩吧!

(原载于《中国教育报》2007 年 5 月 31 日读书周刊,作者:王灿明)

文选 5　网络文化挑战创新型教育者

　　网络文化的快速发展,对青少年产生的影响不可估量。当孩子们打开互联网,可以在瞬间寻找到不可胜数的知识,作为传统知识"代言人"的教育者可能会变得十分渺小,这会不会削弱甚至替代教育者的作用呢?

　　在发达国家,当计算机被引入校园时,也曾流行过一种关于新技术将取代教育者的观点。但事实上,网络文化不会削弱教育者的作用,更不可能替代教师,相反,它对教育者提出了更高的要求。

　　因此,教育者不可能也没有必要与网络文化"水火不容",重要的是帮助青少年适应网络学习这种全新的方式。那么,创新型教育者应该如何应对蓬勃发展的网络文化呢?

关注年轻一代人文精神的培养

　　美国哈佛大学荣誉校长陆登庭(N. L. Rudenstine)曾在《互联网与大学:珠联璧合》中指出,教育本质上是一个人文过程,除了传播知识信息,还要培养人的人格、情感和价值观,这些功能是计算机不能替代的,必须是人和人的交流。

　　面对风起云涌的互联网信息,教育的重心往往会向网络技术知识倾斜,而忽视知识技术以外的东西。"现代化必须先化人,后化物",这警示着我们网络时代必须赋予教育更多的人文关怀。

　　正如杨跃在《网络时代教师教育意识的转换》中所说:"信息爆炸展现给人们一个机器世界,人们在感受方便快捷的同时,也感受到越来越强烈的精神冲击和压力,于是更加迫切寻求解脱,不仅需要得到关于信息的获取、选择、处理、利用的指导,更需要寻求一片宁静的思维空间和温馨的情感家园。未来的学校应该是这样的'精神家园',未来的教师更应该是这样的'精神园丁',重塑人的自尊、弘扬人的个性、净化人的灵魂、满足人的情感,将理性与激情、认知与情感、技能与意志有效整合,成为科技世界传递情感关怀的使者。培育科学人文精神,这是教育的永恒追求;培植科技情感家园,这是教师的神圣职责。"

更新网络教育理念

以现代信息技术为依托的网络教育不同于单向灌输的传统教育,在网络技术蓬勃发展的大背景下,教育者要充当青少年的引导者和学习顾问,尊重青少年的个别差异,因材施教。因而,革新以累积知识为目标的唯理性教育模式,就必须把提高青少年信息素养和创新能力作为教学的根本目标。

目前,发达国家的网校大多为学术机构设立的课外辅导项目,力求通过亲身参与的方式,培养青少年的广泛兴趣,提高其思维和动手能力。而我国不少地方却将网校纯粹视为课后补习班和随时答疑的家庭教师,许多网站充当了传统教育的简单重复或者延伸的工具,未能充分发挥网络交互性和个性化的优势。如此"旧瓶装新酒"的网络教育,使青少年很难体会到在线学习的种种乐趣。因此,笔者以为,应试教育应该在网络教育的蓬勃发展中被彻底埋葬,而不是穿上网络教育的美丽外衣。

不断提升信息素养

网络时代的来临,客观上要求教育者具有较高的信息素养。网络文化的形成,对创新型教育者提出了更高的要求。

这种信息素养主要表现为:

• 运用信息工具的能力。能熟练使用各种信息的采集工具、编译工具等,如能利用浏览器搜集与下载自己感兴趣的信息和公用软件,设立网页上传个人资料,在网上收发 E-mail 等。

• 获取信息的能力。能根据教学目标多途径地收集各种教学资料与信息,熟练使用阅读、访问、讨论、参观、实验、资料检索和电子视听感知等获取信息的方法。

• 处理信息的能力。包括鉴别、筛选、分析、综合、概括、记忆和表达信息的能力。

• 生成信息的能力。能用恰当的符号把对自己和他人有益的信息进行译码、编码与改造,使表达信息的符码简洁、流畅、鲜明、易懂,富有感染力和个性特色。

• 创造信息的能力。善于运用创造性思维、灵感思维与发散思维方法,通过比较分析、相关分析，寻找信息生长点，发现与创造新的信息。

● 发挥信息作用的能力。善于运用外界信息改进学习方法，调整学习计划，善于扩充自己的知识信息库与学习方法库，最大限度地发挥发现和占有的信息的教育效益与社会效益。

● 信息协作意识与能力。能利用各种信息协作途径和工具开展广泛的信息协作，与外界建立经常的、融洽的和多维的信息协作关系。如开展网上的自然科学实验协作，进行网上交互写作、网上交谈讨论与网上协作性科学研究。

● 信息免疫能力。有正确的人生观、价值观，能自觉清除信息垃圾，避开有害信息，抵制网络"文化垃圾"等不良信息对青少年产生的负面影响，高质量地履行"传道、授业、解惑"的职业使命。

积极应对文化冲突

文化冲突在网络上是客观存在的，如果正确引导，会对青少年的成长产生良好的影响；如果引导不当，后果不堪设想。

过去，由于我们处于相对封闭的环境，文化观念单一甚至比较极端。而当今开放的网络氛围，迫切需要我们建立一种开放的文化观，而"文化的理解与认同是解决文化冲突的最佳途径"。所谓文化理解，是指在人们面对不同文化传统应具有宽容的态度。在强调文化理解与认同的同时，我们应采取各种有效措施建设自己的网络环境，加强对具有浓郁色彩的民族文化的保护，既参与世界文化的交融，又保持民族文化的独立性，坚决抵制网络文化的"殖民化"。

（原载于《中国青年报》2005 年 2 月 21 日理论版，作者：王灿明）

文选 6 情境教育：基础教育的新方向

前不久，首届基础教育国家级教学成果奖揭晓。儿童教育家李吉林凭借《情境教育的实践探索与理论研究》荣获特等奖第一名。笔者留意到，中央电视台播放李吉林和李希贵的专访时，曾打出"个性与情境教育：基础教育新方向"的字幕。虽是简短的一行字，却体现出了国家对情境教育独特优势的高度评价以及对基础教育新方向的指引，给我们留下了广阔的思考空间。

首先，它昭示着教育教学改革的新方向。李吉林情境教育一贯主张情感是情境教育的命脉，并在各科的课堂教学实践中全面实施"择美构境—以境生情—以情启智—情智相长"的策略。这就从根本上颠覆了长期以来重视知识灌输，忽视情感培养的唯理性教学传统。

情感是人的本质属性。哲学家李泽厚就提出"情本体"，因为情感是人生的根本。情境教育正是把情感既作为手段又作为目的，提出的"以美激爱，以爱导行，以情激智""以情为纽带缩短与儿童的心理距离"充分利用情感，激发学生主动学习的驱动力，同时又通过儿童道德情感、审美情感的培养，提高人的素质。

教育本是充满爱心和情感的事业，但现实中，学校以狭窄的应试为目的，使之异化为简单的灌输和反复的操练，学生为此付出的沉重代价是快乐、情感和责任心的缺失。情境教育"以美为境界""让艺术走进课堂""情感活动与认知活动相结合"的育人模式，给教育教学注入了新的活力。

第二，它昭示着创新人才培养的新方向。作为情境教育的开创者，李吉林始终重视儿童创造力的培养。早在 20 世纪 80 年代初，她就提出：情境教学应"以发展思维为核心，着眼创造性"。后来，又提出培养学生的创新精神是"教育的灵魂"。李吉林不仅提出要重视创造潜能的早期开发，更通过长期的教育实践证明："培养儿童的创造力，只有在学科学习中结合能力训练，发展儿童的想象力才能得到真正的落实。"在她的实践中，学科教学与创造教育是相互交融的，这就为我们的创造教育提供了新的启示。将创造教育局限于创造性思维或创造技法训练，或许能收一时之效，但非长久之计，有意识地通过启发想象将创造力培养渗透于日常的各科学习中，应成为今后创新人才培养的新常态。

最后，它昭示着教师成长的新方向。创新人才的培养离不开具有创新精神的老师。李吉林的教育创新之路,就是一位创新型教师成长为教育家的典型范例。她最显著的特征就是对教育教学现状的永不满足,因而才会不断自我突破,达到新的高度。从"情境教育实验与研究"到"情境教育促进儿童素质全面发展""开发情境课程的实验与研究"以至"情境教育与儿童学习的实验与研究",她用20年时间做了四期教育部重点课题,但始终围绕"情境"这一主题,锲而不舍地追寻儿童教育的完美境界。当代教师不正需要这种积极进取,努力超越自我的创新精神吗?

李吉林的实践创新是与她的不断学习紧密相连的。为了追逐自己的教育梦想,她到博大精深的中国文化经典中去寻"根",反复研读古代文论"意境说"并从中概括出"真、美、情、思"四大元素,又注意借鉴吸纳西方现代教育学、心理学理论,坚持"学、思、行、著"的研究道路,这才形成了具有本土气息和时代精神的情境教育思想。由此可见,当代教师不能再像过去那样只顾埋头苦干,而应努力开阔自己的视野,既要从传统文化中汲取智慧,又要学习国外先进的理论,边学习边反思,并与自身的实践相结合。唯有如此,才能在未来纷繁多变的信息社会中,为国家培养出既具适应力又能开拓创新的全面发展的人才。

(原载于《光明日报》2014年11月18日基础教育版,作者:王灿明)

附录二　中国出版的创造教育研究著作辑录
（1983—2023 年）

［1］　A.H.鲁克.创造心理学［M］.李师钊,译.北京：中国青年出版社,1983.

［2］　阿德勒.自卑与超越［M］.陈玢,译.北京：民主与建设出版社,2019.

［3］　阿瑞提.创造的秘密［M］.钱岗南,译.沈阳：辽宁人民出版社,1987.

［4］　埃莉萨·迪肯佩.儿童的幻想和创造力——关于想象旅行［M］.石左虎,译.上海：上海科学普及出版社,2004.

［5］　艾伦·罗.创造性智能［M］.邱绪萍,王进奎,译.北京：中国人民大学出版社,2008.

［6］　安娜·赫伯特.创造力教育学［M］.陈峥,译.北京：社会科学文献出版社,2014.

［7］　安娜·亚伯拉罕.创造力神经科学［M］.郝宁,卢克龙,王欣悦,译.杭州：浙江教育出版社,2022.

［8］　芭巴拉·荷伯豪斯,李·汉森.儿童早期艺术创造性教育［M］.邓琪颖,译.南宁：广西美术出版社,2009.

［9］　C.塞缪尔·米克卢斯.挑战创造力［M］.陈伟新,译.上海：上海辞书出版社,2012.

［10］　Carol E. Catron, Jan Allen.学前儿童课程——一种创造性游戏模式［M］.王丽,译.北京：中国轻工业出版社,2002.

［11］　D.M.艾曼贝尔.创造性社会心理学［M］.方展画,等,译.上海：上海社会科学出版社,1987.

［12］　戴耘.超常能力的本质和培养：超常教育理论的前沿探索［M］.刘倩,等,译.上海：华东师范大学出版社,2013.

［13］　戴耘,蔡金法.英才教育在美国［M］.杭州：浙江教育出版社,2013.

［14］　道格·约翰逊.从课堂开始的创客教育——培养每一位学生的创造能力［M］.彭相珍,译.北京：中国青年出版社,2016.

［15］　道治,柯克,海洛曼.幼儿园创造性课程［M］.吕素美,译.南京：南京师范

大学出版社,2006.

[16] 德·波诺.比知识还多——CoRT 思维技能训练[M].汪凯,李迪,译.北京：企业管理出版社,2004.

[17] 德·波诺.六顶思考帽[M].冯杨,译.北京：北京科技出版社,2004.

[18] 德·波诺.创新思维训练游戏[M].宗玲,译.北京：中信出版社,2009.

[19] 多湖辉.创造性思维[M].王彤,译.北京：中国青年出版社,2002.

[20] 恩田彰.创造性心理学[M].陆祖昆,译.石家庄：河北人民出版社,1987.

[21] 弗洛伊德.论创造力与无意识[M].孙凯祥,译.北京：中国展望出版社,1986.

[22] 高桥诚.创造技法手册[M].蔡林海,译.上海：上海科学普及出版社,1989.

[23] 根里奇·阿奇舒勒.哇……发明家诞生了[M].范怡红,黄玉霖,译.成都：西南交通大学出版社,2004.

[24] 盖尔·H.格里高利.创新教育模式：让课堂"活"起来[M].韩雪,译.哈尔滨：黑龙江教育出版社,2017.

[25] H·斯科特·福格勒,斯蒂文·勒布朗.创造性问题求解的策略[M].欧阳绛,译.北京：中央编译出版社,2005.

[26] 海纳特.创造力[M].陈刚林,译.北京：工人出版社,1987.

[27] 霍华德·加德纳.艺术·心理·创造力[M].齐东海,等,译.北京：中国人民大学出版社,2008.

[28] 吉尔福特.创造性才能：它们的性质、用途与培养[M].施良方,等,译.北京：人民教育出版社,1991.

[29] 基思·索耶.创造性课堂——为了 21 世纪学习者的创新教学[M].柴少明,译.上海：华东师范大学出版社,2022.

[30] 杰西·马斯里克.创客教育——在小学课堂培养创造力和创新能力[M].祝莉丽,孙若茜,译.北京：中国人民大学出版社,2020.

[31] 考利.教会学生创造[M].王漠琳,译.北京：教育科学出版社,2010.

[32] 克拉夫特.创造力和教育的未来——数字时代的学习[M].张恒升,申继亮,译.上海：华东师范大学出版社,2013.

[33] 露丝·威尔逊.幼儿园户外创造性游戏与学习[M].陈欢,译.北京：中国轻工业出版社,2020.

[34] 林奇,哈里斯.培养中小学生的创造性：理论与实践[M].胡清芬,陈桄,译.北京：中国轻工业出版社,2005.

［35］ 罗伯特·J.斯滕伯格.创造力手册［M］.施建农,等,译.北京：北京理工大学出版社,2005.

［36］ 罗伯特·J.斯滕伯格.剑桥创造力手册［M］.施建农,等,译.上海：东方出版中心,2021.

［37］ 罗洛·梅.创造的勇气［M］.杨韶刚,译.北京：中国人民大学出版社,2008.

［38］ 梅斯基·纽曼,伍沃德考斯基.幼儿创造性活动［M］.林崇德,等,译.北京：北京出版社,1983.

［39］ 米哈里·希斯赞特米哈伊.创造力：心流与创新心理学［M］.黄珏苹,译.上海：上海教育出版社,2015.

［40］ 米哈伊·奇凯岑特米哈伊.创造性发现和发明的心理学［M］.夏镇平,译.上海：上海译文出版社,2001.

［41］ Ng Aik Kwang.解放亚洲学生的创造力［M］.李朝辉,译.北京：中国轻工业出版社,2005.

［42］ 娜塔莉·尼克松.创造力觉醒［M］.张凌燕,译.北京：中国人民大学出版社,2022.

［43］ 乔·卡特纳.培养天才儿童的创造力［M］.开振南,等,译.上海：上海译文出版社,2003.

［44］ Rebecca T. Isbell, Shirley C. Raines.幼儿创造力与艺术教育［M］.王工斌,等,译.北京：北京师范大学出版社,2012.

［45］ Ronald A. Beghetto, James C. Kaufman.培养学生的创造力［M］.陈菲,周华晗,李娴,译.上海：华东师范大学出版社,2013.

［46］ 斯滕博格.智慧、智力和创造力［M］.王利群,译.北京：北京理工大学出版社,2007.

［47］ 索耶.创造性：人类创新的科学［M］.戴耘,申继亮,师保国,译.上海：华东师范大学出版社,2013.

［48］ 索耶.天才团队：如何激发团队创造力［M］.汤超颖,译.北京：中国人民大学出版社,2009.

［49］ Susan Winebrenner.班有天才——普通班级中培养天才儿童的策略与技能［M］.徐希洁,徐美贞,译.北京：中国轻工业出版社,2003.

［50］ 汤川秀树.创造力和直觉［M］.周林东,译.上海：复旦大学出版社,1987.

［51］ 托马斯·阿姆斯特朗.唤醒孩子的天赋——如何增强好奇心、创造力和学习能力［M］.王文忠,徐金灿,译.北京：新华出版社,2005.

[52] 托马斯・R.布莱克斯利.右脑与创造[M].傅世侠,夏佩玉,译.北京：北京大学出版社,1992.

[53] 韦特海默.创造性思维[M].林宗基,译.北京：教育科学出版社,1987.

[54] 陈劲,唐孝威.脑与创新——神经创新学研究评述[M].北京：科学出版社,2013.

[55] 蔡日增.创新原理与方法[M].北京：高等教育出版社,2001.

[56] 曹培杰.重启创造力：网络时代的创新法则[M].北京：北京交通大学,2015.

[57] 陈吉明.创造学与创新实践(第二版)[M],北京：科学出版社,2016.

[58] 陈龙安.创造性思维与教学[M].北京：中国轻工业出版社,1999.

[59] 陈龙安.启发孩子的创造力[M].台北：师大书苑,1998.

[60] 陈龙安.创造思考教学的理论与实践[M].台北：心理出版社,2004.

[61] 程淮.巧思法：让孩子赢在创新时代[M].北京：清华大学出版社,2022.

[62] 程淮.新时代中国学前创新教育研究[M].北京：研究出版社,2023.

[63] 程胜.学习中的创造[M].北京：教育科学出版社,2010.

[64] 笪佐领,朱曦.创造教育概论[M].苏州：苏州大学出版社,2001.

[65] 董奇.儿童创造力发展心理[M].杭州：浙江教育出版社,1993.

[66] 董旭花,刘霞,阎莉,等.幼儿园创造性游戏区域活动指导[M].北京：中国轻工业出版社,2014.

[67] 段继扬.创造性教学通论[M].长春：吉林人民出版社,1999.

[68] 方中雄.超常儿童教育制度构建[M].北京：教育科学出版社,2023.

[69] 方展画.创新教育教程[M].北京：高等教育出版社,2017.

[70] 龚春燕.创新教学策略[M].北京：北京师范大学出版社,2010.

[71] 龚春燕.创新学习论纲[M].北京：人民教育出版社,2007.

[72] 龚春燕,龚冷西.创新教育学[M].北京：北京师范大学出版社,2014.

[73] 谷传华.社会创造心理学[M].北京：中国社会科学出版社,2011.

[74] 关原成.扬起创造的风帆[M].北京：人民出版社,1998.

[75] 郭有遹.发明心理学[M].台北：远流出版公司,1992.

[76] 郭有遹.创造心理学(第3版)[M].北京：教育科学出版社,2002.

[77] 郭有遹.创造性的问题解决法[M].台北：心理出版社,2006.

[78] 韩琴.课堂互动与青少年的创造性研究[M].北京：科学出版社,2013.

[79] 何克抗.创造性思维理论——DC模型的建构与论证[M].北京：北京师

范大学出版社,2000.

[80] 何涛,刘晓红.数学创新教育[M].哈尔滨：哈尔滨工程大学出版社,2010.

[81] 何晓文.德育引领创新——华东师范大学第二附属中学创新人才培养的探索与实践[M].上海：华东师范大学出版社,2000.

[82] 贺淑曼,陈龙安,陈劲.创新与超常发展——像天才一样思维[M].北京：北京工业大学出版社,2009.

[83] 洪荣昭.知识创新与学习型组织[M].台北：五南出版股份有限公司,2001.

[84] 胡东芳,孙军业.困惑及其超越——解读创新教育[M].福州：福建教育出版社,2001.

[85] 胡群武,秦有才,等.创新教育的成功尝试与思考[M].长沙：中南大学出版社,2013.

[86] 胡卫平.青少年科学创造力的发展与培养[M].北京：北京师范大学出版社,2003.

[87] 胡卫平,辛兵.科技创新后备人才成长规律研究[M].上海：上海科技教育出版社,2023.

[88] 胡卫平.创造力研究进展(2022—2023)[M].西安：陕西师范大学出版社,2024.

[89] 胡卫平.中国创造力研究进展报告(第1卷)[M].西安：陕西师范大学出版社,2016.

[90] 胡卫平.中国创造力研究进展报告(2017—2018)[M].西安：陕西师范大学出版社,2019.

[91] 胡珍生,刘奎林.创造性思维学概论[M].北京：经济管理出版社,2006.

[92] 江东霞.无边的圆：创造型集体培育与形成的研究[M].上海：上海教育出版社,2001.

[93] 姜丽华.学生创新能力培养与教师文化构建[M].北京：中央编译出版社,2016.

[94] 蒋志峰.脑科学与创新人才培养[M].开封：河南大学出版社,2000.

[95] 匡长福.创新原理及应用[M].北京：首都贸易大学出版社,2004.

[96] 雷江旺.创造教育[M].西安：西安交通大学出版社,1989.

[97] 李根龙.让学生走进创造——高中学生创造学学习的研究与实践[M].上海：东华大学出版社,2004.

[98] 李国汉.班集体建设与创新人才培养[M].重庆：西南师范大学出版社,

2013.

[99]　李国勋.分层次区域创新教育探索[M].济南：山东大学出版社,2000.

[100]　李瑞娥.幼儿创造性学习：理论与实务[M].台北：扬智文化事业股份有限公司,2007.

[101]　李世海,高兆宏,张晓宜.创新教育新探[M].北京：社会科学文献出版社,2005.

[102]　李万胜.创新教育论[M].郑州：河南人民出版社,2001.

[103]　李小平.创造技法的理论与应用[M].武汉：湖北教育出版社,2002.

[104]　李孝忠.中小学学生创造力培养与开发[M].北京：人民教育出版社,2013.

[105]　李亚丹.情感影响创造性思维的认知神经机制[M].北京：科学出版社,2019.

[106]　李祖超,钟苹.担当实现中国梦重任的拔尖创新人才成长研究[M].北京：中国社会科学出版社,2021.

[107]　梁森山.中国创客教育蓝皮书（基础教育版）[M].北京：人民邮电出版社,2016.

[108]　林崇德.拔尖创新人才成长规律与培养模式研究[M].北京：经济科学出版社,2018.

[109]　林崇德.创新人才与教育创新[M].北京：经济科学出版社,2009.

[110]　林崇德.创造性心理学[M].北京：北京师范大学出版社,2021.

[111]　林奇贤.新世代的创新学习模式——互联网＋PBL理论与实施策略[M].台北：高等教育出版社,2017.

[112]　林伟文.教师创造力之系统观点：学校、社群、个人与创意教学[M].台北：心理出版社,2008.

[113]　刘江.怎样成为创新型教师[M].南京：江苏美术出版社,2011.

[114]　刘道玉.创造教育新论[M].武汉：武汉大学出版社,2003.

[115]　刘宏春,等.创造哲学[M].北京：中国人民公安大学出版社,2001

[116]　刘奎林.灵感思维学[M].长春：吉林人民出版社,2010.

[117]　刘锟,李燕.创新教育基础理论[M].济南：齐鲁书社,2000.

[118]　刘琪,杨雄.儿童创造力与社会发展[M].上海：上海社会科学院出版社,2015.

[119]　刘卫平.创新思维[M].杭州：浙江人民出版社,1999.

[120]　刘文明.创造教育的实践与思考（上、下册）[M].北京：北京教育出版社,

2004.

[121] 刘文霞.广义创造论——创造教育的哲学理念与实践[M].呼和浩特：内蒙古文化出版社,2002.

[122] 刘伊文.创造教育的理论与方法论[M].广州：广东教育出版社,1991.

[123] 刘云虎,扬德.创新教育教程[M].北京：中国统计出版社,1999.

[124] 刘仲林.中西会通创造学[M].天津：天津人民出版社,2017.

[125] 柳长友.创造教育原理[M].天津：天津人民出版社,2000.

[126] 鲁克成,罗庆生.创造学教程[M].北京：中国建材工业大学出版社,1998.

[127] 路凯,刘仲春.现代创造教育[M].北京：光明日报出版社,1989.

[128] 罗成昌.创造教育的理论与实践[M].成都：四川教育出版社,1994.

[129] 罗凡华.轻松发明读本[M].北京：知识产权出版社,2020.

[130] 罗凡华.轻松发明100例[M].北京：清华大学出版社,2021.

[131] 罗玲玲,武青艳,代岩岩.创新思维与创新方法[M].北京：机械工业出版社,2019.

[132] 罗玲玲,张嵩,武青艳,等.创意思维训练(第四版)[M].北京：首都经济贸易大学,2020.

[133] 罗玲玲.让创意破壳而出——激发中学生创造力[M].北京：教育科学出版社,2008.

[134] 马璐,韦慧民,潘清泉.团队创造力的发展机制研究[M].北京：经济科学出版社,2015.

[135] 马芯兰.小学生创造性学习教学法[M].北京：北京科学技术出版社,2004.

[136] 马祖琳.幼儿创造性思考的表征经验——台中市爱弥儿幼儿园积木活动纪实[M].台北：心理出版社,2018.

[137] 毛连塭,郭有遹,陈龙安,等.创造力研究[M].台北：心理出版社,2000.

[138] 毛连塭.资优学生课程发展[M].台北：心理出版社,1989.

[139] 莫雷,陈哲.幼儿科学创造力的微观发生法培养研究[M].广州：暨南大学出版社,2006.

[140] 南京师范大学课题组.走向自主创新性学习之路[M].上海：上海远东出版社,2000.

[141] 潘裕丰.创新教学·教学创新——从幼儿园到高中的创意教学方案与课

程设计[M].台北：华腾文化股份有限公司,2014.

[142] 潘裕丰.创造力关键思考技法[M].台北：华腾文化股份有限公司,2014.

[143] 潘裕丰.学生创造力发展[M].台北：华腾文化股份有限公司,2016.

[144] 彭健伯.创新哲学论[M].北京：人民出版社,2006.

[145] 彭运石,王玉龙.创造性人格：模型测评工具与应用[M].北京：世界图书出版公司,2016.

[146] 彭智勇.创新学习与创新城市研究[M].重庆：西南师范大学出版社,2007.

[147] 齐健,李秀伟,王钢城.活动建构：创新教育的教学革新[M].济南：山东教育出版社,2004.

[148] 齐宪代.扬起创造教育的风帆——北京市中小学幼儿园创造教育研究论文集[M].北京：首都师范大学出版社,2023.

[149] 钱贵晴,刘文利.创新教育概论[M].北京：北京师范大学出版社,2009.

[150] 钱明辉,秦侠,李跃,等.研究性创新——青少年科技创新能力培养的原理与方法[M].北京：科学出版社,2009.

[151] 乔凤天.中小学创客教育资源调研报告[M].长春：东北师范大学出版社,2010.

[152] 邱江,杨文静,曹富贵,等.创造性心理学[M].重庆：西南大学出版社,2023.

[153] 邱江,李亚丹,杨文静.情绪就是你的创造力[M].杭州：浙江教育出版社,2023.

[154] 渠晓峰.创造学习策略训练[M].合肥：安徽大学出版社,2000.

[155] 芮仁杰.创造教育与高级思维能力培养[M].上海：上海社会科学院出版社,2009.

[156] 上海市小学创造教育研究所.发明一定有方法[M].上海：上海远东出版社,2002.

[157] 宋冰.从创客到创造的教育——创客教育的中小学美术课程论与深圳样本研究[M].重庆：西南大学出版社,2023.

[158] 沈翠莲.创意原理与设计[M].台北：五南图书出版股份有限公司,2005.

[159] 沈世德.TRIZ技法简明教程[M].北京：机械工业出版社,2010.

[160] 沈之菲.激活内在的潜能：学生创新素养的评价和培养[M].上海：华东师范大学出版社,2012.

[161] 施建农,徐凡.超常儿童发展心理学[M].合肥：安徽教育出版社,2004.

[162] 施建农.超常儿童成长之路——中国超常教育 30 年历程[M].北京：科学出版社,2008.

[163] 施建农.创造力与创新教育[M].北京：军事医学科学出版社,2015.

[164] 施建农.中国超常儿童发展与教育[M].北京：科学出版社,2023.

[165] 宋文红.现代创造教育论[M].青岛：中国海洋大学出版社,2004.

[166] 苏雪云,张旭.超常儿童的发展与教育[M].北京：北京大学出版社,2011.

[167] 谭小宏.创造教育学导论[M].北京：北京师范大学出版社,2012.

[168] 汤超颖,鲁小凡,蒙科祺,等.整合式创造性教学[M].长沙：湖南大学出版社,2021.

[169] 陶国富.创造心理学[M].上海：立信会计出版社,2002.

[170] 田建国.创造教育学[M].沈阳：辽宁教育出版社,1989.

[171] 田友谊.环境营造与儿童创造[M].北京：人民教育出版社,2012.

[172] 万飞.创造教育为学生成长赋能——东莞市松山湖实验中学创造教育的探索与实践[M].北京：中国致公出版社,2022.

[173] 汪刘生.创造教育论[M].北京：人民教育出版社,2000.

[174] 汪延茂.创造学习心理教育[M].合肥：安徽大学出版社,2000.

[175] 王灿明.儿童创造教育论[M].上海：上海教育出版社,2004.

[176] 王灿明.儿童创造心理发展引论[M].北京：社会科学文献出版社,2005.

[177] 王灿明,等.学前儿童创造力发展与教育[M].南京：南京大学出版社,2016.

[178] 王灿明,等.情境教育促进儿童创造力发展：理论探索与实证研究[M].北京：中国社会科学出版社,2019.

[179] 王灿明,等.学前情境教育与儿童创造力发展研究[M].南京：南京大学出版社,2020.

[180] 王灿明,等.情境教学的力量——促进儿童创造力发展的 25 个典型课例[M].上海：华东师范大学出版社,2022.

[181] 王景英.小学生创造意识与创造能力的培养[M].长春：东北师范大学出版社,2000.

[182] 王力红.青少年发明创造简明教程[M].杭州：浙江教育出版社,1999.

[183] 王民川,娄红.教师创造力拓展训练[M].南京：江苏美术出版社,2011.

[184] 王如才.主体体验：创新教育的德育原理[M].济南：山东教育出版社,

2004

[185]　王如平.创造性思维的开发与培养[M].北京：光明日报出版社,2012.

[186]　王松山.创造教育概论[M].兰州：兰州大学出版社,1992.

[187]　王文岭,徐志辉.陶行知论创造教育[M].成都：四川教育出版社,2010.

[188]　王小英.幼儿园创造教育研究[M].长春：长春出版社,2003.

[189]　王振宇.创新思维与发明技法[M].北京：中国工人出版社,2008.

[190]　温江寒.思维的全面发展与中小学生创新能力培养[M].北京：教育科学出版社,2016.

[191]　文云全.渔趣发明——青少年发明创造趣味路径[M].北京：知识产权出版社,2022.

[192]　翁亦诗.幼儿创造教育[M].北京：北京师范大学出版社,2001.

[193]　吴建国,沈世德.创造力开发简明教程[M].南京：东南大学出版社,2009.

[194]　吴静吉.创造力的激发——吴静吉的七十堂创造力短讲[M].台北：远流出版公司,2020.

[195]　吴克扬.创造教育——将使人类获得新生[M].重庆：西南师大出版社,2001.

[196]　武青艳.日本创造技法的地域性特征及其文化解读[M].厦门：厦门大学出版社,2014.

[197]　吴武典.新/心教育的追寻——诺基亚 CQ 工程创意教学模组汇编[M].台北：心理出版社,2006.

[198]　吴武典,高强华.优质、创新与前瞻[M].台北：学富文化出版社,2006.

[199]　项志康.课堂教学中的创造教育[M].南京：南京大学出版社,2001.

[200]　谢作如,刘正云,张敬云.数字时代的创造性学习——创客教育实践[M].石家庄：河北教育出版社,2021.

[201]　徐方瞿.创新与创造教育[M].上海：上海教育出版社,2001.

[202]　徐振寰.潜能与创造力开发[M].北京：中国人事出版社,1999.

[203]　薛会娟.个体创造力和团队创造力的生成机制[M].北京：经济科学出版社,2015.

[204]　杨宸彰,高焕堂.AI科技时代的创客教育[M].北京：中国民族摄影艺术出版社,2020.

[205]　杨成章.语文创造教育学[M].重庆：重庆出版社,1999.

[206] 杨计明.创造性教学[M].广州：广东高等教育出版社,2009.

[207] 杨莉君.儿童创造教育障碍论[M].长沙：湖南师范大学出版社,2008.

[208] 杨连山,杨照,张国良.班级活动创新与问题应对[M].重庆：西南师范大学出版社,2013.

[209] 杨曼英.创新教育导论[M].长沙：湖南师范大学出版社,2009.

[210] 杨彦捷.幼儿创造性行为研究与培养[M].北京：人民教育出版社,2022.

[211] 于淼.现象学创造力研究的方法论解析[M].沈阳：东北大学出版社,2012.

[212] 俞国良.创造力心理学[M].杭州：浙江人民出版社,1996.

[213] 俞国良.创造力与创造能力[M].北京：华艺出版社,1999.

[214] 俞文钊,刘建荣.创新与创造力[M].大连：东北财经大学出版社,2008.

[215] 俞学明,等.创造教育[M].杭州：教育科学出版社,1999.

[216] 袁爱玲.学前创造教育课程论[M].北京：北京师范大学出版社,2001.

[217] 袁爱玲.学前全语言创造教育活动设计[M].北京：教育科学出版社,2001.

[218] 叶玉珠.创造性教学——过去、现在与未来[M].台北：心理出版社,2006.

[219] 袁张度,许诺.创造学与创新方法[M].上海：上海社会科学院出版社,2010.

[220] 袁张度.创造的潜能[M].上海：上海人民出版社,1989.

[221] 张楚廷.张楚廷教育文集：创造教育卷[M].长沙：湖南人民出版社,2012.

[222] 张丰.科技创新教育与项目化学习——STEM 教育的国际经验[M].杭州：浙江教育出版社,2022.

[223] 张景焕.创造型教师：心理特征及成长历程[M].济南：山东教育出版社,2010.

[224] 张景焕.培养创造力——创造活动课设计原理与指导策略[M].济南：山东教育出版社,2003.

[225] 张敬华,李荣发.创造心理与人才学[M].上海：上海社会科学院出版社,1991.

[226] 张军瑾.跟老师学发明——小学拓展型课程系列教材[M].上海：上海辞书出版社,2004.

[227] 张军瑾.让创造成为习惯[M].上海：上海教育出版社,2011.

[228] 张军瑾.创造的力量——一所学校 40 年的创新坚守[M].上海：上海教

育出版社,2020.

[229]　张军瑾.劳动创造幸福——创造性劳动项目设计与实践指南[M].上海：上海文汇出版社,2021.

[230]　张庆林,曹贵康.创造性心理学[M].北京：高等教育出版社,2004.

[231]　张庆林,李艾丽莎.创造性培养与教学策略[M].重庆：重庆出版社,2006.

[232]　张庆林.创造性研究手册[M].成都：四川教育出版社,2002.

[233]　张世慧.创造力：理论技法与教学[M].台北：五南图书出版股份有限公司,2013.

[234]　张文新,谷传华.创造力发展心理学[M].合肥：安徽教育出版社,2004.

[235]　张武升.教育创新的行动研究[M].天津：天津人民出版社,2001.

[236]　张武升.教育创新论[M].上海：上海教育出版社,2000.

[237]　张政亮.创意教学的理论与实践[M].台北：鼎茂图书出版股份有限公司,2008.

[238]　张肇丰.智慧教师的 50 个创意[M].上海：华东师范大学出版社,2010.

[239]　张玉成.思考技巧与教学(第二版)[M].台北：心理出版社,2013.

[240]　张志勇.创新教育——中国教育范式的转型[M].济南：山东教育出版社,2004.

[241]　郑朝卿.拔尖创新人才选拔培养新论[M].北京：清华大学出版社,2017.

[242]　郑朝卿.拔尖创新人才选拔培养：成果与经验[M].重庆：西南师范大学出版社,2014.

[243]　曾志朗.培养创造力：21 世纪最重要的人力资源[M].台北：远流出版公司,1999.

[244]　赵崇趁.教育 4.0：新五伦·智慧创客学校[M].台北：心理出版社,2018.

[245]　赵承福,陈泽河.创造教育研究新进展[M].济南：山东人民出版社,2002.

[246]　赵家骥.创造教育论纲[M].成都：四川教育出版社,2000.

[247]　周昌忠.创造心理学[M].北京：中国青年出版社,1983

[248]　周君力.创造教育的理论与实践[M].厦门：厦门大学出版社,2000.

[249]　周淑惠.创造力与教学[M].台北：心理出版社,2011.

[250]　周振铎.创新教育研究[M].长沙：湖南大学出版社,2000.

[251]　周治金,谷传华.创造心理学[M].北京：中国社会科学出版社,2015.

[252]　周耀烈.思维创新与创造力开发[M].杭州：浙江大学出版社,2008.

[253]　周庆.拔尖创新人才培养模式的构建与实施：以河北正定中学为例[M].

北京：北京师范大学出版社，2018.

［254］ 朱永新.创新教育论[M].南京：江苏教育出版社，2001.

［255］ 朱长超.创新思维[M].哈尔滨：黑龙江人民出版社，2000.

［256］ 朱作仁.创造教育手册[M].南宁：广西教育出版社，1991.

附录三　本书尝试探索与尚待解决的问题

第一章

1. 超前教育危害儿童创造力发展的机制研究。

2. 中小学生"创造递减现象"及其破解之道。

第二章

1. 西方创造力研究的汇合理论述评。

2. 教育神经科学研究对儿童创造教育的启示。

3. 21 世纪以来我国儿童创造教育研究的现状、热点与展望。

第三章

1. 创造意向的本质与结构研究。

2. 从日本电视剧《爱迪生之母》分析儿童创造意向发展的影响要素，并提出激发和呵护的相应对策。

第四章

1. 试论创造性思维与创造性人格的关系。

2. 儿童发散思维的内涵价值、现实困境与实践路径研究。

3. 儿童创造性思维培养的循证研究。

第五章

1. 基于创造技法训练儿童创造性行为的典型案例研究。

2. 中小学生对知识产权教育认同状况的调查分析。

3. 项目化学习对儿童创造心理发展影响的实证研究。

第六章

1. 中国儿童创造性人格结构模型研究。

2. 儿童成长过程中的"晶化体验"研究。

3.道德型创造教育的理论内涵、价值意蕴与实践路径研究。

第七章

1.近年来我国创造性教学研究新进展。

2.数智时代的创造性教学研究。

3.中小学创造性教学的课例研究。

第八章

1.中小学生如何实现从维持性学习向创新性学习转变？

2.人工智能与儿童创新性学习研究。

第九章

1.活动课程影响儿童创造心理发展的机制研究。

2.中小学活动课程的实施困境、成因分析与突破路径。

第十章

1.创造型班集体的理论基础、思想演进与实践逻辑。

2.推进创造型班集体建设的难点及对策。

第十一章

1.我国创造型教师的研究热点、前沿主题与发展趋势。

2.文化视域下的创造型教师成长研究。

第十二章

1.拔尖创新人才的早期识别与培养研究。

2.儿童创造教育的测量和评价的难点解析与解决思路。

第十三章

1.东亚文化圈实施儿童创造教育的典型案例与经验借鉴。

2.如何推进学前创造教育的理论研究与实践探索？

后 记

即将步入花甲之年,我顺利完成了《儿童创造教育论纲》的修订工作,面对电脑屏幕上的书稿,浑身上下洋溢着幸福的感觉。

我原本致力于学习理论和学习方法研究,可谓成果斐然。1999年秋天的一个下午,在学校图书馆偶然看到著名教育家朱永新先生发表在《教育研究》上的论文《创新教育论纲》,其开阔的视野、鲜明的观点和勇于担当的精神一下子吸引了我的注意力。连读多遍之后,我开始查找图书馆的各种报刊书籍,后来又赴上海图书馆复印了大量资料,搜集国内外关于创造教育实践探索和理论研究的各种信息,由此改变了自己的人生轨迹。

开展儿童创造教育研究是建设教育强国的需要,更是实现中华民族伟大复兴的需要。25年来,从江苏省高校哲学社会科学基金项目、江苏省社会科学基金项目、江苏省教育科学规划重点项目到国家社会科学基金教育学一般项目,我先后承担了多个科研项目,出版了8部儿童创造教育著作,发表了50余篇儿童创造教育论文,培养了18位儿童创造教育研究方向的研究生,并与美国、日本、德国、荷兰、新西兰以及我国台湾、香港、澳门地区的学者建立了广泛的学术联系,研究成果相继获得教育部高校科学研究优秀成果(人文社会科学)三等奖、全国教育科学研究优秀成果二等奖、江苏省教育科学优秀研究成果特等奖以及江苏省哲学社会科学优秀成果二等奖等几十项学术奖励,《光明日报》《人民政协报》和《中国教育报》等多家媒体发表相关的记者访谈和专题报道。2019年8月8日,我被中国发明协会授予"建国70周年卓越教育创新人物"荣誉称号,受到第十届全国人大常委会副委员长顾秀莲的亲自接见。感谢这个伟大时代给了我追梦筑梦的机会,使我能够在儿童创造教育研究上取得一定成绩。

本书原名《儿童创造教育论》,初版于2004年,时任中国发明协会中小学创造教育分会理事长、天津市教科院院长张武升教授撰写了热情洋溢的序言。2015年进行修订,书名改为《儿童创造教育新论》,吸收新的学术观点,充实新的研究成果,还增加了一些生动有趣的真实案例,被中国创造学会副理事长张增常教授誉为"贴近时代的原创力作"。本次修订更名为《儿童创造教育论纲》,我依然坚持"读者至上,质量第一"的宗旨,事先征询了各方面的意见,注重对改革开放四十多年来有关儿童创造教育的回顾和反思,补充了发达国家和我国港澳台地区的创造教育研究成果,并提供了本书尝试探索与尚待解决的 31 个问题供读者研究,希望能够推出一部富有时代性、思想性和启发性的精品力作。

本书的出版得到了中国教育学会、中国创造学会、中国发明协会和中国创造力研究协作组相关领导的亲切关怀,来自江苏南通、苏州、张家港以及北京、上海的 85 所中小学和幼儿园积极参与协作研究。本书概述了课题研究的主要成果,其中既有儿童创造教育的理论构建,又有丰富生动的实践案例,尤其适宜广大中小学幼儿园教师、师范生和教育科研人员阅读。江苏省特级教师文云全提供了第一章第三节和第五章第三节的书稿,南通大学张建平、许映建两位教授提供了第十一章第一、二节的书稿,中国人民大学附中副校长肖远骑、上海市静安创造教育研究院院长张军瑾以及北京市幸福泉幼儿园石晨、陈宁撰写了第十三章第一节、第二节和第四节的案例。

上海教育出版社领导一直关注我的儿童创造教育研究,王爱军主任更是给予了作者许多支持和帮助,其严谨细致的编辑作风和精雕细琢的编辑方式让我获益匪浅。特别是在讨论全书结构期间,她从立意、架构、观点和材料诸方面提出了许多建设性意见。

中国教育学会名誉会长顾明远教授、中国创造学会理事长徐建平教授、中国青少年科技辅导员协会副理事长胡卫平教授对本书的修订寄予了很高的期望,顾明远教授还专门为本书作序,对我更是一种激励和鞭策。

在此,谨向以上专家、责任编辑、团队成员以及协作学校的所有教师一并表示由衷的感谢!尽管经过了两次修订,本书仍然难免存在一些错误和不当之处,还请读者朋友们批评指正。

王灿明

2024 年 2 月 20 日

图书在版编目（CIP）数据

儿童创造教育论纲 / 王灿明著. — 上海：上海教育出版社，2024.5
ISBN 978-7-5720-2713-0

Ⅰ.①儿… Ⅱ.①王… Ⅲ.①儿童教育 – 创造教育 – 研究 Ⅳ.①G610

中国国家版本馆CIP数据核字(2024)第110239号

责任编辑　王爱军
装帧设计　赖玟伊

Ertong Chuangzao Jiaoyu lungang
儿童创造教育论纲
王灿明　著

出版发行　上海教育出版社有限公司
官　　网　www.seph.com.cn
地　　址　上海市闵行区号景路159弄C座
邮　　编　201101
印　　刷　上海龙腾印务有限公司
开　　本　700×1000　1/16　印张 18
字　　数　305 千字
版　　次　2024年5月第1版
印　　次　2024年5月第1次印刷
书　　号　ISBN 978-7-5720-2713-0/G·2395
定　　价　78.00 元

如发现质量问题，读者可向本社调换　电话：021-64373213